带着文化游名城——

老上海记忆

慕小刚 编著

当代世界出版社
THE CONTEMPORARY WORLD PRESS

图书在版编目（CIP）数据

老上海记忆/慕小刚著. -- 北京：当代世界出版社，2016.11
（带着文化游名城）
ISBN 978-7-5090-1176-8

Ⅰ.①老… Ⅱ.①慕… Ⅲ.①文化史—上海—通俗读物 Ⅳ.①K295.1-49

中国版本图书馆CIP数据核字（2016）第289838号

老上海记忆

作　　者：	慕小刚
出版发行：	当代世界出版社
地　　址：	北京市复兴路4号（100860）
网　　址：	http://www.worldpress.org.cn
编务电话：	（010）83908456
发行电话：	（010）83908410（传真）
	（010）83908408
	（010）83908409
	（010）83908423（邮购）
经　　销：	新华书店
印　　刷：	北京时捷印刷有限公司
开　　本：	710mm×1000mm　1/16
印　　张：	16
字　　数：	223千字
版　　次：	2017年3月第1版
印　　次：	2017年3月第1次
书　　号：	ISBN 978-7-5090-1176-8
定　　价：	39.80元

如发现印装质量问题，请与承印厂联系调换。
版权所有，翻印必究；未经许可，不得转载！

前　言

或许好奇于法租界里的江湖，或许迷恋于黄浦江上的波粼，或许向往于淮海路边的时尚，或许有感于外滩的沧桑，或许垂涎于鲈鱼的鲜美，抑或只是想看一看这个中国第一大城市而已……其实不管什么原因，我们都会自觉或不自觉地想象着自己心中的上海，直到这想法牵引着我们真正来到了这里。

当你来到上海，走在南京路上的时候，是否知道南边曾经是洋人的跑马场呢？

当你来到上海，徜徉在外滩的"万国博览建筑群"之间的时候，是否知道这些老旧的西洋建筑便是当年上海的金融中心呢？

当你来到上海，游览于黄浦江上的时候，是否知道这条上海母亲河在明朝的时候只是一条不起眼的小河呢？

当你来到上海，参观闻名中外的玉佛寺的时候，是否知道那些玉石雕刻成的巨大佛像的神奇来历呢？

当你来到上海，欣赏古色古香的江南水乡的时候，是否知道那些"家门口的文物"到底指的是什么呢？

当你来到上海，品味细腻精巧的江浙糕饼的时候，是否知道乾隆皇帝也曾和你一样赞不绝口呢？

当你来到上海，把玩"景中有景"的海派艺术品的时候，是否知道

它们在民国时期曾经也辉煌一时呢？

当你来到上海，仰望东方明珠或是环球金融中心的时候，是否知道它们的建成也充满了曲折呢？

当你来到上海，游玩于上海的各色场馆之间的时候，是否也体味到这座城市的历史或将来呢？

或许我们并不知道，但我们应该知道。因为只有我们知道了，我们才可以更深入地了解这座城市，了解我们为什么来这座城市，了解我们为什么喜欢这座城市……我们会知道，我们一路上的所见，就是所谓的"海派"，就是上海的文化。

它既有江南传统的古典与雅致，又有国际都会的现代与时尚；它"海纳百川，兼容并蓄"；它的文学、建筑、艺术、饮食无不中西合璧，风格独特；它开放而又充满创意；它多元而又有所扬弃；它，就是中国最独特的城市——上海。

然而，上海就是上海。只有我们真的来到了这里，只有我们真的知道了它的故事，我们才可能知道我们为什么为它而着迷。

本书即将"带着文化"与你一同畅游上海，真心希望本书能够满足你的需要，带给你快乐。

目 录

开篇

出行前的准备 — 2
 上海的历史 — 2
 上海独有的特色 — 4
 来上海旅游的最佳季节 — 5
 来上海需要了解的方言 — 5

上海的历史名人

上海的闻人掌故 — 8
 上海第一个印记徐光启 — 8
 老上海第一豪门盛宣怀 — 12
 上海滩江北大亨顾竹轩 — 18
 民国时期的上海滩名媛 — 22

上海的旧时名流 — 36
 租界里的世界级文豪 — 36
 国殇中的宋庆龄 — 39
 四明村里的名人巷 — 45

上海著名的绿房子	47
张爱玲的上海故居	50

上海的山水古镇

上海的名山胜水 　　　　　　　　　　　　56

佘山国家森林公园	56
上海母亲河黄浦江	63
各种森林公园	68
第三大岛崇明岛	72

上海的古镇老村 　　　　　　　　　　　　78

因寺而成七宝镇	78
上海大镇朱家角	84
小小南翔赛苏城	91
因盐而盛新场镇	96
古建完好枫泾镇	102

上海的宗教庙堂

上海的佛寺、道观 　　　　　　　　　　　110

沉香观音沉香阁	110
饱经沧桑的玉佛寺	114
康僧会建龙华寺	117
静安区里静安寺	120
教弘天台法藏寺	124
黄浦江边城隍庙	126

上海的基督、天主教堂 　　　　　　　　　130

佘山天主教堂	130
徐家汇天主教堂	133
基督教景灵堂	138

上海的场馆娱乐

上海会场馆园　　144
- 上海的抗日卫国纪念馆　　144
- 上海的各种博物馆　　149
- 上海的各种游乐园　　155
- 上海杜莎夫人蜡像馆　　160

上海的休闲娱乐　　166
- 上海人的骄傲：沪剧　　166
- 上海人的消遣：评弹　　171

上海的高等院校

第一所中国人自主创办的大学——复旦大学　　176
- 抗战时期的复旦大学　　176
- "一·二八淞沪抗战"中的复旦学生　　179

消失在旧时光里的南洋公学——上海交通大学　　180
- 上海交大最牛校友之钱学森　　181
- 上海交大最牛校友之李叔同　　183

前三任校长都是德国人——同济大学　　185
- 同济大学创始人——德国人埃里希·宝隆　　186

上海的特色民俗

上海的节日习俗　　190
- 上海人怎么过大年　　190
- 上海人的四大节日　　194

上海的生活习俗　　　　　　　　　　　　　　199
上海的方言俚语　　　　　　　　　　　　　199
上海的婚丧嫁娶　　　　　　　　　　　　　202

上海的美食雕刻

上海的风物美食　　　　　　　　　　　　　　208
上海的土产佳味　　　　　　　　　　　　　208
上海的特色糕点　　　　　　　　　　　　　214
上海的风味小吃　　　　　　　　　　　　　219

上海的雕刻艺品　　　　　　　　　　　　　　227
上海的文房雕刻艺品　　　　　　　　　　　227
上海的其他雕刻艺品　　　　　　　　　　　231

附　录

商业中心TOP10　　　　　　　　　　　　　　　238
地标建筑TOP10　　　　　　　　　　　　　　　242

开 篇

出行前的准备

如果你想到一个地方旅行,最好先提前了解一下那个地方。为什么呢?因为,如果你到了这个地方,看到了满眼的风景,却不知道它们的独特来历,那么,即使你到了火星,也会觉得和地球上某处戈壁滩没什么两样——如果你不知道那是距离地球仅5500万公里的火星的话。

火星如此,上海也是如此。

如果你不提前了解这座城市,你到了内涵深远的城隍庙,只会觉得这是一座古典的街市;你到了历史厚重的徐家汇,只会觉得这是一处不起眼的闹市区;你到了抗日英雄奋战过的遗址——四行仓库,只会觉得这是一个失落的门店而已……

所以,为了让自己的旅行感动而饱满,你必须要先了解这座城市。除非,你是一个精神上的自由主义者。

上海的历史

东汉建安二十四年(公元219年),东吴名将陆逊被封为华亭侯,这是正史中第一次出现"华亭"二字,也往往被视为上海地方史的开端。如今的华亭镇位于上海市嘉定区。

"上海"这一名称最早始于宋朝。当时,宋朝海外贸易发达,上海也逐渐成为沿海地区国际港口之一。

那时的上海有所谓"十八大浦",其中一条名叫"上海浦",其西岸有"上海镇"。

到了元朝,上海镇升级为上海县。

1927年,上海又升级为上海特别市,直辖于当时的中央政府。

1949年,上海被设为直辖市,至今。

再说上海简称"沪"的由来。

很久以前,上海地区的渔民创造了一种竹制的捕鱼工具,取名为"扈"。当时并没有"上海"这一概念,所以日子久了,这一带便被称为"沪渎","渎"是水渠的意思。后来便直接简称"沪"。"沪"的繁体写法是"滬",就是"扈"加上三点水。

至于"申"的由来,请看——

春秋战国时,上海一带是楚国"春申君"黄歇的封地,"申"便来自"春申君"的"申"字,这成了上海的另一个名字。

近代上海市则由静安寺周边发展而来,这就要讲到上海租界了。

1843年11月17日,首任英国驻沪领事巴富尔抵达上海赴任,上海正式开埠。

1849年4月6日,上海道台宣布将紧邻县城北门外、北到洋泾浜的986亩土地辟为法租界,之后又成立了公共租界。从某种意义上讲,上海1860年之后近百年的繁荣,与这些租界有很大关系。

1920年,汉口、广州、香港等几大商埠都因为受到政治风潮的冲击而繁华不再,所以无数中外商人纷纷转往上海发展。

1928年,中华民国定都南京,原来聚集于北京、天津的大批政客纷纷南下,其中的很多人都选择了上海租界作为定居之所。

政治、经济力量的集中,使上海在20世纪30年代迎来了繁荣发达的鼎盛时期,同时出现了大规模的城市建筑潮。

上海至今仍存有不少当时的经典建筑,并且成为了当地的一大特色。

上海独有的特色

每个地方都有自己的特色，比如一提到北京，人们就会想到紫禁城；一提到纽约，人们就会想到自由女神，等等。

那么，一提到上海，你会想到什么？

是摩天大楼云集的外滩，还是传统里弄中的石库门，抑或晚清、民国时期的老洋房？

其实，这些都是老上海独有的特色。

百年外滩

外滩无疑是上海最具标志性的景观。一个多世纪以前，当西方侵略者踏上上海这片陌生的土地时，一下子就看中了黄浦江的这片江滩。此后，这条曾经由船夫和苦工踏出来的纤道，经过一百多年的建设，已然高楼林立，车水马龙。

外滩全长约1500米，东面就是黄浦江，西面则为52幢风格各异的大楼，有哥特式、罗马式、巴洛克式等风格。

这些建筑格调统一，造型协调，不管是极目瞭望还是徜徉其中，都能感受到一种刚健、雄浑、雍容、华贵的气势。

石库门

石库门是一种砖木结构的毗连式房屋，大多成排建筑在里弄中，是上海独有建筑。石库门的外形酷似走廊，中间则纵向深入，两旁为相互毗邻的民居。

石库门是私密空间与公共空间交错结合的里弄社区。居民在社区中不仅可以享受个人空间，还可以和邻里和睦相处，培养感情。石库门里弄在其顶峰时期多达9000多处。

老洋房

上海的历史遗迹较少，最具代表性的就是建筑。老洋房是老上海建筑中的典范。翘美的屋顶，精巧的阁楼，斑驳的黑色铁栅栏，这些繁华大上海中沉默的复古建筑，无疑使人们能在这个国际化的都市中感受到一种历史感与文化感。

上海老洋房一般为四面或三面临空，装修精致，有独立式、和合式、别墅式等几种类型。

来上海旅游的最佳季节

上海属北亚热带季风性气候，夏季高温多雨，雨热同期；冬季温和少雨，日照充分。上海气候温和湿润，极端最高气温40.2℃，极端最低气温-12.1℃。春秋较短，冬夏较长。

因此来上海的最佳旅游季节应为3—5月，这时的上海风和日丽，春暖花开，最适合郊外踏青；9—11月来上海也是不错的选择，此时秋高气爽，但这段时间气温变化较大，要注意根据情况添增衣物。

来上海需要了解的方言

广东有粤语，河南有豫语，陕西有秦腔，江浙有吴语。而我们的大上海，有沪语！

以下是上海方言的特色，你若不想让你的上海之旅变成一次囫囵吞枣的折腾，那就快来学习吧！

（1）上海方言基本上不翘舌。
（2）上海方言里有一些轻声发音。
（3）上海方言有些无法用汉字表达清楚，只能尽量看有声调的拼音。

早上好　　　糟桑耗　　　zāo sāng hao（轻声）
再见　　　　哉卫　　　　zēi wei（轻声）

开篇

你好	侬耗	nóng hào
今天	今糟	jīn zao（轻声）
昨天	足踢	sú ti（轻声）
明天	明糟	míng zao（轻声）
我	吴	wú
你	侬	nóng
他	移	yí
我们	阿拉	ā lā
你们	拿	ná
他们	移拉	yí lā
大家	打嘎	dǎ gà
人	宁	níng
傻瓜	瘦缺西	sóu qūe xi
小意思	毛毛雨	máo máo yu
出租车	擦头	cā tou（轻声）
一	夜	ye
二	两	liǎng
三	塞	sǎi
四	斯	sǐ
五	嗯	ńg
六	咯	lo
七	切	qie
八	巴	ba
九	久	jiu
十	涩儿	se ǎr（连读）
十一	涩儿夜	se ǎr ye
二十	嗯诶	ng ǎi（连读）
三十	塞涩儿	sēi se ǎr（连读）

上海的历史名人

和西安、北京、南京这些著名古城比起来,上海的发迹史很短,它是在清朝末年才晋升为主流城市的。但是,你可别小看了上海的历史,在迄今不到200年的风雨历程中,无数名人大亨都曾在上海留下自己的足迹。徐光启、周恩来、宋庆龄等大名鼎鼎的人物都曾在上海经历过人生中的重要时刻。

上海的闻人掌故

上海第一个印记徐光启

徐光启可谓是上海的第一位广为人知,并对今日上海影响巨大的名人。他出生于我国明朝嘉靖年间,字子先,号玄扈,教名Paul(保罗),籍贯为松江府上海县。他在数学、天文学、农学、军事等方面均有很大的成就,译有《几何原本》,著有《农政全书》《崇祯历书》和《考工记解》等。

在仕途方面,他官至礼部尚书、文渊阁大学士,并赠太子少保、太保,谥"文定"。除了科学家和朝廷命官外,徐光启还有两个身份,一是中西文化交流的先驱,二是上海地区最早的天主教徒,他甚至被称为"圣教三柱石"之首。

徐光启在上海的故居位于上海市黄浦区乔家路249号,始建于明万历年间,因其屋有上、下各九间,故俗称"九间楼"。

"九间楼"为二层楼房,为黄浦区内仅存的一所明代宅第。原屋曾经修葺,但部分斗拱及一口古井,仍为明代样式。现为上海市市级文物保护单位。

1. 徐家汇是因徐光启而命名的吗

上海著名街区徐家汇在以前叫做法华汇,之所以改名,是因为这里出了个姓徐的名人,他就是徐光启。除了去京城任职使他不得不离开上海，其余时间他都在这里，他生于此逝于此，而且他的后代也都扎根于此。

徐光启虽然出身于一个小商人家庭，但是他在学堂念书的时候，徐家汇这里还是一片农田，而他很留心观察周围的农事，对农业生产也有着浓厚的兴趣。这或许可以解释后来他为什么对农学那么痴迷。

徐光启墓位于上海市徐汇区南丹路的光启公园内，本来是占地20亩，共有10处墓穴，其中葬有徐光启及其夫人吴氏，左右则是四个孙子夫妇。清朝末年，江南天主教会就因为这里是徐光启之地，所以才将江南总会选在这里。抗日战争期间，墓地被荒废，空地变成菜畦。1978年，墓地被辟为南丹公园。1981年，重建椭圆形大墓，墓碑上"明徐光启墓"等字为著名数学家苏步青手书。

徐光启墓

2. 为什么说徐光启是个全才

徐光启在科学方面确实称得上是一位全才，他几乎涉猎了当时所有的学科，尤其在农业、数学、天文、军事等方面的成就突出。

徐光启编著的《农政全书》是我国农业经济发展过程中一部重要的著作。而他在编译《崇祯历书》过程中，引入了大地为球形的思想、大地经纬度的计算及球面三角法，还区别了太阳近（远）地点和冬（夏）至点的不同；此外还通过参照第谷星表，并结合中国传统星表制出了第一个全天性星图，成为了清代星表的基础。军事方面，他"求精"并"责实"，重视火器与部队的配合，可谓是中国军事技术史上提出火炮在战争中应用理论的第一人。

最值得一说的，莫过于徐光启在数学方面的成就。他和利玛窦合作，将《欧几里得原本》一起译成了中文。徐光启创造性地将其中文名定为《几何原本》，而且像"平行线""三角形""对角""直角""锐角""钝角""相似"等中文的名词术语，也都是他经过反复推敲才确定下来的。对于这些名词，熟悉中西语言的利玛窦也觉得非常满意。

3. 徐光启为什么那么重视数学

徐光启决心翻译《欧几里得原本》是因为利玛窦的推荐，然而在徐光启长达一年的翻译过程中，他发现"此书为益，能令学理者祛其浮气，练其精心，学事者资其定法，发其巧思，故举世无一人不当学……能精此书者，无一事不可精，好学此书者，无一事不可学"。而这正是学者们对《欧几里得原本》的公认：它的逻辑推理方法以及科学实验，是近代科学和发展的重要前提。

可是当刊印发行《几何原本》的前六卷时，徐光启亦有恨晚的感慨，不过亡羊补牢，他认为如此好书，百年之内必成天下学子的必读之书。

然而他的预感却被真实的历史击碎，现实让他只能发出无可奈何的感叹。

因为在徐光启翻译出《几何原本》后，并没像《崇祯历书》那样受到明朝政府的重视，以致直到徐光启逝世也迟迟未能翻译出剩下的九卷，终至埋没。改朝换代后的清朝统治者也对此书并不关注，尽管康熙帝非常重视西学，但他只是为了炫耀自己的学识而已，《几何原本》仍然未能发挥作用。直到20世纪初，中国才开始废科举、兴学校，而《几何原本》之类的初等几何学才成为中等学校的必修科目，"无一人不当学"的预言在整整300年后终于成真了。

4. 徐光启是"西学东渐第一人"吗

通常意义上讲，真正的"西学东渐"发生在第一次鸦片战争前后；但是身处明朝末年的徐光启，也确实是"西学东渐"的第一人。

纵观中国的科技史，作为中西科学交流先驱者的徐光启不容忽视，这个早在17世纪初便开始引进西方先进科技的人，比洋务运动的那些人要早至少230年。

然而在那个尚文的时代，徐光启所研究的先进科技，不过是同侪眼中不入流的"术数"而已，这或许是人们非议他宰相身份的缘由。但是他还是在扎扎实实地致力于引进先进的科技。他编译《欧几里得原本》所发明的"几何"等新名词，为后世留下了宝贵的遗产，而《崇祯历法》则奠定了那之后近三百年的历法基础。在西学东渐的路上，徐光启有不少值得称道的成就，但是在两百多年间都被清朝当局很"巧妙"地忽略了，这不仅是徐光启个人的悲哀，更是整个中华民族的悲剧。

徐光启纪念馆

5. 徐光启对中国历史有什么影响

徐光启是晚明重臣，是在农业、天文、数学等方面颇有成就的科学家，是上海著名商业区徐家汇名字的由来，是天主教江南总会得以在徐家汇立堂的重要人物，是中国"西学东渐"的第一人，那么他还有其他的足够影响中国的身份吗？

答案是肯定的。他其实是宋氏三姐妹的祖先。

徐光启的第十六代孙是个甲士，而这个甲士有一个外孙女叫倪桂珍，她不仅是一个虔诚的基督徒，而且还是著名的民国宋氏三姐妹的亲母。她养育的宋霭龄，为金融大佬孔祥熙之妻，富甲天下；宋庆龄，为民国国父孙中山之妻，国母风华；宋美龄，为"蒋委员长"蒋中正之妻，权势遮天。

看来，徐光启是"躺着"也影响了整个中国的发展。

老上海第一豪门盛宣怀

清末的盛宣怀家族，是上海滩的第一大豪门，亦官亦商的身份成就了他的熏天财势。他在四十年的时间内大办洋务，近乎传奇地推动着中国近代工商业的发展。中国第一家银行、第一家电报公司、第一家钢铁联合企业、第一条铁路干线、第一所高等院校、第一家内河航运公司等十几项"中国第一"，都是经他之手而起的。此外他还出任了中国第一任红十字会会长，搞慈善兴教育，在上海滩留下了难以磨灭的印记。

盛宣怀在上海的故居位于徐汇区淮海中路1517号。这座花园式洋房为德籍犹太商人于1900年所建，当时这里叫宝昌路，比较荒凉。此宅后为洋务派主要人物盛宣怀购得，故成为盛宣怀故居。

1. 盛宣怀是李鸿章的门生吗

盛宣怀不仅是李鸿章的门生，而且还是得意门生。虽然他追随李鸿章是凭借父辈们的关系，但他的成功，却是靠自己真材实料的本事。

1870年，随李鸿章西征入陕剿捻的杨宗濂（后来培养了北洋政府内几乎所有的将校军官），不久便将奉命调往直隶。临赴任之前，深感于老长官李鸿章身边缺乏人手的他，便驰函老友盛康，说如今军中乏人，劝他放儿子出来历练。盛康的儿子，便是盛宣怀。鉴于老友杨宗濂的劝说，以及自己本就与李鸿章是故交，盛康就答应了。

盛宣怀虽然只是秀才出身，而且屡试不第，但是应付日常公牍却得心应手，当年就曾协助他父亲处理过衙署之事。而且盛宣怀办事机灵变通，又肯吃苦耐劳，的确

盛宣怀旧照

是个干才，所以很快就获得了李鸿章的好感。初来乍到的他被"派委行营内文案兼充营务处会办，属橐鞬，侍文忠"，所以是个秘书兼总务处副处长的角色，这个官职尽管不大，却是直接对李鸿章负责的近僚。

不过此时正值李鸿章率军剿捻的紧张阶段，盛宣怀虽在军中只是个"文案"，却也是要拿着命来当的。而且戎马倥偬，但有军情便要日驰百里，席不暇暖，可谓吃尽苦头，根本享不了福。

后来由于天津教案发生，盛宣怀便随部队立刻向天津进军。其时正是盛暑，部队还常常要往返奔驰，涉川过水，如果再遇到紧要的公文，足可成为一件烦心的事。但是盛宣怀却仍旧可以"磨盾草檄，顷刻千言"，使得众同僚无不侧目仰观。随后他就升任至陕甘后路粮台淮军营务处，之后又累军功而调任知府、道台，还被赏戴二品单眼花翎顶戴。获得如此殊荣，仅仅是盛宣怀入李鸿章戎幕后一年而已，足可见他自己的能力超群，亦能知李鸿章对这个门生的器重——说是得意门生，也不为过。

2. 谁是"破屋"中的"新桌子"

由盛宣怀一手操办的轮船招商局，在收购了旗昌轮船公司后，被日本人誉为"清廷风雨破屋中的一张新桌子"。这张"桌子"的总部当年便位于上海外滩9号，是一座三层小楼，在外滩诸多大楼中，显得那么不起眼；尤其跟隔壁的汇丰银行大厦比起来，又是那么的简陋。这或可反映当时国家的积贫积弱，以及民族工商业初创时的窘境。不过到上海解放时，轮船招商局已有船舶近500艘；如今更是坐拥两千亿资产的大集团，虽然总部已经迁到香港。

如今很昌盛，但轮船招商局在初创之时却步履维艰。它虽说是中国最早的轮船航运企业，也是中国第一家股份制公司，但是在当时的中国，大行其道的却是外国航运公司，而且以英国怡和洋行、太古洋行，以及美国的旗昌洋行为首，早已垄断了沿海和长江的航运。想要在这样的情况下站稳脚跟，并分一杯羹，可谓困难重重，更何况轮船招商局起初仅仅不过六条船而已。

不过盛宣怀是官家总办（即总经理），他依靠承揽漕运和官货的优势，与洋人斗智，大打价格战，迫使外商三次找到他，为的是签订"齐价合同"。而在连续的降价商战中，旗昌公司已经严重亏损，并有意以222万两白银出售全部轮船和码头。这次盛宣怀则要斗勇了，他决定一口吃下旗昌。但是轮船招商局在降价战后也已获利甚微，哪里还拿得出200多万两银子呢？盛宣怀随即奔赴各处筹款，包括在京的大员、地方的督抚，最后还找到了老东家李鸿章。但是首批付款40万迫在眉睫，等不到便前功尽弃，怎么办？盛宣怀当机立断，自己拿出40万两进行垫付。

轮船招商局大楼

如此大地并购洋人企业，在任何时候都绝对是件了不起的大事。于是在中外舆论的惊叹声中，轮船招商局变成了拥有二三十条船，外加十几个码头和货栈的大型企业，如此实力，终于可以与英商怡和、太古分庭抗礼了。

3. 最让盛宣怀头疼的是汉冶萍吗

盛宣怀大约在1896年接手汉冶萍公司，但是直到1907年才将其带入正轨，居然用了十一年的时间；而他以往"搞定"一个企业，即实现盈利，快的不到一年，慢的最多也不过三四年。如此对比来看，汉冶萍公司绝对是一个烫手山芋。但是钢铁工业乃国家命脉，这是盛宣怀所深知的，所以尽管汉冶萍公司是他接管的企业中麻烦和磨难最多的一个，却也是他倾注血汗最多的一个。

汉冶萍公司上海俱乐部是那些投资的大老板们决策企业事务的地方，位于上海交通银行大厦的后面。然而它的厂矿却分布在湖北和江西，分别是汉阳铁厂、大冶铁矿和萍乡煤矿。这本是张之洞的官办厂矿，后来之所以交给盛宣怀接手，是因为当初盛宣怀曾苦劝张之洞采用官督商办的方法，而张之洞却因为采用完全的官办，使得厂矿连年亏损，可以说是败得落花流水，几近倒闭。实在没办法的张之洞只好找到盛宣怀，问他是否还有意于汉阳铁厂。盛宣怀明知是个亏得一塌糊涂的企业，但还是接手了，并采用自己熟悉的官督商办方法，前后募股二百万两，自己也在十年的经营中多次注资，最后持有股票134000股，市值670万两银元，可谓是竭尽所能了。

此外，他还凭借自己朝廷大员的身份责令各地督抚必须购买国产钢材，但是汉冶萍出产的钢材质量很不好，动辄断裂。大家不是不愿用国产，但是钢材一再断裂，不仅费时费力，而且抬高了成本，甚至说可能造成危害。诸多问题，被询问的洋技师竟然说不出个所以然来，于是盛宣怀决定派李维格出国考察，而调查到的结果却差点让盛老全家的眼镜都摔在地上。

原来张之洞当年在购买设备时，所购机炉是使用酸法冶炼的；而钢材的冶炼则需要采用去磷法，如此南辕北辙，怪不得国产钢材脆而易断。而且"糜去十余年之光阴，耗尽千余万之成本"，钢铁之创业不可谓不艰难。

找到问题，马上解决，但是等到炼出合格的钢材，又用时5年，而距盛宣怀入湖北寻煤办矿，却已30余年了。

4. 清末大官盛宣怀也是慈善家吗

大家或许受"三年清知府，十万雪花银"的影响太大，认为清朝，尤其是积弱的清末，那些官商没一个不是贪财或怕死的，但是，哪个时代都有例外，盛宣怀就是这么一位。不仅如此，盛家的慈善是早有传统的，而且是施之以缺，并非作秀。经常是冬天发棉衣，夏天赠凉茶，更难得的是年年如此。还有专为穷人施药的广仁善堂也是他们家的。此外盛宣怀在去世前曾立有遗嘱，要将其遗产的一半，共记五百多万两拿出来建立愚斋义庄，以接济盛氏族人和从事其他慈善事业。

不仅盛宣怀热心慈善，他的太太庄畹华夫人亦颇有善心，如今安远路上的玉佛寺便是她捐献的，然而过程却多波折。

玉佛寺在辛亥革命之前本有四进七十二间精舍，是庄夫人的族人庄篆所捐，可惜十余年后便在辛亥革命中被毁掉了。于是盛家人就把自己麦根路的房舍拿出来供奉两尊保留下来的玉佛。盛宣怀去世三年之后，庄夫人又捐出十余亩地以及大笔钱款，重建宝寺，十年终成。除了年年捐款之外，她还在自家请裁缝和绣工，专为玉佛寺制作绣品，据说至今仍有不少当年绣制的布幔、桌布、椅套、窗帘等留在寺中未及使用。

5. 盛七与T.V.Song的爱情纠葛

"盛七"便是盛宣怀的七女儿盛爱颐，T.V.Song则是民国时期著名的外交家宋子文，他们，曾是彼此的初恋情人。

盛爱颐是庄夫人亲女（盛宣怀曾有好几任夫人，庄夫人嫁给他是在其事业鼎盛之时，并育有盛恩颐和盛爱颐一男一女），在其父去世时虽然只有16岁，但她的胞兄盛老四因为整天都在外忙碌，所以庄夫人的很多事便多交给

盛宣怀的女儿盛爱颐

这个宝贝女儿周旋，这也就是为什么她不到20岁就已见多识广，伶牙俐齿，以"盛七"闻名沪上的原因了。

当时宋子文刚留美归国，就当了盛老四的英文秘书，也便经常有机会到盛府汇报工作。宋子文举止儒雅，加之宋霭龄曾做过五小姐盛关颐的家庭教师，所以在赢得了盛家信任后不久，便做了七小姐的英语教师。熟悉大洋彼岸风土人情的宋子文，很快便获得了从未出国的七小姐的青睐。

但是初恋这种事，你懂的。

如果说当时的宋家算得上一匹"黑马"的话，那么失去了盛老太爷的盛家最差也是一头将要瘦死的"骆驼"，于是庄夫人在调查过宋家后

便坚决反对这门婚事。而宋子文很快就被盛老四支使到远在湖北的汉阳铁厂去当了会计。宋子文心中有数，于是在汉阳对付了几天后，不久便重返上海。

后来孙中山先生在广州重建革命政权，宋子文由其二姐宋庆龄引荐南下从政，临行前曾力邀盛爱颐同赴广州。不过七小姐考虑后始终离不开母亲，于是赠给宋子文一把金叶子，让他权当路费，并说："还是你自己去吧，我等你回来。"

可是宋子文一去经年，重回上海时已有了张乐怡夫人。盛七不由得大病一场，又挨了四五年，才在32岁时与庄夫人的内侄庄铸九结婚。自觉很对不住七小姐的宋子文曾想当面道歉解释，但是心高气傲的七小姐颇有骨气，以一句"我丈夫在等我呢"拂袖而去。

故事到这里远没有结束。在抗战胜利后，盛家几乎没落，而宋子文则已是民国的财政部长，偏偏此时盛老四的二儿子盛毓度被捕入狱，而且是个天大的误会。原来盛毓度在抗战之时曾在日本领事馆做事，不过他不是汉奸，却是与戴笠单线联系的敌后特工，并成功营救过一些国民党人士。可是戴笠飞机坠山之后，盛毓度就百口莫辩了。盛家人也无可奈何，但想到七小姐曾与当时的财政部长宋子文有旧交，便只好央告七小姐。

但是七小姐心里郁闷，当初不值一提的T.V.Song，如今倒得求着他了。虽然窝囊，但盛毓度是亲侄子，汉奸的罪名定了就翻不了身了，怎能不救？不过七小姐也有自己的原则，即：电话只打一次，成就成，不成就算了。可不曾想宋子文却答应得很痛快，未及预料的七小姐有些不信，便接着说："我想明天中午跟侄子一起吃饭。"电话那头还是很痛快："OK！"次日中午，人果真被放出来了。盛家上下皆喜，唯独七小姐却一阵心酸：宋子文心里还是有她的。

据了解，宋子文共育有三女，其名字之末均有一个"颐"字，或许这也与七小姐有关吧。

6. 是盛宣怀"推翻"了清政府吗

盛宣怀确实是断送了清朝的人，只是说起来需要绕几个弯。

众所周知，晚清的覆灭，是因其朝政腐朽，直接导火索则是辛亥革命的爆发，而辛亥革命是自武昌起义而始的，那么武昌起义的原因又是什么呢？没错，就是盛宣怀主导的"铁路国有"之策，虽然他的本意是好的。

当时他提出了"铁路国有"政策，即下令收回川汉铁路和粤汉铁路，并将这些已经许诺给民间商办的铁路路权作为抵押，而向英、法、美、德四国银行借款600万英镑，其说法则是"以统一全国轨道"。但是两条铁路所经之省份如四川、广东、湖南、湖北等地，已经入股了不少民间资本，这条突至的"国有令"则严重损害了这些人的利益，而且被指卖国媚洋，很快激起民愤。

时任四川总督的王人文是个同情保路运动的老实人，曾几度致电清廷，无非是为保路运动请愿说情。不过他的结果却是被革职了。

紧接着得到命令入川的不是下任四川总督，而是在湖北的端方和他手下的湖北新军，而且他们得到的指令是入川"平乱"。但谁都想不到的却是，他们自己先"乱"了起来，没错，这就是1911年10月的武昌起义。满清王朝随后便迅速瓦解。

当时的御史王宝田，曾就此上书皇帝："此时鄂事决裂，实由川民之变；其致变之由，由于收回铁路国有之政策。而主张此事者，则邮传部尚书盛宣怀也。"传达给皇帝的信息就是，这个盛宣怀是造成这次动乱的第一号责任人。于是他马上便被革职了，政治生命也随之结束。

上海滩江北大亨顾竹轩

提起旧上海的大亨，大家最熟悉的就是黄金荣、杜月笙、张啸林这"三大亨"了。但在苏北人眼中，号称"江北大亨"的顾竹轩的势力才是最大的，因此有人赠他"江北皇帝"这个称号。他因在家排行老四，亦称"顾四"或"顾四瘪子"（上海人称苏北游民为"瘪三"）。顾竹轩从一个拉黄包车的"小苦力"一跃为赫赫有名的"江北大亨"。但顾竹轩最终选择的归宿却和上海滩那三个大亨完全不同，他选择站在共产党这边，站在人民这边。

1. 幼年潦倒，上海发迹

少年时期因家境贫寒，适逢灾荒，顾竹轩16岁跟着母亲、兄长到上海谋生。到上海后，顾竹轩先落脚在闸北天宝里附近号称"一百间"的地方，靠做马路工、拉黄包车养家糊口。在这期间，公共租界招收华籍巡捕，顾竹轩因为体强力壮，报考后即获录取，但后因私放了一名同乡逃犯而被开除。不久，顾竹轩与其兄一起受雇于德商"飞星黄包车公司"，随后他又拉德国老板的私人自备黄包车，深得老板器重，代管该公司的出租业务。第一次世界大战爆发后，德国老板回国，顾竹轩乘此机会，用手中的积蓄廉价盘下了该公司。顾竹轩在上海的发迹之路就是从这时开始的。

顾竹轩

由于顾竹轩为人豁达爽朗，很讲江湖义气，经常帮助一起拉车的乡亲，因此他的门徒中尽管有低级的文职官吏、小军官、一般警察以及各种商贩等，但人数最多的还是人力车行的行主及众多的人力车夫。有人称他为"旧上海最大的人力车霸主"，甚至还有人称他为上海的"丐帮帮主"。20世纪20年代初，他与人合伙在闸北开办同庆舞台，不久又开设德胜茶楼、天蟾舞台、天蟾玻璃厂、大生轮船公司、三星舞台、大江南饭店、百货商店等，生意越做越大，实力也越来越雄厚，当起了闸北商团会董，成为上海滩大名鼎鼎的商界巨子。1923年，他独资经营天蟾舞台，联络京剧名角，推进京剧演出场所改良。

2. 轻财尚义，赈济同乡

与"三大亨"一样，顾竹轩在涉足工商界有了一定的社会地位和势力之后，也极力地与官绅阶层拉近距离，将自己挤进其中。之后他则请人教自己识字，在与上流社会的交往接触中，他渐渐养成了一种上层人士"典雅持重"的风度。随着身份地位的日益提高，顾开始洁身自爱，社会事务能做的就做，不能做的就以自己年老多病为由加以推脱。但有两件事是他一直热衷的，一是赈济同乡，二是帮助中国共产党做一些事情。

从16岁离家到上海，顾竹轩在长达55年的岁月里虽然没有回盐城居住，但其对故土的思念却十分强烈，为盐阜乡亲出了不少力。早在顾竹轩初露头角的时候，他就以轻财尚义、济急恤贫被盐阜旅沪的乡亲称道。

1911年，苏北大旱，一些灾民逃荒至上海，以行乞为生。顾竹轩见状后，与同庆舞台的合伙人出面，在盐阜旅沪同乡与自己的门徒中筹集善款，救济逃荒而来的乡亲。此外，他又以盐阜两县的救灾问题向华洋义赈会告急。他救济有关乡亲的善举，向来都是躬亲其事，尽力解决，不挂虚衔。如在闸北创办江淮小学时，他不仅献出了自己在大统路的宅地，还捐赠了很大一笔钱作为创办基金。

1929年冬天，顾竹轩返里葬母。事先闻知家乡是年大旱失收，特地筹措了一大笔银元乘专轮还乡。丧事既毕，宣布放饭。凡登门求济的，孩童银元一枚，青壮男女两枚，老人五枚，鳏寡孤独者七八枚不等，最多的十枚，直至带回银元放完为止。邻村有孕妇登门乞济被挤得把孩子生在裤裆里，顾竹轩派专人送去银元、大米、衣被等物。

这次赈灾中，顾竹轩为了多筹集善款，将自己位于闸北太阳庙路附近的天蟾玻璃厂卖掉，捐出五六万银元来购买粮食和棉花，用轮船和驳船运往苏北，发给灾民。这件事在盐阜乡亲父老中有口皆碑。

此外，在国难当头之际，他的慷慨仗义也获得了很多人的好评。

1932年，"一·二八"淞沪战起，住在闸北一带的苏北同乡纷纷进租界避难，顾竹轩见状，即将英租界福州路的天蟾舞台停业，作为临时难民收容所。1937年，"八·一三"淞沪抗战再次爆发，在飞机轰炸下，闸北成为一片火海，难民无家可归，又拥入租界。他又将天蟾舞台让出，收容闸北的苏北同乡，同时供应衣食，直到上海战火停熄。他除拯救灾民、收容难民外，还支持发展文化教育事业，建戏馆、办学校，先后被聘任为上海市评剧联谊会主席以及武陵中学、江淮中小学董事长。

3. 迎接解放，终得善终

用顾竹轩的话说，他也做过许多坏事、蠢事。他虽然不搞绑票一类，但当时生意场上巧取豪夺、坑蒙拐骗的不法事干得也不少。在任闸北保卫团团长时，上海发动"4·12"反革命政变，其手下曾参加收缴工人纠察队的武装。顾竹轩向来不愿把事做绝，即使在当时他也在暗中救助我工运骨干。工运大队长姜维新不幸被捕，并判处死刑。顾竹轩得知后，不畏风险，一边疏通，一边出面作保，并以天蟾舞台作掩护，终于将姜维新营救出来。

解放战争时期，组织派顾叔平到上海工作，顾竹轩全力支持侄儿从事革命活动，总是尽全力保护和帮助，顾叔平在顾竹轩的大力协助下当选榆林区副区长。在那期间，顾老先生家"座上客常满"，开展工作的同志都在他家住宿，后来干脆让出天蟾舞台经理室，作为地下党同志活动场所。地下党和外围进步团体还采取前来与顾竹轩拜师的形式，既蒙蔽敌人，又便于开展工作。此外，顾竹轩还利用自己的特殊身份帮助地下党和解放军做好接收工作，有效地维持了社会治安。

天蟾舞台门券

最难得的是，在革命关键时期，他将15岁的小儿子顾乃锦送去参加新四军，表达了他对共产党的忠诚。1947年秋，苏北解放区某部有两条装运西药和办公用品的机帆船，在上海返回途经浏阳河地区时，被国民党上海市警备司令部稽查处水上大队查封，以"资敌"罪名，将人和船扣押。地下党找到顾竹轩，请他设法营救。顾竹轩随即派长子顾乃赓前往稽查处找姓郑的处长疏通。郑见顾竹轩作保，就给了他面子，便以"老百姓的商营"之名，下令放行。当然顾竹轩也没少花银子，才使这两船紧缺物资安全返回解放区。

无论顾竹轩是出于何种目的协助共产党的革命工作，客观上都对革命事业作出了贡献。上海解放后不久，陈毅市长即亲赴天蟾舞台看望顾竹轩，并给予其很大鼓舞，这些都是对他为革命所作贡献的一种肯定及褒奖。

1949年，顾竹轩作为特邀代表出席上海市第一次各界人民代表会议。1956年7月6日，在上海去世。

民国时期的上海滩名媛

20世纪二三十年代，老上海的"名媛"是专门用来形容象牙塔尖上的女人的，这样的女人，单单一个"名门闺秀"仍不足表示她们的尊贵，她们是淑女中的淑女，名女中的名女。她们既有所谓血统纯真的高贵家族，更有全面的后天中西文化调理：她们都持有著名女子学校的文凭，家庭的名师中既有前朝的遗老遗少举人学士，也有举止优雅的英国或俄国没落贵族的夫人；她们既讲英文，又读诗词；既学跳舞、钢琴，又习京昆、山水画；她们动可以飞车、骑马、打网球、玩女子棒球甚至开飞机，静可以舞文弄墨、弹琴、练瑜伽……

但是，她们都是时代聚光灯下生活的女人。时代聚光灯不仅投射在她们的音容笑貌和言行举止上，而且还聚焦她们的妆容、衣着、性格、爱好。因此，在那个名媛辈出的时代，看到她们的美，就能读出那个时代的精神气质和那个年代的审美能力。

1. 唐瑛为什么会成为上海滩的头牌交际花

20世纪二三十年代的旧上海,美女明星云集,这些人让这个城市变得香艳。而交际场上风头最足的交际花,非唐瑛莫属了。

这里所说的交际花,指的不是陈白露与赛金花一类人,而是指出身豪门的名媛。她们尊贵、高雅,经过系统的培训才得以长成。

唐瑛生于1910年,父亲是早年留德的名医,兄长是宋子文的亲信。她毕业于旧上海的中西女塾。唐瑛虽然接受的是西式教育,但是对中国传统戏曲很痴迷,并且颇有造诣。她不止一次以玩票性质登台,大放异彩。1927年,在中央大戏院举行的上海妇女界慰劳剧艺大会上,唐瑛与陆小曼联袂登台演出昆剧《拾画》《叫画》,年仅17岁的唐瑛丝毫不怯场,后来报纸上大幅刊登出两人的戏照,照片中陆小曼轻摇折扇,唐瑛走台步,两人相得益彰。这是唐瑛第一次给公众留下深刻印象。

唐瑛

之后,但凡有名流大亨的重要场合,唐瑛都会出场。有一年,英国王室到上海访问,唐瑛去表演钢琴和昆曲,所有报纸上都登出她的照片,其光彩完全盖过了王室。1935年秋,唐瑛还与沪江大学校长凌宪扬在卡尔登戏院用英语演京剧《王宝钏》,这也是国内首次英语版的京剧演出。唐瑛不仅扮相好,戏做得好,还有一口地道的牛津口音英语。那种风头,岂是一般女明星能比得过的?

作为上海滩一流的交际花,唐瑛爱打扮自是不用多说,这与她自小严格的家教分不开。家境的殷实与极好的修养,都使得她在衣着上具有很好的品位,无论婚前还是婚后,她的穿着一直都是老上海时尚潮流的风向标。当时的女性杂志《玲珑》,就鼓励新女性们向唐瑛看齐,把她作为榜样,要交际,要打扮。

可惜的是这样一个美人儿，婚姻却不算幸福。与李祖法结婚没几年就离婚了，说是性格不合。离婚时才27岁。后来她又嫁给美国美亚保险公司中国方买办的侄子，晚年移民美国，始终维持着"最后的贵族"的排场。

继唐瑛之后，旧上海又涌现出几个有名的交际花。如周叔苹、陈皓明等。她们不仅拥有非凡的容貌，还有着出众的仪表与智慧。正因为20世纪二三十年代的旧上海有着她们，那个香艳的城市才成为张爱玲笔下永恒的沉香。

2. 陈云裳是如何成为一代影后的

民国时期上海滩的女演员与上海的街道、建筑、月份牌、百货公司、舞厅、电影院一起，无争议地成为旧上海的一部分。只是，她们更生动、跳跃，也更百变、极端、歇斯底里。她们戏里戏外都是活的，像旧上海天空里的鸽子，呼啸着，历历而过。她们穿着旗袍、高跟鞋，梳着S头，夹着香烟，扭动着腰肢，也哭也笑，醉着生，梦着死，硬是在上海滩，踩出属于自己的一片天。

陈云裳

陈云裳出生于广州，中国早期影星。原名陈云强，家境贫寒，曾当过舞女，后又在"健全音乐社"学习了京剧、昆曲、歌舞等。由于她天生丽质，各方面条件好，加之学艺认真、刻苦，技艺突飞猛进，在一次元宵灯会演出上，得到了观众的好评。

张善琨是新华公司制片商，其包装女明星的能力无人能及。1938年，新华公司拍摄《木兰从军》的时候，张善琨专程到香港去物色女主演，看中了能说国语的陈云裳。

张善琨在香港初次见到陈云裳时，就被这个美丽开朗的女子打动，力邀她来拍自己的电影。陈云裳虽已在香港和广州拍过一些电影，但上海观众对她还是比较陌生。选择陈云裳演女主角，双方都很冒险。她说不好普通话，演技平平，唯一的好处是天生丽质。陈云裳赴沪前一个月，张善琨便开始策划。首先就是要让上海人知道她。于是他把陈云裳的照片发在报纸上，并制造新闻说美国好莱坞欲请香港女星陈云裳拍电影。实际上，这是根本没有的事。但看报纸的人都以为陈云裳真是个大牌影星，不由好奇。此后，几乎每天都有报纸刊登陈云裳的大小新闻。

一个月的热度炒作，让陈云裳抵达上海时，就有了记者的跟踪报道。接下来就出演张善琨参与的电影《木兰从军》。剧本很好，女主角陈云裳的宣传也好。在电影上映时，还搞了个活动，凡来看电影的，都会得到陈云裳的签名照一张。很多观众为一睹陈云裳的芳容而特意赶来看电影。人们对于陈云裳的热度一直在持续，《木兰从军》接连热映三个月。随着《木兰从军》的热映，陈云裳逐渐成为影迷崇拜的偶像。从1938年到1943年告别影坛为止，陈云裳在上海一共拍摄了《一夜皇后》《风流大姐》《裸国风光》等20多部电影。

1940年，上海一家杂志举办电影明星的选举活动，陈云裳名列榜首，终于成了炙手可热的女明星。

其实，张善琨也力邀过胡蝶，却是另一番遭遇。这时，胡蝶已是电影皇后，与丈夫在香港过着幸福的生活。张善琨是想借胡蝶已有的知名度重新打造她，胡蝶也应了他，拍了两部戏，但不肯回上海。胡蝶不如陈云裳"听话"，原因不外有二：她比陈云裳名气大，是有架子的；她还是在乎与丈夫的婚姻生活，不愿为了拍戏再赴上海，过动荡的生活了。

张善琨随胡蝶想法，在香港拍了胡蝶演出的《绝代佳人》与《孔雀东南飞》。电影虽拍得还不错，但因为胡蝶不肯回上海听张善琨的安排，张善琨就不愿与她合作了。觉得每次拍片都要带着一队人马去香港，成本太高。因为胡蝶的退居，张善琨也不愿在胡蝶身上多下什么功夫了，而是全心打造陈云裳。就这样，一个没有多少演技的美女，硬是让张善琨包装成了电影皇后。而老牌的电影皇后胡蝶，则渐渐被人们遗忘。

1940年，在上海发行量最大的电影杂志《青青电影》举办"影迷心爱的影星"选举活动中，陈云裳击败了袁美云、顾兰君、陈燕燕等其他红星而名列榜首，成为新一届"电影皇后"。上海滩随即出现了"云裳热"。当时有很多商店都以"云裳"为名：云裳时装公司、云裳舞厅、云裳咖啡馆等。

1943年，当陈云裳拍完《万世流芳》后，在影艺事业到达巅峰时遇到了如意郎君汤于翰博士，随即激流勇退，宣布告别影坛，和汤于翰共同营造了一个世人钦羡的幸福家庭。除此之外，多年来她一直热衷于公益事业和慈善事业，默默地为公众奉献着爱心。

3. 为什么说王人美是上海滩的"常青树"

1923年1月23日夜晚，上海广东路大来洋行屋顶上的奥邦斯电台开始广播。这是上海开埠以来的第一次无线电播音，这新奇事物带给市民的惊喜可想而知。无线电波在空气中穿梭往来，造就了一批家喻户晓的红歌星，她们中大都是影、歌两栖明星。同时，由于职业的关系，她们的服饰打扮也是新潮的。她们是上海摩登女性中引人注目的群体。王人美就是这群人中的一个。

王人美

其实王人美并不是地道的上海人。

王人美出生在有着书香气息的家庭，她的父亲是长沙第一师范学校的数学教师，毛泽东也曾经是他的学生。在她之前，王家已经有了6个儿女。王人美从小在长沙长大，在家里，她是绝对的中心和父母的宠儿。兄弟姐妹7人，她最小，不过她却从来没有因为这样恃宠而骄。受家庭的影响，他们兄妹7个都很有自己的看法，也不满于世俗的纷争。7岁时，母亲因脑溢血突然逝世。她于1926年考入省立第一女子师范学校。

她那时对数学感兴趣，满以为将来会像她父亲那样当个数学教师。

没想到就在这年夏天,父亲被黄蜂蜇了一下,化脓成疾,就这样去世了。于是,没有父母的几个孩子遵循父亲以前的教导,开始加入了时代的队伍,也开始了人生的追求。

王人美就是在这种环境下成长起来的。不过她好像不太受家庭的影响,对那些什么活动之类的事情不感兴趣,她只对自己的事情才会关心。她从小就有个好嗓门,经常在父亲面前表演一番。常年漂泊在外的兄长姐姐们也喜欢这个有些才气的小妹妹,经常带着她到处跑。就这样,王人美逐渐养成了在外游荡学习的习惯。

1927年前后,去德国留学的大哥结识了周恩来和朱德。受到这两位先进人士的影响,她大哥怀着一腔报国的热情回到了国内,积极投身于各种救国救亡活动。遗憾的是,他大哥经常生病,最后终于一病不起,未能报效祖国就病故了。她二哥王人路和三个姐姐都参加过北伐军。汪精卫在武汉叛变,屠杀革命党,自然是不会放过这个有些革命的家庭的,几兄妹在权衡利弊之后,决定一起到上海去避一下风头,投奔曾经在中华书局同事的黎锦晖。此时的黎锦晖在着手兴办歌舞学校。于是,王人美跟着黎锦晖学习歌舞。她进步很快,不久就进入中华歌舞学校,也就是后来组成的明月歌舞团,开始专业训练歌唱的技能。正是在这时候,王人美和她的姐妹们开始有了成就。

当然,真正让王人美成为顶级上海艺人,并在此后风光无限的应该是她在电影中的杰出表现。

1932年联华影业公司拍《野玫瑰》,孙瑜编导,孙瑜慧眼识珠,把王人美由明月歌舞团的"四大天王"之一变为联华影业公司新片《野玫瑰》的女主角。影片获得很大成功,因为王人美演得自然而真实。为什么会这样?导演说,因为她是在演自己。她饰女主角野玫瑰,一举成名。她和黎莉莉一起拍摄歌舞片《银河双星》后,又与金焰合作《大路》等片,继而拍了彩色歌舞片《芭蕉叶上诗》和故事片《都会的早晨》《春潮》等。

1933年明月歌舞团改体,她正式参加联华影业公司,成了联华签约

演员。她那泼辣粗犷的性格和表演,使她获得了"野猫"的美称。

这之后,她真正开始了一生中的辉煌。

王人美的成功应该说是开始于当年的那部《野玫瑰》。待到《渔光曲》出现,小猫那个人物,实际是王人美自己演自己,因而又深化了一步。《渔光曲》是导演蔡楚生的成功之作,是王人美电影演技的一个高峰,也是中国电影艺术步入新阶段的一个里程碑。

1934年蔡楚生筹拍《渔光曲》,其中"小猫"这个角色的挑选,费了不少的功夫。因为这个角色既要有成熟的演技,同时还应该有一点陌生的新鲜感,这种感觉是在成熟的基础之上的。当时的上海滩演员中,成熟的有很多,可兼具那份单纯陌生感的则是少之又少。

最后快到开拍的时候,有人推荐了当时已成名的王人美。导演一眼看中了她,因为她所透露出来的书香气正好掩盖了在上海历练出来的成熟世故。这样,就显得比较折中一点,同时,也让人觉得更加有亲近感,而不是所谓的不可接近的高贵。

她的表现证明了导演的眼光,同时也证明了她自己的实力。在片中,她饰演的渔家小姑娘小猫,清新脱俗,与当时电影中所常见的成熟世故截然不同,给人以耳目一新的感觉。该片首映后,立即轰动上海。一夜之间,王人美的清新形象超越了人们传统观念中上海女人的妖艳高贵,而成为平民化美人的代表。她那朴实的演技,强烈地表达出被迫害女性的坚强和反抗性格。

同时,她还演唱了这部电影的主题曲,同样是震撼人心、广为流传,成为当时流行的歌曲之一。《渔光曲》曾突破放映纪录,并于1935年获苏联莫斯科国际电影展览荣誉奖,成为我国第一部在国际上获奖的影片。现在,人们提到《渔光曲》便会想到王人美,想到那个清新脱俗的小姑娘"小猫"。

之后的王人美,逐渐成长为一个完全意义上的艺人。她在为人处世上秉承了良好的家风,这是其他艺人羡慕不已的。由于受到家中兄长的影响,她所演绎的角色多数都是反叛的。

之后，她又先后主演了《风云儿女》《壮志凌云》等影片，同时录制了《风云儿女》等电影歌曲。此后她又主演了《回春之曲》《保卫卢沟桥》等影片，以及话剧《孔雀胆》。

直至上海沦陷，她都活跃在上海的影坛和歌坛上，成为当时为数不多的"常青树"。日本人攻陷上海以后，对上海的文艺事业进行了报复性的打击，上海完全丧失了以前的繁华景象。即便还有一些文艺活动，也都被日本人所控制。

很多艺人不愿意在日本人的控制下委曲求全，纷纷选择逃亡或隐退。王人美的家人多数都是革命人士，她从小接受的思想就是爱国。她不愿意在上海为日本人演戏唱歌，但是以自己的微薄之力又不能做些什么。于是，她去了香港，暂时离开了她生活的上海，直到1950年才回来。

回到上海以后，她又积极投入自己的事业中去。在影片《两家春》中扮演妇女主任灵巧，影片获1957年文化部优秀影片奖。

4. 殷明珠是民国第一位走红的女明星吗

民国时期第一位走红的女影星当属殷明珠。她十五六岁时就已是上海交际场合中颇有名气的小皇后。凭借中国历史上第一部爱情长片《海誓》，殷明珠成为上海妇孺皆知的大明星、众多少女崇拜的偶像，阮玲玉立志从影便是受了她的强烈影响。

殷明珠的美貌有一个很好的佐证：她女儿但茱迪1952年在"香港小姐"竞选中折桂，随后又在美国长堤举行的"世界小姐"竞选中荣获殿军，这也是当时中国少女在世界选美舞台上所赢得的最高名次。

殷明珠

殷明珠，原名殷尚贤，1904年生，江苏省吴江县人，"明珠"是其父母对她的爱称。殷明珠的曾祖父是道光年间的翰林，祖父殷梦琴也在浙江省乌镇做过官。父亲是一名画家，曾购买彩票一注，正好在他病故之日，幸得头奖，画家虽听不到喜讯,却留下了一笔小小家产。

父亲去世后,殷明珠随母迁居上海,就读于上海中西英文女校。她聪明伶俐,生性活泼,擅英语,学洋派,爱歌爱舞,爱骑马,还能开汽车。同学们因她洋气十足,就称她为Foreign Fashion(简写F·F),意为洋派人物。有一次,她在南京路的皮鞋店里订做了一双自己设计的高统皮靴,由于款式出色,店里就多做了一双,放在商店的橱窗里展出,号称"F·F式皮鞋"。

16岁时,殷明珠邂逅了因绘制美女月份牌而著名的画家但杜宇。当时,但杜宇正筹办"上海影戏公司",决心要从美术家的角度拍摄一部完美的故事片。当他在物色一位与影片女主角相称的美人时,遇到了殷明珠。殷明珠也为自己能登上银幕而兴奋。于是,1922年,中国第一部爱情故事长片《海誓》诞生了。

在早期的中国电影里,所有的女角都由男人反串扮演。第一部由女性担任角色的影片,是香港的黎民伟拍摄于1913年的《庄子戏妻》。黎民伟让其妻严珊珊在影片中担任一个角色。不过,严珊珊在影片中饰的,仅为镜头不多的配角,而女主角仍由黎民伟自己反串扮演。1921年,王彩云在"上海影戏研究社"拍摄的《阎瑞生》中饰演一名妓女,但她仅演此一片,就匿迹影坛。严珊珊和王彩云虽分别是香港和上海的第一位电影女演员,但是,她们还算不上"女明星"。

所谓"明星",乃是指那些为千千万万观众喜爱和崇拜的、在艺术上有一定造诣的演员,以此衡量,严、王二位都不够格,只有殷明珠才称得上是"中国第一位电影女明星"。

由殷明珠主演的《海誓》一片,讲的是一位青年画家与纯洁少女相爱,两人立下誓言,负心者必蹈海而死。然而,好事多磨,那位少女一时恍惚,贪慕富贵荣华,决定与表哥成亲,婚礼上,她记起旧日的誓言,猛然悔悟,于是奔向海边,决定践履毒誓。结局可想而知,画家及时赶到,救起了少女,有情人终成眷属。

片中,女主角美丽的面容、漂亮的洋装、摩登的扮相和分寸感拿捏得恰到好处的表演，无不赏心悦目，令人迷醉。从《海誓》起，中国电影才改变"男扮女装"的局面，真正开始了由女性担任女主角的历史。此后，殷明珠担纲女主角，又拍摄了近30部观众喜爱的电影。

5. 王汉伦为什么被称为银幕第一悲旦

王汉伦原名彭剑青，是上海滩第一位电影女明星。她原籍苏州，出生在封建家庭。王汉伦的父亲在安徽招商局谋得总办一职，后来又寓居上海。她是家中兄弟姊妹七人中最小的，被父亲视为掌上明珠，被送进上海教会女校圣玛利亚书院读书。16岁那年父亲去世，兄嫂不让她继续读书，由家庭包办与辽宁一姓张的煤矿督办结婚，婚后夫妻感情不好，遂离婚回到上海。

王汉伦在上海虹口小学教过书，在英美烟草公司当过职员，后在万国体育会任专职英文打字员。兄嫂对她离婚一事非常不满，她只好住到干妈家里。由于在小学里担任教员的报酬很少，经常是入不敷出，为了谋得一个收入较丰的职业，她又去学英文打

王汉伦电影剧照

字。三个月后，被四明洋行录用为打字员。当时洋行里有一位同事是明星影片公司的股东，并且和"明星"的导演张石川认识。恰逢"明星"正在筹拍影片《孤儿救祖记》，需要物色一名女主演，洋行同事知道王汉伦对电影感兴趣，就对她说，既然你长相不错，又会说英文，应该去拍戏。她回答，既不懂得电影表演，又没人介绍，不敢盲目行事。

于是洋行同事介绍她去明星公司找张石川试镜头。张石川让王汉伦在摄影机前做一些喜怒哀乐的表情，发现她很上镜头，于是当场拍板，和她签订了演员合同。

1923年，王汉伦辞掉了洋行打字员的职务，正式加入了明星影片公司，开始从影生涯。她的兄嫂知道后大为恼火，认为她辱没了门庭。

王汉伦决定与家庭断绝关系，做一个自食其力的新女性。当时正值端午节，她想到老虎是无所畏惧的，它的额头上有个"王"字，于是就改姓王，取名汉伦（这是一个时髦的外国名字的音译）。

王汉伦在张石川导演的故事片《孤儿救祖记》中任女主角，这是她的处女作。她在片中扮演余蔚如，当时她既不懂得表演理论，也没有表演经验，只是听到导演张石川启发她要假戏真做，化为戏中人，忘掉自己。在拍摄"闻知丈夫死去"这场戏时，张石川说："喏，你的丈夫死了，你的唯一的亲人突然死去了；可是你生活在一个奉守旧礼教的封建家庭里，礼教是无情的。你年纪还轻，但不能改嫁，此后的日子可怎么过哟……" 王汉伦听着，想着，伤心起来，竟然嚎啕大哭，像真死了丈夫似的。王汉伦扮演余蔚如之所以取得成功，主要是摆脱了当时文明戏的表演程式，她将自己的生活体验，融于角色之中，因此演得真实自然。她美丽的容貌、雍容的气质、楚楚可怜欲哭无泪的模样，博得了无数观众的同情和喜爱。

余蔚如成为中国银幕上第一个贤妻良母的典型形象，王汉伦也由此成为一位电影女明星。该片上映后卖座率很高，曾轰动一时。

1924年王汉伦继续主演了《玉梨魂》《苦儿弱女》《一个小工人》等影片，但她的薪酬却一直维持在合同上的价钱。不久，另一家长城影片公司许以高报酬，挖走了王汉伦。王汉伦在"长城"拍了三部影片之后，并没有得到什么"高报酬"。此后，她又为洋行同事主持的新人影片公司演了《空门贤媳》，在中华第一影片公司主演《好寡妇》，均获成功。

特别是《电影女明星》，是由王汉伦、胡蝶和吴素馨三位当红的女影星联袂主演的；影片拍成后，王汉伦携带影片下南洋一带放映，所到之处，轰动一时。由于她在银幕上扮演的大多为悲剧角色，因此有了"银幕第一悲旦"之称。

王汉伦在银幕上扮演的多半是"寡妇"和"弃妇"一类的角色，在银幕下的婚姻生活也是不幸的。

16岁那年，由兄嫂做主嫁给东北本溪煤矿一个姓张的督办做妻子。

这个煤矿是中日合营的。王汉伦嫁过去之后，发现丈夫经常和一个日本女人鬼混，屡加苦劝，收效甚微。后来，她随丈夫又到上海一家日商洋行当买办，不久，发现丈夫协同日本人购买中国的土地，于是婉言相劝，说这是卖国行为，遭丈夫殴打。王汉伦不能忍受这种虐待，提出了离婚，丈夫给了她三百元钱，算是赡养费。但她分文未收。1933年秋天，王汉伦赴杭州和"风雅文士"王季欢在天然饭店结婚，并邀请著名律师章士钊证婚，但不久又离异。

经历了两次婚姻的失败之后，王汉伦再也没有结婚，四十多年孑然一身，直到去世。

6. 唐薇红是上海滩最后一位名媛吗

六十多年前的上海百乐门舞厅（Paramount），号称"远东第一乐府"。梦幻般的灯光，玫瑰花图案的地板，浪漫的爵士音乐，光滑如镜的弹性舞池，仿佛都述说着上海的绚丽与奢华。

有一个曼妙女子时常与丈夫来此跳舞、消闲、挥洒青春。那个时候她喜欢人们叫她的英文名：Rose。她出生于乱世中的旧上海。家境让她对华丽奢侈的生活念念不忘，她经历过旧中国无人能及的大富大贵，也经历了战乱时期平民一样的颠沛流离，更经历了"文革"时期常人难以忍受的凄凉孤独。然而，她的骨子里有着人们无法探究的高贵、理想、天真、隐忍和满足，她对生活的追求充满着与生俱来的幽雅和韧性以及及时行乐的小女子智慧。她，就是唐薇红，向人们展示着旧上海社交名媛的一生传奇。

唐薇红近照

唐薇红没有被锁在高龄的旗袍里，也没有被囚禁在尘封的老照片里。她是一个资深女人，说她资深，一点不为过。唐薇红的父亲唐乃安是获得庚子赔款资助后的首批留洋学生，之后成为上海滩第一个留学回来的西医；大姐唐瑛则是当时旧上海最有

名的社交名媛；大哥唐腴卢去世前是宋子文的秘书。因为显赫的家世，唐薇红前半生锦衣玉食，是十里洋场的金枝玉叶。同样因为显赫的家世，唐薇红后半生颠沛流离，落魄为弄堂作坊女工聊以糊口。冰火两重天的人生里唯一没变的是她和百乐门的不了缘。

16岁的唐薇红顶着一身名门望族小姐的标配行头，第一次踏入了旧上海最火的娱乐场所——百乐门的舞池。这一脚下去，为唐薇红拉开了十里洋场纸醉金迷、歌舞升平的幕布，也改变了唐薇红的一生。如今已经八十多岁高龄的她，依然保持一周去一次百乐门。只是行头犹在朱颜改，当年陪她一起白相(上海方言，玩耍的意思)的门当户对的小姐妹们大多都已离世。寥寥几个健在的，也在解放前随家人去了海外，半个多世纪无缘再见，偶尔通个越洋电话而已。去南京西路的凯司令吃芝士蛋糕、在衡山路的法国梧桐下喝咖啡、去百乐门跳舞，一天光阴晃荡而过，如斯的情景，如今只余唐薇红形单影只的沧桑背影。在落寞中，她成为百乐门发展乃至大上海时尚发展的一名见证者，也成了名副其实的上海滩最后一位名媛。

年轻的上海小姐们喜欢赶时髦，当时教会学堂里的女学生们流行穿美国画报上的装束：大草帽、夏威夷花衬衫和白短裤。星期六下午放学后，她们就换上这身行头，骑着叮当响的自行车，和要好的朋友去百乐门跳舞。

唐薇红人生中第一场舞会是大姐唐瑛带着她去的。当晚她穿的是姐姐的旗袍，红色，绣满了蝴蝶，而且很长，一直拖到地上，还有第一次穿上脚的高跟鞋，走起路来就像踩高跷似的。那晚，一个外国人请她跳了第一支舞，从来没有步入过舞池的唐薇红洋相百出，根本不知道怎么迈步子，踩了舞伴好多次脚。

1942年，17岁的唐薇红挽着男朋友的手，踏进了闻名已久的"远东第一府"。短暂的社交生活之后，18岁的唐薇红嫁给了比自己大十岁的男友，她的第一任丈夫。这场看似门当户对的婚姻其实并未让唐薇红得到幸福，自己的西派作风和丈夫家的家风格格不入。

婚前，好动的唐薇红自己骑着自行车把嫁妆一件件运到婆家，遭到了婆婆异样的眼光。婚礼上，唐薇红对婆婆只是鞠躬并不下跪，弄得婆婆很生气。婚后两年，唐薇红一直没怀孕，她看到一个漂亮的外国小女孩，想领回家中收养，被婆婆直骂"不像话"。宁波大户人家的规矩实在让唐薇红不习惯，丈夫虽处处护着她，但两人年龄差距过大，并没什么共同语言。

解放之后，听从丈夫单位的分配，唐薇红带着儿子跟丈夫去了深圳。当时的深圳一片荒野。深圳的艰苦条件使正怀身孕的唐薇红难以忍受，她连忙带着儿子逃回了上海，回到上海的那一刻，她哭了，有如劫后余生。

20世纪60年代，唐薇红认识了浙江南浔"四只大象"之一的庞家公子庞维瑾。所谓"大象"是指100年前，家产已达1000万两白银的南浔富户。庞维瑾对唐薇红甚有好感，为了追求她，他接连邀请她去上海的"和平""锦江""国际""上海大厦"等六大饭店吃饭，出入各种社交场所。之后，两人结为连理。

"文革"时期，庞维瑾离世。那个夜晚，已是四个孩子母亲的唐薇红把丈夫生前的法兰绒灰色长袍和褐色铜盆帽扔进火盆里统统烧掉；她把自己最喜爱的香水也都倒进了马桶，关上门窗，固执地在自己衡山路的老房子里放着唱片，一个人跳起一支缓慢的华尔兹。

唐薇红可谓福寿俱全。她的儿女现在都在国外，孙子都有孩子了，小曾孙会用英语指着她脸上的皱纹，说她"不好看了"。然而她依然涂指甲，抹Dior的口红，戴Celine的项链耳环，穿Ferragamo的高跟鞋，穿亮丽的衣服，用Chanel的No5香水，每周去一次百乐门。她说，她喜欢别人叫她唐阿姨，不想让人觉得自己被锁在了高龄里。

唐薇红亦如一枝铿锵玫瑰，红颜娇媚却又不弃不馁，用一世人生，活了别人两世轮回。

上海的旧时名流

租界里的世界级文豪

中国现代文豪鲁迅于1927年10月从广州迁居上海，起先住在虬江路景云里，1933年，搬至山阴路大陆新村9号，直至去世。"虹口区山阴路大陆新村9号"也是今日鲁迅故居的地址。

1. 鲁迅为何选择帝国主义盘踞的上海

鲁迅先生为什么要迁居上海呢？主要原因有三。

一是因为上海有外国租界。

什么是租界呢，就是发生灾祸时，有租界，你可以藏身，可以避难。"二战"亲历者曾亲眼看见日本兵打进上海，租界的警卫将铁丝网打开，疏导人山人海的上海难民逃进租界。

二是因为上海是大世界。

20世纪20年代的中国，有租界的城市不仅是上海，天津、武汉都有租界，但鲁迅为什么偏偏来上海呢？

原因也很明显——上海是大世界。它不仅是中国第一的新兴大都市，也是远东地区首屈一指的大都

上海的鲁迅故居

市。鲁迅选择了上海，说明先生在情感上的民族主义及生存上的现实主义之外，在文化立场上还是一个世界主义者、一个现代主义者。这样一位视野极广的大人物，当时的北平、天津、武汉、广州或是福建，都无法满足他，不能最大程度地成全他的思考和写作。唯有上海，中国第一座与世界接轨的大都市，才是最佳选择。用时下的话说，上海代表了当时中国的"先进文化"。

三是上海是大气包容的。

历史研究表明，上海的黄金时代是20世30年代；民国时代唯一短暂的安定时期，也在那时。而鲁迅在上海的10年，正是30年代。

30年代的上海如果没有鲁迅，那便寂寞、失色得多了。30年代的上海文化因为有了鲁迅的存在，就有了无可替代的意义。

当时上海的社会各界人士或是敬佩他、追随他，拜他做精神领袖；或是利用他，谋取党派的利益；抑或攻击他、嘲弄他，借由他抬身价；或者对他敬而远之，吃自己的那碗饭……

然而在鲁迅的文字里，那10年除了写作，无非带带孩子、见见朋友、逛逛书店、看看电影，时而参与集会，常常躲避追捕……可见，鲁迅是舆论争议的焦点，却又置身于上海主流生活之外，他在上海时期的全部写作，没有说过上海几句闲话，即便说了，也大多不好听，在私人信件中，他对上海的社会百态，多有嘲讽，对上海的文人，甚是鄙夷。我们在他的这些写作中，几乎看不见那个"黄金时代"的上海。

然而这就是鲁迅的大气，更是上海的大气。30年代的上海之所以是30年代的上海，就是因为上海看得起鲁迅，而鲁迅却看不起上海；上海包容鲁迅，鲁迅却孤傲地远离上海的主流社会——这便是一座城市与一位作家最美妙的关系。

2. 鲁迅为何在上海买不起房

鲁迅在上海的住房状况，从鲁迅的一则日记中可以略有窥见——在1930年4月8日的日记中，鲁迅如是写道："上午广平来。下午看定住

居,顶费五百,先付以二百。"可见房子的"顶费"(房屋转手费)是五百大洋,鲁迅大概是付不起,于是先首付二百大洋!

当时,上海的房价确实非常之高,远远超过北平、天津、南京、汉口等主要城市,甚至高于巴黎。鲁迅的收入在民国时代属于中高水平,然而凭他的薪水在上海买房还是力不从心。因此,从1927年迁居上海,到1936年病逝,鲁迅一直都在租房住。也就是说,他在上海做了将近十年的"海漂",直至去世都没有买上房子。

买不起房子,租房总不会太难吧?答案是否定的。在20世纪30年代的上海,租房也不是什么容易的事。首先,租金很贵。其次,稍微不错点的房子都有人住,你若想租到,必须付给前房客或二房东一笔数额不菲的"顶费",即转手费。比如说鲁迅想租虹口区拉摩斯公寓(即今天的北川公寓)的房子,就得掏五百大洋的"顶费"。

五百大洋可不是一笔小数目。当时上海工厂里最娴熟的工人,月薪也只有三四十块大洋;绸缎庄中十年的老店员,平均月薪也只有二三十块大洋;黄包车夫每月三十天全勤,平均月薪不到二十块大洋;而著名的文学家茅盾在杂志社当编辑,月薪则只有一百大洋……可见对当时的大多数阶层来说,五百大洋都算得上巨款,也包括鲁迅。为了把房子租到手,他也只能分期付款:"顶费"五百大洋,首付二百大洋——这是他在日记里清楚记载的。

3. 鲁迅在上海完成了哪些著作

鲁迅在上海的九年,著作颇丰。有译介作品《艺术论》《文化与批评》等,有原创作品《三闲集》《准风月谈》《且介亭杂文》《而已集》《二心集》《南腔北调集》《伪自由书》《花边文学》《且介亭杂文二编》《且介亭杂文末编》《集外集》和《集外集拾遗》等。

其中《且介亭杂文》名字很有意思。"且介"读作"租界",因为1935年时,鲁迅住在上海闸北帝国主义越界修路的区域,该地区时称"半租界"。鲁迅有着极强的民族自尊心,对帝国主义十分憎恨,所以将"租界"二字各取一半,组成"且介"。不仅展示了自己的才华,也对时局巧妙地进行了批判与讽刺。

《南腔北调集》的名字也很有意思。当时,上海有一笔名"美子"的作者在《作家素描》中攻击鲁迅:"鲁迅

鲁迅

很喜欢演说,只是有些口吃,而且是'南腔北调'。"对此,鲁迅不无戏谑地反击道:"我不会说绵软的苏白,不会打响亮的京调,不入调不入流,实在是南腔北调。"表明了自己宽大的胸襟与幽默的气质。而鲁迅将1934年3月出版的这个集子命名为《南腔北调集》,实在是一种自嘲,同时更是对美子的嘲讽。

国殇中的宋庆龄

宋庆龄,孙中山的妻子,上海人。上海宋庆龄故居地址为:徐汇区淮海中路1843号(淮海中路余庆路)。

1. 宋庆龄为何铁心嫁给孙中山

1894年,孙中山在宋家第一次遇见了宋庆龄。那一年,宋庆龄1岁。而当时谁都不会料到,这个可爱的幼女,竟会在21年后,不顾父母的坚决反对,远赴日本与比她大27岁的"国父"结婚。

宋庆龄在美国完成学业后,于1913年8月29日来到日本横滨,次日就在父亲和姐姐的陪伴下拜访了孙中山,这是宋庆龄成年后首次见到自己所仰慕的革命家。19年前,襁褓中的宋庆龄曾"见过"孙中山,但她当然记不得孙中山的模样。宋庆龄一见孙中山,兴奋不已,马上同父亲与姐姐一起,帮助孙中山处理英文邮件。1914年9月,宋庆龄的大姐宋霭龄回上海与孔祥熙完婚,宋庆龄于是接替了姐姐,做了孙中山的秘书。

孙中山是革命家，年龄的巨大差距也无法阻挡两个人急速升温的爱情，尽管孙中山早已有了妻子、儿女。《西行漫记》的作者——美国记者斯诺曾在20世纪30年代问宋庆龄是如何爱上孙先生的。宋庆龄的回答是："我当时并不是爱上他，而是出于敬仰。我偷跑出去协助他工作，是发自少女浪漫的念头——但这是一个好念头。"

宋庆龄接连写了好几封信给仍在美国读书的妹妹宋美龄，热情地讲述她在孙中山身旁工作的愉快与愿景。1915年6月，宋庆龄专门为自己和孙中山的婚事回到上海请求父母的同意，但这对于宋家父母来说恍若地震。宋嘉树夫妇破口大骂孙中山，宋母以泪洗面地规劝庆龄说："孙中山已有妻室，儿子孙科比你还大，两人年纪相差悬殊。"但宋庆龄心意已决，始终不为所动。宋庆龄于是被父亲软禁在家。

宋庆龄和孙中山

孙中山的朋友也大多不敢苟同。孙中山却说："不，如能与她结婚，即使第二天死去亦不后悔。"

1915年6月，孙中山正式与原配妻子离婚。同年10月的一个晚上，宋庆龄在家仆的协助下，跳窗出逃，再赴日本。10月24日午时，孙中山到东京车站迎接她，次日上午便在日本律师和田家中登记结婚，这一年孙中山49岁，宋庆龄22岁。当天下午，婚礼在日本友人庄吉家举办，到场致贺的中国人寥寥无几。

宋嘉树得知女儿离家出走后，即刻与妻子乘船追至日本阻拦。宋庆龄回忆说："我父亲到了日本，对孙博士大骂一顿，我父亲想要解除婚约，理由是我尚未成年，又未征得双亲同意，但他未能如愿，于是就和孙博士绝交，并与我脱离父女关系。"

而庄吉女儿的回忆是："宋嘉树站在大门口，气势汹汹地大吼：'我要见抢走我女儿的总理！'庄吉夫妇担心会生变故，准备出门劝慰宋嘉树。而孙中山对他们说：'这是我的事情。'不让他们出去。然后孙中山亲自来到大门口对宋嘉树说道：'请问，找我有什么事？'暴怒的宋嘉树却突然扑通一声跪在地上说：'我这个不懂规矩的女儿，就托付给你了，请千万多关照。'然后连磕三个头就走了。"

宋庆龄晚年回忆起当年违背父命与孙中山成婚时说："我爱父亲，也爱孙文，今天想起来还难过，心中十分沉痛。"

而宋家夫妇虽阻婚失败，但仍然送了一套古典家具与百子绸缎，作为宋庆龄的嫁妆。

真是可怜天下父母心！

2. 抗战中宋庆龄做了哪些要事

宋庆龄是孙中山的妻子。在1937—1945年伟大的抗日战争中，积极参加抗日救亡活动，可歌可泣，为中国人民的抗日事业做出了卓越的贡献。

下面按照年份记述宋庆龄的抗日历程。

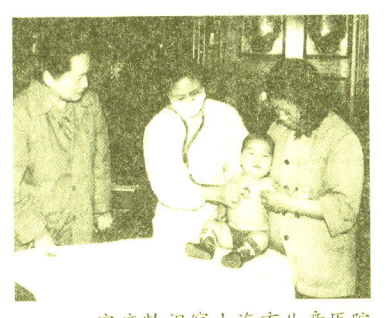

宋庆龄视察上海市儿童医院

1937年

7月，抗战正式爆发。宋庆龄起初没有和自己的妹妹宋美龄在一起，而是和共产党人打成一片。7月7日，宋庆龄在上海与周恩来、林伯渠等会面，支持共产党的抗日主张。

8月，宋庆龄发表《中国是不可征服的》一文。

11月，再发《关于国共合作的声明》，支持国共合作。

12月，移居当时未被日军占领的香港。

1938年

1月23日，"国际反侵略运动大会"在武汉成立。宋庆龄与蔡元培、吴玉章等当选出席伦敦反法西斯大会的中国代表。但遗憾并未成行。

6月14日，宋庆龄在香港组建"保卫中国同盟"。"同盟"的宗旨是：在现阶段抗日战争中，鼓励全世界所有爱好和平民主的人士进一步努力以医药、救济物资供应中国；集中精力，密切配合，以加强此种努力所获得的效果。

同年9月，宋庆龄参加保卫广州运动，发表《华侨总动员——庆祝华侨第二届会员代表大会》一文。

1939年

这一年，宋庆龄在香港继续忙于"保卫中国同盟"的工作。

12月12日，宋庆龄在香港电台发表演说，坚决支持抗战。

1940年

宋庆龄在香港继续"保卫中国同盟"的工作。

1941年

1月，宋庆龄与何香凝等联名通电：批判国共严重摩擦——"皖南事变"。

12月，日军占领香港。香港沦陷前，宋庆龄乘最后一班飞机从香港飞抵战时首都重庆。

这一年宋庆龄还支持了路易·艾黎等发起的"工业合作社运动"。

所谓"工业合作社运动"是指抗战时期在国民党统治区和共产党占领区开展的一场经济救亡运动。该运动对组织民众开展生产自救、克服经济困难、支援长期抗战发挥了积极的作用，在抗战经济中占有重要地位，被誉为战时"经济国防线"。

1942年

这一年，宋庆龄继续"保卫中国同盟"的工作。

是年冬季，宋庆龄在重庆与周恩来、邓颖超等欢送董必武离开重庆返回延安。

1943年

5月,宋庆龄以"中华全国儿童福利协会主席"的名义举办国际足球赈灾义赛,将全部收入捐赠河南灾民。

9月18日,宋庆龄发表《给中国在海外的朋友们的公开信》,呼吁大家继续支持中国抗战。

1944年

2月8日,宋庆龄发表《致美国工人们》一文,呼吁美国工人支持中国的抗日战争。

3月12日,美国举行孙中山纪念活动之前,宋庆龄发表《孙中山与中国的民主》广播演说。

10月1日,宋庆龄在战时首都重庆举行"追悼邹韬奋大会"。

1945年

9月,抗战胜利一个月之际,宋庆龄在重庆张治中住所与毛泽东会见。

12月,宋庆龄离开重庆回到上海,将"保卫中国同盟"转型为"中国福利基金会",继续支持进步组织和民主力量,支持人民解放斗争,并从事妇幼卫生、文化教育和社会救济事业。

宋庆龄在抗战中的贡献令人敬佩。

3. 宋庆龄如何给鲁迅办葬礼

鲁迅去世后,鲁迅的儿子周海婴(鲁迅本名周树人)曾经回忆说:"父亲去世后,坟地选在虹桥路的万国公墓。那是孙夫人宋庆龄推荐的,因为在入口不远处有一大块土地是宋家墓地。"

而事实上,除了挑选墓地,宋庆龄还为鲁迅的葬礼奔劳了很多。

鲁迅的棺材也是宋庆龄订的,是一种半透明式的高档棺材,便于人民瞻仰,价格十分昂贵。可见宋庆龄对同道战友的慷慨。据1936年10月

22日《大晚报》记载:"灵柩的代价,据说是九百元,为宋庆龄女士所送。葬在万国公墓的一个墓穴,价值五百八十元。"

由于鲁迅的遗孀许广平过度悲伤,悲伤得慌了手脚,不知如何办理丧事。所以一切费用与杂务,全是宋庆龄主持办理。鲁迅的亲友成立了一个"治丧委员会",每人各有分工。宋庆龄出力、出钱很多。

宋庆龄在鲁迅葬礼上讲话

胡风曾以一个现场目击者的身份写道:"丧事两三天后,我去看许广平,看到茶几上放着包着一厚叠纸币的信封。上面写着孙中山式的粗笔画'周同志'三个字,下面当有'丧礼'之类的吧。"所谓"孙中山式"的笔画,当然指宋庆龄的笔迹,宋庆龄是孙中山的妻子,可见宋庆龄悉心为鲁迅的葬礼奔劳。

而送葬的路线也是宋庆龄定的,从胶州路出发,沿着北京路,途经美丽园到达虹桥万国公墓。全程长达两个小时。如果不是因为宋庆龄,这样的送葬多半会被政府阻拦。

由于路途漫长,又是途经闹市区,所以送葬的队伍不断壮大,很多民众主动加入,最初只有几千人的队伍,最后竟达两万多人,如同滚雪球。

浩浩荡荡的送葬队伍唱着挽歌,喊着口号,昂首踏步,庄严又肃穆地行走在上海滩的繁华街道。

10月22日下午四点半,鲁迅的葬礼在万国公墓举行。北大校长蔡元培致辞,沈钧儒报告事迹,宋庆龄、内山完造、章乃器等鲁迅生前好友先后致辞,胡愈之宣读悼词,许广平则朗读题为"鲁迅夫子"一文以致哀悼。

默哀礼完毕后,王造时、沈钧儒等为灵柩盖上白缎锦旗,写有沈钧儒亲提的"民族魂"三个大字。

而宋庆龄发表了激昂的演讲："鲁迅先生是革命的战士，我们要继承他战士的精神，继续他的革命任务！我们要循着他的道路，继续打倒帝国主义，消灭一切汉奸，完成民族解放运动！"

这是鲁迅与宋庆龄革命友谊的巅峰。

四明村里的名人巷

四明村本是四明银行董事长的私人别墅，先后入住过四明银行的高级职员和各个行业的"大老板"。这个时期（租界时代）的四明村，安静而典雅，并且距离繁华的南京路和淮海路也不过百米。所以后来在这个地方聚居了众多的文化人，是有其道理的，其中便不乏多位作家诗人。

如今的四明村已是街知巷闻的"文化名人村"。仅仅村口大门边的"文化名人墙"上，便记录有章太炎、徐志摩、泰戈尔、胡蝶等十几个名字，而他们都是曾经寓居在此的名人。

1. 徐志摩与陆小曼的爱巢在哪里

徐志摩是著名的诗人，而且与当时的名媛多有接触，其中便有林徽因和陆小曼。

徐志摩与原配夫人张幼仪在德国正式离婚四年后，与京华名媛陆小曼在北京结婚了。这中间，诗人的"婚变"，不仅不为家族老父所容，甚至连外界舆论也为之一片惊呼。

徐志摩与陆小曼故居

在这样的压力下，诗人萌生了"归隐"之念。而且月下举杯、对影成双人的隐士梦，对诗人来说无疑也是极具诱惑的。所以在1926年，他便偕新婚之妻陆小曼返回故乡，打算在那里开启隐居著书的生涯。可惜未满一月，突起的军阀争战，便彻底击毁了诗人的梦想。他不得不仓促避居上海。

于是，位于今天延安中路四明村923号的一幢上海滩老式洋房，便成了著名诗人徐志摩与陆小曼的暂居之所。不过他们起初是住在上海环龙路（今南昌路）花园别墅的一幢洋房里，只是后来才又迁到了这个四明村。

因为陆小曼有吸烟的习惯，所以后小间被专门辟为陆小曼的吸烟室。而徐志摩的书斋则设在三楼，因此也较为安静。在这里，徐志摩和陆小曼两人均有所创作，《爱眉小札》《媚轩琐记》和《小曼日记》等篇便是他们在这里的一些记录。

然而两人浪漫的生活，在1931年11月戛然而止了——11月19日，徐志摩因空难去世，年仅36岁。

2. 徐志摩与泰戈尔有着怎样的友谊

徐志摩与泰戈尔的友谊其实早在1924年便开始了，那时还是泰戈尔首次来中国访问。自从他登上黄浦江码头之后，便一直是徐志摩和林徽因陪伴其左右，随后更在大江南北各处巡回演讲。

徐志摩（右）和泰戈尔（中）、林徽因（左）

泰戈尔是说英文的，而且有他浪漫主义诗人的独特语言，所以将他的话精准地翻译成汉语是有难度的。不过幸好为他翻译的是同为浪漫主义诗人的徐志摩，而且徐志摩亦精通英语，所以诗人泰戈尔的话，经过诗人徐志摩的翻译，便成为令人享受的、从容不迫的诗。这对听众来讲绝对是件绝妙的事，而对泰戈尔来说，也绝对是相当幸运的。

于是在不断的工作中，在对诗歌艺术同样的热爱中，他们成了无话不说的忘年交。泰戈尔还为这位中国知音取了一个印度名字——苏萨玛。这在孟加拉语中是"雅士"的意思，所以当风流倜傥的徐志摩知道后，便觉贴切甚至得意。

当泰戈尔完成了全部的演讲计划，回到印度后，依然和徐志摩互通书信，这使得他们的友谊不断加深。所以当1929年他再次来到上海时，便仍旧选择住在了四明村，因为他的老朋友徐志摩也住在这里，可以相互陪伴。只是老朋友的伴侣换成了陆小曼。

泰戈尔在文学史上的确是少见的幸运儿，因为殷实的家庭环境，让他可以完全脱离于柴米油盐之外，在毫无忧虑的心境下造梦般地写诗。或许正是因此，他在花甲之年前，便荣获了诺贝尔文学奖，名震天下。

不过这年秋季的某天，泰戈尔却拖着疲惫的身体再次来到徐志摩的家里。他刚从美国和日本讲学完，因为要回印度，所以路过上海。但是却没有了上次来时的高兴与适意。原来泰戈尔年岁已高，在美国和日本又受了一部分新人的排斥，所以心里十分郁闷，以致路上生了一场重病。徐志摩从内心深处为泰戈尔感到悲哀，他也曾说这亦是孔子式的悲哀，其实，又何尝不是徐志摩自己的悲哀。

终于要临别了，两位诗人互赠了礼物。泰戈尔沉默了片刻，又缓缓地脱下自己身上的印度长袍，送给了徐志摩夫妇，以作纪念（印度人把自己穿过的衣服送给别人，表示的是将最珍贵的礼物送给最亲爱的人）。最后两人相约，1931年，徐志摩要专程到印度去为泰戈尔庆祝七十大寿。然而泰戈尔在自己的宴会上却没能见到徐志摩，因为徐志摩遭受了空难，二人均未能如愿。

上海著名的绿房子

绿房子的主人是一个叫做吴同文的颜料商人，他因为商业敏感而抢先推出军装所需的军绿色颜料，于是在战火一触即发的20世纪30年代大发特发，成为沪上有名的"绿色大王"。从此，他便以绿色为其幸运色,连带自己的宝马座驾,也变成了绿色。所以他的宅邸外壁也取绿色面砖铺就,便不足为怪了,也因此而被称之为"绿房子"。另外传说他的大门执意要开在哈同路和爱文义路路口,因为两条路路名的第二个字合在一起,便是他吴同文的名号。

1. "绿房子"是当年的远东第一豪宅吗

绿房子是著名的匈牙利建筑师邬达克的收山之作,更被当时的《上海日报》誉为"远东第一豪宅"。

传说甚至有某国的外交官想用一艘万吨邮轮,另加50万美元的现金来交换这座绿屋,以作为该国的领事馆,不过却被房子的主人吴同文婉拒了。

之所以说它是豪宅,不仅因为其广阔的面积,郁郁的花园,更因为其设计中无处不在的巧思与高科技。

"绿房子"

它是上海首家装电梯的私宅,而且是钢筋混凝土结构(在当时是很了不起的),房子的南立面各层均设有较大的露台、阳台,并设有玻璃顶棚日光室,充分考虑到了采光;而且室内的功能区间也分配得非常合理。邬达克对这所房子有过"即使再过50年,这幢房子的现代感仍是超前的,哪怕再过100年,我相信它仍不会Out!它应该属经典之列!"的断言。

这座绿房子的造型仿佛就是一条行驶在城市里的旗舰,因为房屋的结构中运用了很多造船的手法,例如玄梯、圆窗、阳台等,完全就是轮船的一个甲板;护栏也与轮船的护栏有着一模一样的设计,即使在今天的上海滩也是独一无二的建筑。在临海的上海,它就像一艘将要驶入太平洋的舰船一样。

这样的绿房子,这样一座必定为上海市所独有的绿房子,绝对可以作为上海历史的一个缩影。

2. 豪宅的设计者缔造了"上海风"

绿房子的设计者邬达克，或许不是上海滩最有名气的外国人，但却是曝光率最高的。这个匈牙利人在1918—1947年的上海接手并建成了不下50个项目，共包含百余座单体建筑；并且这些项目中的25个入选"上海市优秀历史建筑"。以"远东第一"冠名的各种豪宅、影院、高楼、饭店、教堂等，多出自他之手。占他一生作品九成多的建筑，都建在了上海，而且构成了如今人们津津乐道的"老上海"，可以说是他缔造了"上海风"。

邬达克旧居

但是这位天才建筑设计师为什么来到了上海呢？

20世纪初的上海，是一个冒险家的乐园，而且因为它的免签，众多无名英雄来到这里，打算变得"有名"。可邬达克却并非是怀揣这种梦想来此的其中一员，他是逃狱而来的。

拉斯洛·邬达克，1893在匈牙利出生，1914年在布达佩斯工业大学毕业，1916年在匈牙利皇家建筑学会取得会员身份。但是当时处于奥匈帝国时期，所以这位年轻人随着第一次世界大战的持续，而成为了一名奔赴俄罗斯前线的士兵。奥匈帝国在战场上的失利使得他被俘，并且被沙俄政府流放到了远东西伯利亚地区。邬达克之所以可以从战俘营成功逃脱，则是因为十月革命的爆发，俄国内部一片混乱。他搭上了一艘开往上海的日本载重船，到港的时候，邬达克25岁，而且身无长物、语言不通。

不过上海是个包容的城市，有各国来此淘金的人。邬达克依靠自己的建筑教育背景，在一家美国建筑公司做助手，并学会了汉语。或许上帝关掉了你的一扇门，但他会给你打开一扇窗——由于不断涌入的人口，不断增加的贸易，不断繁荣的商业，上海正经历着自己的建筑黄金时代，而邬达克刚好赶上了这个时期。而且来自各国的建筑师和大批的"海归派"带着世界上最先进最时髦的建筑理论、建筑模式和建筑材料而来，希望在上海一展拳脚。或许是这种氛围，造就了邬达克的展示舞台。

在美国公司7年，不能完全做主的他谨慎细微，设计了一批包括医院、俱乐部、学校、银行、教堂、电影院、剧院在内的建筑。而只有一座沐恩堂可以算作他的代表作，哥特式塔尖、重细节的装饰，充满复兴时期的欧洲情节。

不过邬达克在上海真正成为大师，则从他拥有了自己的建筑事务所开始，这个拥有建筑天赋的流浪汉成为了打造这个城市的领军人物。其间他设计了诸如国际饭店、大光明电影院等诸多老上海建筑，如此活跃并不遗余力地建设着上海滩，也几乎垄断了当时上海的经典建筑设计。

124幢传世的建筑精品，不仅成就了"上海风"，也成就了拉斯洛·邬达克。

张爱玲的上海故居

张爱玲是著名的中国现代作家，本就是个"小布尔乔亚"的她出生在上海公共租界西区的一幢西式豪宅里。张爱玲可以说是一个传奇人物，她一生大量的文学作品中，不乏小说、散文、电影剧本以及文学论著，甚至她的书信，也被人们作为其著作的一部分而加以研究。

1. 张爱玲为何非要住在公寓里

在张爱玲看来，公寓简直就是世外桃源。"厌倦了大都会的人们往往记挂着和平幽静的乡村，心心念念盼望着有一天能够告老归田，养蜂种菜，享点清福，殊不知在乡下多买半斤腊肉便要引起许多闲言闲语，而在公寓房子的最上层你就是站在窗前换衣服也不妨事！"——张爱玲

《公寓生活记趣》

张爱玲在上海住的常德公寓，便是这种理想中的圣地，并且充满了女性色彩：它的墙面是肉粉色的，而且夹杂了咖啡色的线条，像极了那时候女人们用过的胭脂扣。

常德公寓

才女张爱玲是极会挑房子的：这公寓的名字本是爱丁堡，很符合张爱玲的要求；而且此处正邻近闹市街头，生活是极方便的；虽然张爱玲不见得会常去离此不远的静安寺，但心里知道在那里有个幽静的寺庙，或许也正是她潜意识里的诉求吧。

另外，虽然张爱玲是和她姑姑张茂渊合住在这间公寓里，但是两人各居一室，分别有自己的小世界，不必合用卧室或盥洗室，只是中间的厨房是两人共有的。她们如果要见面，开门便能见到，但若没有这个意愿，其实也可以从消防门进出，所以是绝对有自己的私人空间的。

这里虽然这么好，却也不是张爱玲的最后居所，只是她在上海的最后居所。1939—1948 年，张爱玲在这里写下了妙趣横生的《公寓生活记趣》，以及《倾城之恋》《第一炉香》《第二炉香》《金锁记》《封锁》《心经》《花凋》等惊世之作。甚至还在此结下了一段冤孽，即和汉奸胡兰成的相识。

2. 曾有人翻张爱玲的垃圾桶吗

在周星驰电影《唐伯虎点秋香》的片头曾有这样的剧情：一群衣冠楚楚的员外或者商人们，聚在一栋豪宅的门外，不停地抱怨，却依然原地等待。沉闷的气氛直到门开后一桶垃圾的出现才得以结束，大家像一群疯子一样争抢着那些主人家不要的废品……

这恐怕并非无稽之谈，在现实中的张爱玲公寓附近，便有着这么一群类似的人，他们都有一个名字，叫做"张爱玲迷"。

事情之所以发生，应该从胡兰成离去说起。

或许是没了精神寄托，张爱玲常常整日坐在旧公寓里，任时光逝去而老却不能自拔，正如她自己所说，在这里，"我将只是萎谢了"。

这样直到晚年的张爱玲，深居简出，几乎和外界隔绝了。于是有些"张爱玲迷"对张爱玲的痴迷无处宣泄，便翻腾起张家附近的垃圾桶，想从垃圾的内容来忖度张爱玲生活的喜好、日常的事宜，哪怕一点点线索也好。

然而张爱玲知道后，立即搬了家。这样一来，本就鲜与世人联络的她，过起了更加隔世的生活。

1995年的中秋夜，一代才女张爱玲卒于洛杉矶的一间公寓内，享年七十五岁。据说她是一个人死在公寓里，直到几天后才被公寓管理员发现的。

3. 张爱玲与李鸿章是什么关系

一个是民国才女，一个是清末重臣，这两个人根本不是一个时代的，能有什么关系呢？其实不然。张爱玲系出名门，她的祖母李菊耦便是清末中堂李鸿章的爱女。

虽然如此，张爱玲的童年却并非充满阳光和喜悦。她的生母因为流浪欧洲，所以只剩下她和弟弟追随父亲及后母一起生活，而据张爱玲《私语》中所讲，那是在绝对监管之下的生活。而这也或许就是导致其后来的作品中充满了悲观与势利的主要原因。

张爱玲

然而张爱玲笔下的女性：实在、自私、城府，经得起时间考验。就像她本人一样，都是斤斤计较的小女人：摸得到、捉得住的物质，比抽象的理想重要。

4. 张爱玲的经典语录

如今的青年，尤其是女性，已然爱着张爱玲式的文字，正如"人生最大的幸福，是发现自己爱的人正好也爱着自己"。其实还有更多常出于我辈之口的话，就是张爱玲曾经的经典之句。让我们看看还有哪些吧。

（1）男人彻底懂了一个女人之后，是不会爱她的。

（2）因为爱过，所以慈悲。因为懂得，所以宽容。

（3）如果你认识从前的我，你就会原谅现在的我。

（4）也许每一个男子全都有过这样的两个女人，至少两个。娶了红玫瑰，久而久之，红的变了墙上的一抹蚊子血，白的还是"床前明月光"；娶了白玫瑰，白的便是衣服上的一粒饭粘子，红的却是心口上的一颗朱砂痣。

（5）啊，出名要趁早呀，来得太晚，快乐也不那么痛快。个人即使等得及，时代是仓促的，已经在破坏中，还有更大的破坏要来。

（6）如果你不调戏女人，她说你不是一个男人；如果你调戏她，她说你不是一个上等人。

（7）小小的忧愁与困难可以养成严肃的人生观。

（8）我要你知道，在这个世界上总有一个人是等着你的，不管在什么时候，不管在什么地方，反正你知道，总有这个人。

（9）你疑心你的妻子，她就欺骗你。你不疑心你的妻子，她就疑心你。

（10）你问我爱你值不值得，其实你应该知道，爱就是不问值不值得。

（11）我喜欢钱，因为我没吃过钱的苦，不知道钱的坏处，只知道钱的好处。

（12）能够爱一个人爱到问他拿零用钱的程度，都是严格的考验。

（13）对于不会说话的人，衣服是一种语言，随身带着的是袖珍戏剧。

（14）要做的事情总找得出时间和机会；不要做的事情总找得出借口。

（15）回忆永远是惆怅。愉快的使人觉得：可惜已经完了。不愉快的想起来还是伤心。

（16）一个知己就好像一面镜子，反映出我们天性中最优美的部分。

（17）替别人做点事，又有点怨，活着才有意思，否则太空虚了。

（18）书是最好的朋友。唯一的缺点是使我近视加深，但还是值得的。

（19）一个人在恋爱时最能表现出天性中崇高的品质。这就是为什么爱情小说永远受人欢迎——不论古今中外都一样。

（20）外表上看上去世界各国妇女的地位高低不等，实际上女人总是低的，气愤也无用，人生不是赌气的事。

（21）人因为心里不快乐，才浪费，是一种补偿作用。

（22）一个女人蓦地想到恋人的任何一个小动作，使他显得异常稚气，可爱又可怜。她突然充满了宽容无限制地生长到自身之外去，荫蔽了他的过去与将来，眼睛里就许有这样苍茫的微笑。

（23）抄袭是最隆重的赞美。

（24）生命是一袭华美的袍，爬满了虱子。

（25）女人真是幸运——外科医生无法解剖她们的良心。

（26）女人一辈子想的是男人，念的是男人，怨的也是男人。

（27）于千万人之中遇见你所要遇见的人，于千万年之中，时间的无涯的荒野里，没有早一步，也没有晚一步，刚巧赶上了，那也没有别的话可以说，惟有轻轻地问一声："噢，你也在这里吗？"

上海的山水古镇

世人提起上海,恐怕大多数都会首先想到它的高楼大厦、车水马龙、风情外滩抑或万吨巨轮。然而,上海不仅是一个近现代历史名城、当今的国际大都会,它还是一个生态旅游、历史文化名城。

它虽然没有九寨沟、云台山这样的著名自然风光,但它有多处规模巨大的森林公园,包括佘山国家森林公园、炮台湾湿地森林公园等,亦有上海的母亲河——黄浦江,以及中国的第三大岛——崇明岛等。

它虽然没有西安、洛阳、北京那样丰厚的历史遗迹,但它亦有诸多的风情古镇,如七宝镇、朱家角、枫泾镇等。

上海的名山胜水

佘山国家森林公园

佘（音同"蛇"）山国家森林公园位于上海市郊西南的松江区境内，包括东西佘山、天马山、凤凰山、小昆山等12座山峰。其中东佘山高达100.8米，是上海地区的最高峰。这些山上植被繁茂，郁郁成林，是大上海的后花园。改革开放后，这里先后建成了20多处各种游览、娱乐景点及场所，为市民提供了休闲娱乐的好去处。

佘山繁盛之时，境内遍布名园别墅、亭榭楼阁；至于清泉古井、明岫暗穴也是随处可见；而寺院道观更是遍及诸山，在明洪武年间，单昭庆禅寺的楼阁殿舍便多达一千余间，可见当时佛事之盛。

如今的佘山国家森林公园内古树修竹漫山遍野，浓郁而深秀，绝对是一处不错的游览胜地。

1. "九峰十二山"只有九座山峰吗

佘山历来有"九峰十二山"的名头，但是其中"九峰"不过是个概数，而且上海全境多为平坦之地，"十二山"其实是松江境内十二座小山丘的总称罢了。不过根据松江的传统，九峰是指的佘山、天马山、横山、小昆山、凤凰山、厍（音同"射"）公山、辰山、薛山和机山九座山峰，然而实际上还有钟贾山、北竿山、卢山等。或许是因为前面的九座比较有名吧。古时曾以"九朵芙蓉堕淼茫"的美誉，来形容这形成于7000万年前的九座山峰。

九峰的说法何时形成已无从查考，但是九峰作为长江三角洲的成陆中心，大约在6000年前便开始有人群居住，可以说是上海文化的开端。

虽然九峰中最高的不过百米，而最低的厍公山仅10米来高，但是在平坦的长江三角洲冲积小平原上，还是格外引人注目的。而且这些山峰虽称不上雄伟、壮观，却也不失玲珑、秀丽。

"九峰十二山"风光

或因奇石名泉，或因风光秀美，又或是历代名人的遗踪故迹，使得佘山各山均有自己独特的景观，而且非"八"即"十"，只是如今大多已泯灭闭塞。现在仅有天马山的护珠塔、木鱼石、留云壁、仙人床；凤凰山的"高数十仞青壁"；小昆山的石山猫、白驹泉；横山的白龙洞、祭龙潭、丽秋壁；东佘山的木鱼石、洗心泉、沸香泉、乾隆古道；西佘山的秀道者塔、虎树亭等留存。但是这些名胜多与历史上著名的人物，诸如陆机、陆云、陶宗仪、杨维桢、陈继儒等有所联系，所以为九峰增添了不少的人文光彩。

《明斋小识》说："九峰为云间胜地，春秋佳日，足供眺赏。"

2. 佘山之名是因王母斩蛇而来的吗

佘山虽然不高，却是座古山。至于其名字的由来，也是众说纷纭。

一说是王母斩蛇造"佘山"。相传在上古之时，上海这一带本是一片汪洋。当时峨眉山上有青、黄两条巨蟒，经过千年修炼而同时得道升天。有一年的八月十五，它们偷饮瑶池仙水，遂变成了天龙。可是贪念之下，不知止为何物，它们终于被王母发现，并放逐东海。然而这两条蛇一路上互相埋怨、缠斗，变成龙形，搅得天昏地暗，导致人间连降了三个月的暴雨，百姓顿遭大难。东海龙王知道后便急忙禀明玉帝。天庭震怒，派出雷公雷婆前去击杀妖怪。于是两条假龙在雷电的袭击之下现出蛇形，坠地而亡，化成了两座小山。青蛇坠落在西边，成了西蛇山；黄蛇坠落在东边，便成了东蛇山。后来人因为"蛇"字听之不吉，于是都改称为"佘山"。

二说是宋朝的佘老太君曾到过此地，人们敬仰杨家将的英雄们，于是便以太君之姓作为山名。

三说则是东汉的一个佘姓将军曾在此隐居，人们感戴这位有功名将，便把将军之姓命为山名。现在东佘山上还有一座佘将军庙。

其实早在宋代的《云间志》中便有对其山名由来的记载，称：古代有佘姓者居此，故名。这样看来，似乎佘山因佘姓而得名的可能性最大，而且最早在汉代，最晚在宋代便已有佘山之名。毕竟王母蛇精的传说，过于玄幻了。

此外佘山还有"兰笋山"之名。这个名字又是从何而来的呢？原来佘山之地多产竹，有竹便有笋。而清康熙帝南巡至此时，曾尝过本地的鲜美佘山笋，并曾为佘山题"兰笋山"之匾，悬在了佘山宣妙佛殿之上。从此佘山也被称为"兰笋山"。只是如今康熙的题匾，甚至宣妙讲寺都已无存，所以"兰笋山"这个名字也就鲜为人知了。

3. 东西佘山园各自有什么特色

东佘山园的特色便是历史文人汇集，而且因为环境优美，所以景点众多。山上原有的木鱼石、骑龙堰、沸香泉、眉公钓鱼矶、白石山亭等历史景点均已整修；并且新建了观光塔、森林浴场、仙人洞、骑龙亭、龙潭、滴水观音等景点，此外还修造了竹楼、竹迷宫、竹牌楼、竹径、竹桥、竹亭、竹筒街等可以体现佘山地区竹文化的建筑。

其中"眉公钓鱼矶"位于南大门内的东山麓临河处，因为明末文学家陈继儒（号眉公）晚年在南麓筑东佘山居，隐居于此，所以常常会在闲暇之时来这里垂钓，深以为乐。如今首都故宫博物院和日本东京国立博物馆都收藏有他的诗画。

西佘山园的特点则是，它是佘山九峰中环境最好，面积最大并且最具特色的森林公园。园内建有中国目前最大的一个集科普、观赏为一体的鸟类观赏点：百鸟苑。百鸟苑内有五十多种鸟类，近万羽，其中不乏十余种国家一、二级保护鸟类。

西佘山园

而且西佘山还是著名的天主教圣母大教堂和天主教中堂的所在地，且山顶配有佘山天文台，本亦是教堂附属，如今则是中国科学院上海天文台佘山工作站。

历史上曾有书作评论说，环境优美的西佘山是中国最耐赏览的地方之一。

4. 小昆山便是西晋"二陆"的故乡吗

小昆山是西晋著名文学家陆机、陆云二兄弟的故乡。因为前人曾将"二陆"比作美玉，并以"玉出昆冈"来赞誉他们，所以有人认为昆山之名便源于此。但是根据陆机诗"仿佛谷水阳，婉娈昆山阴"的诗句，可以推断出，昆山的命名应该是在"二陆"之前的。后来人们因为知道江苏省昆山市内的马鞍山又名"昆山"，所以称这座山为"小昆山"。

小昆山呈东南向西北微斜走向。有南、北两峰，北低南高，并呈"8"字状，圆润秀丽，远望山如卧牛，而北峰因为形似卧牛之首，所以称为"牛头山"，甚至可以依次找出牛眼、牛鼻、牛鼻孔等五官面形。后来因为开山取石，"牛鼻"被炸毁，实为可惜。

"二陆"的故居在小昆山之阴，那里的山腰上曾有二陆读书台、婉娈草堂、白驹泉，山巅之上则是泗洲塔院和三圣阁，山麓间有红菱渡、杨柳桥、乞花场、玉光亭、揖山楼、七贤堂等。不过如今，这些古迹中的很多景点已湮没无存。

小昆山其实有5000多年的人类文明史，曾发现有两处新石器时代的古文化遗址，被证明是上海历史文化的重要发源地。所以人们说，"先有小昆山，后有松江城，再有上海滩"。天灵地秀的小昆山历代多出名人，自古便有"玉出昆冈"的赞誉，比如三国东吴大都督陆逊，晋代文学巨子陆机、陆云二兄弟，明末抗清英雄夏允彝、夏完淳父子，都是从这片山林走出去的。如今山上尚存的"夕阳在山"石刻，据考证是宋代大文豪苏轼的书迹。苏轼是四川眉山人，来到这里完全是被这片古已有之的风景名胜所吸引。

5. 徐霞客为什么五次前来佘山

徐霞客是了不起的地理学家和探险家，据其撰写的《徐霞客游记》所载，他在公元1624—1636年的12年中，曾5度来到佘山，而其中4次都是拜访陈继儒。不管出于何因，在徐霞客的游历中，多次到达同一地方是很少见的。

明天启四年（公元1624年）初，徐霞客在友人的引荐下结识了陈继儒。陈继儒能文善画，起初隐居在小昆山，后来则选择了东佘山。"霞客"这个别号便是陈为徐所起，从此"徐霞客"名声大噪，频繁出现在上流社会之中。这是徐霞客第一次来佘山。

同年晚些时候，徐霞客的母亲因疾亡故。徐霞客此时再次拜访陈继儒，约请他为父母写合传。故第二次来佘山。

徐霞客第三次来此是在崇祯元年（公元1627年）中秋，当时43岁的徐霞客自福建探游归来，并到陈继儒结庐隐居的东佘山拜访。

第四次应该是没有去拜访陈继儒，因为《游记》中写他于崇祯九年（公元1636年）第五次来到佘山，见了陈继儒后，继续向西旅行。

据推测，当年徐霞客走过的古道上，如今遍布有佘山国家森林公园、上海辰山植物园、太阳岛旅游度假区和陈云纪念馆等著名景点。

6. 园智教寺里也有一座"比萨斜塔"吗

圆智教寺位于天马山境内。本寺作为天台宗大寺，始建于唐大中十三年（公元859年），并依天台宗将寺分为教寺和讲寺。圆智教寺本在今松江的西南方，在五代后晋天福年间（公元936—943年）因遭水祸，才迁于干山陆机草堂遗址。干山即松江天马山，传说春秋时期吴国著名的铸剑天才干将曾久居于此，故而得名。

当时有著名的"三泖九峰"之说，而干山便是"松郡九峰"中的第八峰，亦为最高峰。后因山势陡峭，形如飞天骏马，所以称为天马山。而本山之中梵宫众多，是远近著名的佛教圣地，初一、十五来此进香朝拜的信众无数，故而此山因香火旺，又有"烧香山"的别称。

护珠塔

迁建的圆智教寺于宋太平兴国元年（公元976年）扩建，并于北宋治平年间（公元1064—1067年）得赐匾额"圆智教寺"，并于寺后建护珠塔，此塔如今尚存。

关于此塔还有一段往事：据清人诸嗣郢所著的《明斋小织》记载，护珠塔于乾隆五十三年（公元1788年）曾因燃放烟火而致火灾，塔内的木质塔心及外廊、扶梯、楼板等焚烧殆尽，而且腰檐和平座也都烧坏，仅有砖砌的塔身得以幸存。但是护珠塔劫数未尽，当后人在护珠塔的砖缝中发现宋代元丰钱币之后，由于贪欲熏心，便有人开始挖砖寻宝，使得塔底层西北角的砖身渐渐毁坏，并最终形成了一个直径约2米的大洞。

后来管理方虽用毛石加以垫补，但塔基四周的土质由于受力不一，所以塔身开始向巽位倾斜，并日趋严重。因为护珠塔存有无色佛舍利，所以常显宝光，故又称护珠宝光塔；而倾斜后的护珠宝光塔，比意大利比萨斜塔还倾斜1度多，可谓世界第一斜塔。

而圆智教寺之所以成为当时的名山巨刹，其实是因为全寺依山而建，并根据山体的高低而分为三部分，即上峰寺、中峰寺和下峰寺。

上峰寺建于上海地理的最高点，海拔99.8米。是明成化年间（公元1465—1487年）所建，寺内本供有饰金铜铸观音像一尊，重3600斤。

如今寺院与佛像虽然均已无存，但此间的乡民还流传着"天马穷，天马穷，尚有三千六百斤铜"的民谚。

中峰寺院内则有江南名泉之一的上清泉，曾作为中峰寺僧人和香客的饮用水源，所以井台上有因汲水而磨出的一道道深痕。虽然中峰寺已无，但上清泉却仍得以留存，与同在本处的护珠塔，以及塔边700余岁的古银杏，成为这里最受欢迎的景点。

下峰寺如今亦已无存。

不过护珠塔仍作为上海市正式的佛教上香点，接受着远近香民的朝拜。

7. 九峰禅寺是因塔建寺吗

九峰禅寺位于小昆山北峰，因为先有塔而后建寺，所以又名泗洲塔院，建于南宋乾道元年（公元1165年）。作为著名的江南名刹，其山门处便有四大金刚，寺内更有18罗汉，又有暮鼓晨钟，尽显宏大气派。

九峰寺已历千余年，古已为灵山胜迹；并且是上海唯一建于山峰的开放寺院；又因为清顺治帝南巡时，提出寺院大殿应当面朝北京，所以本寺的大雄宝殿便有了坐南朝北的坐向，而这在上海也是绝无仅有的。

九峰禅寺是座塔院，其寺内的慈雨塔始建于唐龙朔初年（公元661年）。至南宋干道元年（公元1165年），才由僧心古依塔建院，但为什么建成后却叫做"泗洲塔院"呢？因为僧心古特别尊崇一位唐代自西域而来江南宣教的僧伽，而他晚年定居泗洲城，他的号便叫做"泗洲和尚"。虽然因寺建塔，但塔亦为寺，故而又名"泗洲塔"。不过到了明万历年间（公元1573—1620年），慈雨塔却倾圮了。即便如此，据史料记载，寺院亦多有建设：明弘治四年

九峰禅寺

（公元1491年）增建观音殿，八年（公元1495年）建转轮阁，嘉靖二十年（公元1541年）修真武殿，二十六年（公元1547年）重建西方殿、起

僧寮，隆庆元年（公元1567—1575年）重建藏经阁。寺院至明末而至全盛，所修殿阁齐全，错落有致。

到了清朝，顺治皇帝观寺后，便特意御笔亲书"乐天知名"的匾额，以及"一池荷叶衣无尽，数亩松花食有余"和"天上无双月，人间本一僧"两副对联加以赞赏。康熙元年（公元1662年），增建宝奎阁。康熙四年（公元1665年），前明王室朱若极，因慕原北京皇家善果寺高僧本月和尚，也因复国无望，看破红尘，故而上九峰寺剃度，法名原济（元济），号苦瓜和尚，又号大涤子、清湘陈人。其实原济这个法名，始于松江证道之后。

原济和尚后来还曾两度上九峰寺探望本月师父，并在本月圆寂后，为他追福、起塔守望。成为九峰寺一段尊师重道的历史佳话。所以后来康熙皇帝南巡时，便赠予"奎光烛卯"之匾额。从此，泗洲塔院便成江南一大名刹。

然而鸦片战争期间，塔院逐渐毁坏；抗日战争爆发后，又为侵略军所占；到20世纪50年代，全寺已为平地。1998年5月，该寺恢复宗教活动，并因所处小昆山为"松郡九峰"之第九峰，所以定名为"九峰禅寺"。如今重建的大雄宝殿，仍如清朝旧例而坐南朝北。院内还有一株五百年树龄的古银杏。

上海母亲河黄浦江

黄浦江的水主要来自青浦区的淀山湖以及更上游的太湖，也有人认为黄浦江的水源于浙江安吉龙王山，但是淀山湖以上的河流并不能称之为黄浦江。

黄浦江全长约113千米，河宽300～700米，终年不冻（只在清朝时期有过冰冻记录），是上海地区重要的水道。它在吴淞口注入长江，是长江的最后一条支流，此后便很快汇入东海。

它在上海市中心流过，并将整个上海分成了浦西和浦东。黄浦江上游也被称为"拦路港"，下游则曾经被称为"黄歇浦"，还有"春申江"。之所以这样叫，是因为上海曾是楚国春申君黄歇的封地。

1. 黄浦江有哪些用途

黄浦江是一条多功能的河流，兼有饮用水源、航运、排洪排涝、纳污、渔业生产、旅游等多种利用价值。

黄浦江是上海的母亲河，近年来已将自来水取水口移至上游，为的便是保护其水质不受污染。此外上海市还将闵行西界以上的江段及淀山湖等划为水源保护区，把龙华港至闵行西界江段划为准水源保护区——黄浦江至此成为市民的重要水源，上海人可缺不了它。

黄浦江西自女儿泾口起，向东至闸港折，北至近徐浦大桥出境，都是江阔水深，可通行3000～10000吨级的船只，属国家一级航道。万吨轮甚至可直接上溯至吴泾。而且在黄浦江穿越市区的60公里江段内，平均水宽达到260米，深度皆在8米以上，是上海港客货码头的所在地；沿黄浦江两岸先后建有100多个大小码头，其中万吨级的深水泊位便有五六十个；码头岸线长度已超过10公里；此外黄浦江虽然是一个河港，却又兼有海港的性质；这些都使上海港成为中国吞吐量最大的进出口港。

黄浦江之所以在清朝扩建，是为了疏导上游的来水，所以排洪排涝可以说是其看家本领。至于渔业生产，黄浦江上游水域是鱼类生长繁殖的良好场所，更是上海市重要的内陆渔业水域。此外黄浦江沿岸的景点也是不计其数，我们在下节详细介绍。

2. 黄浦江有哪些沿岸景点

黄浦江如今已经成为上海旅游的一个重要目的地，因为沿江而下或上，荟萃着上海城市美景的精华，不仅有古老的租借时期建筑，还有新时代的摩天大楼，它是上海的象征与缩影。所以每年接待的游江旅客超过400万人次。

黄浦江游览的线路一般是从外滩出发，先逆流而上，向南至南浦大桥后，再调头向北，过杨浦大桥直至吴淞口，最后从吴淞口返回至外滩。

游览过程中可以看到"二龙戏珠"的巨幅画卷，"二龙"指的便是横跨浦江两岸的杨浦大桥和南浦大桥，"珠"自然是指上海东方明珠电视塔了。此外浦江西岸还有风格迥异、充满浓郁异国色彩的万国建筑群，与浦江东岸一幢幢拔地而起、高耸入云的现代建筑相映成趣，如果不是船随水走，真的是让人流连忘返、目不暇接。如果是夜间游览，盏盏华灯俱上，更是绚烂夺目。

黄浦江

因为游船从外滩浦江游览码头到吴淞江口的航程约为30公里，所以在许多游览码头都设有"水上饭店"，大约是在船上开的各式餐馆。而当船过了苏州河后，便可看到上海港国际客运站，那里有来自世界各国的客轮鸣笛，起航或进港的大船与你擦肩而过，看着那些来来往往的各色人等，甚是有趣。

沿途而下还能看到共青森林公园、闸北发电厂的宝塔形水塔、吴淞口西炮台遗址等景点，吴淞口是黄浦江与长江的入海口，也是黄浦江、长江和东海之水交汇的地方。如果你来的时候正值涨潮，便可看到著名的"三夹水"奇观：黄浦江是青灰色的水，长江则是夹有泥沙的黄色水，东海水却是绿颜色的，三种水颜色不同，可说是泾渭分明，它们形成的"三夹水"颜色鲜明，实为一大奇景。

如今有些乘船游览路线往返一程大约需80分钟，而且与上述不同的是，它途经浦东陆家嘴金融贸易区，沿岸观赏东方明珠、环球金融中心、国际会议中心、滨江大道等景点，至公平路眺望杨浦大桥后便折返，途经国际客运中心、外白渡桥、外滩万国建筑博览群等景点。

3. 什么是"黄浦夺淞"

黄浦夺淞，其实是讲黄浦江取代吴淞江的意思，这个说来话长，甚至要讲到一些明朝的事情。

上海在开埠前，苏州河其实一直叫做吴淞江。只是开埠之后，来这里的外国人发现可以乘船从这条河到达苏州，所以便叫它苏州河。当时的本地人却仍然称之为吴淞江。如今也只是在上海市区内的河段被大家叫做苏州河。

有人或许会误以为吴淞江（苏州河）是黄浦江的支流，也是上海的第二大河。其实这根本就是本末倒置了。因为吴淞江的长度比黄浦江还要长，曾经是上海名副其实的第一大河。而黄浦江原先只是吴淞江的一条小小支流，在明朝之前，

黄浦江弯道

这条河道不过30来丈宽而已，远没那时的吴淞江宽阔。虽然现在的吴淞江是汇入黄浦江的，但是认真讲起来，它并不是黄浦江的支流。

在元朝，甚至更前的时候，吴淞江是太湖的主要出海通道，承担了大量的泄洪和航运职责。但是到明初时，吴淞江却淤浅严重，致使黄浦口（如今嘉兴路桥附近，是当时黄浦江汇入吴淞江的地方）淤塞不通，而吴淞江也已无法排出太湖大量的积水，又加上当时连年水灾，使得上海乃至浙江嘉兴一带的低地全都被湖水淹没，以致庄稼颗粒无收，民生自然凋敝。

但是自南宋以来，到元明之时，"江南重赋"早成惯例。而"衣被天下"的苏松地区更是"税赋半天下"，正是各朝各代的"钱库"所在。这里出现灾患，不能不救，而且要急救。于是，明成祖马上便派了户部尚书夏原吉到松江府治水。

当时的户部尚书夏原吉采取疏浚吴淞江两岸支流的方法，引太湖水

入浏河、白茆直注长江（"掣淞入浏"），并疏浚上海县城东北的范家浜（即今黄浦江外白渡桥至复兴岛段），使黄浦江得以从今复兴岛向西北流至吴淞口注入长江，于是吴淞口实际上变成了黄浦口，因此有"黄浦夺淞"之说。并且随着黄浦江的不断扩大，吴淞江的地位便逐渐退居次席。

4. 无名的书生，水利的专家

上节所述，虽然是户部尚书夏原吉主治河道，但是他也要广泛听取当地官吏的意见，因为他毕竟并不熟悉当地的情况。

而当时主张先治理黄浦江的正确观点，起初并非主流意见。同僚们都认为黄浦江这条"小河"，哪里能够承担起泄水入海的重担呢？心存怀疑，在所难免。

所以当时夏原吉听到最多的意见，是从治理吴淞江着手，这也是历代所遵循的方法。但是主张治理辅河的人却认为，年年治淞年年治，屡治无效干嘛还要治？所以他们认为治淞不能从根本上解决问题，坚持要以"治浦"为先。这样便可以一面将太湖水疏导入长江，减轻吴淞江的压力；一面还可以加强黄浦的排水能力，通过黄浦来排泄太湖之水。也就是说，其实是要改变仅让吴淞江一条江排水的局面。

而当时松江府的一个名不见经传的生员叶宗行，便是"治浦为先"意见最坚定的拥护者。他虽然籍籍无名，却饱受水灾之苦。所以经常自己遍查典籍，研究水利，并到实地勘察，最终形成了一套他自己的"治水大略"："弃吴淞江故道，浚范家浜引水归海"。具体说来便是疏浚、拓宽吴淞和黄浦两江之间的范家浜，使两江的下游相互贯通，然后直接将它们导向东北，并由当时嘉定县滨海地区的南跄浦出海。

叶宗行劝使并全力辅佐了夏原吉实施这一工程。

这项工程在永乐二年（公元1404年）基本完成，共开掘大黄浦、范家浜12000丈。形成了一条由大黄浦、范家浜、南跄浦组成的新河道，即现在的黄浦江。于是80%的太湖水便通过这条新河排泄入海，浙西诸水也都经由黄浦江而东汇。而且如此宽大的黄浦江是足以敌潮而不致淤塞的。它的贯通，成为上海地区农业生产和港口航运的历史转折点，也成为上海经济发展的最基本保证。

叶宗行则因治水有功，经夏原吉尚书推荐，擢升为浙江省钱塘县知县，并且在任多有建树，成为造福一方的好官。

各种森林公园

所谓"森林公园"，顾名思义，就是以森林为主要内容的公园。森林可以是人工林，也可以是原始森林。

我国幅员辽阔，有很多森林公园。那么到底有多少呢？保守数据如下。看看有没有你的家乡？

北京（12处）天津（1处）河北（23处）山西（18处）内蒙古（16处）辽宁（23处）吉林（16处）黑龙江（30处）上海（4处）江苏（14处）浙江（22处）安徽（25处）福建（9处）江西（16处）山东（37处）河南（19处）湖北（20处）湖南（25处）广东（14处）广西（12处）海南（5处）重庆（10处）四川（20处）贵州（6处）云南（26处）西藏（1处）陕西（15处）甘肃（11处）青海（4处）宁夏（3处）新疆（7处）台湾（未统计）。

你能用最快的口算算出全国一共多少森林公园吗？

答案是457！全国一共有457个森林公园！你算对了吗？

下面介绍上海的几个森林公园。佘山国家森林公园前文已经介绍完毕，下面是其他的，也非常精彩哦！

1. 古战场变身旅游休闲度假地——炮台湾湿地森林公园

你知道这简简单单的几个字——炮台湾湿地森林公园——意味着什么吗？

是历史的血雨腥风！还有中华民族反抗侵略的壮烈史诗！

且看——

公元1644年，清兵已占领全国大部分地区，但明朝旧臣坚决抗击入侵者，所以吴淞地区作为长江的门户，仍长期处于激烈的争夺中。

从公元1651年开始，明朝将领张名振、张煌言的海军曾4次攻破吴淞，3次攻入长江。

公元1659年，郑成功率大军越过长江，剑指南京，清廷恐慌。

不过最后还是清人赢了。

次年，清朝官员郎廷佐奉召，在黄浦江西岸吴淞杨家嘴口修筑炮台。

60年后，即1718年，清廷又在杨家嘴对岸修筑炮台，两座炮台隔江相望，东岸的炮台叫做"东炮台"，西岸的老炮台改称"西炮台"。

炮台湾湿地森林公园

公元1842年，清英鸦片战争进入第三年，五月初八凌晨，英军大举进攻吴淞炮台。清朝将领陈化成在此与英军展开殊死战斗。西炮台是吴淞口的主阵地，配有175门大炮，东炮台则只有20余门，是辅助阵地。

由于两江总督牛鉴临阵脱逃，陈化成只能孤军作战，最终使西炮台落入敌手。吴淞失守，长江门户洞开，英军得以长驱直入，逼迫清政府签订了不平等条约。

鸦片战争后，局势发生变化，西炮台受到重视，东炮台从此失落。

公元1883年，清朝和法国大战，吴淞地区亦成为战场。清法战争结束后，清廷于公元1885年在吴淞南石塘北部增建"北炮台"，与西炮台互为犄角。

公元1887年，又筑狮子林炮台。

1900年，西炮台被清军炸毁。后来，又在南石塘南端新筑一座炮台，名为"南炮台"，与北炮台首尾相连，长750米，总称为"吴淞炮台"。

清末至民国初年,吴淞炮台由驻沪军队重兵驻防。

民国21年,即公元1932年,在"一·二八淞沪抗战"中,国军第十九路军将士在炮台英勇作战,多次击退日军进攻。为炮台湾增加了一段无奈、伤感却又可歌可泣的历史。

进入21世纪以后,在中国强势崛起的大背景下,以"吴淞炮台"为主题的"吴淞炮台湾湿地森林公园"悄然兴建,已成为集历史、生态、旅游、人文为一体的大型旅游胜地。

2. 胡耀邦奋斗过的地方——共青国家森林公园

如果你知道共青国家森林公园的历史,那下面这一段你就熟悉了。

公园所在地原本是黄浦江边的无人沼泽。1956年上海市政府进行了疏浚河道开垦荒地的工程,此地摇身变成了苗圃!

1958年春,团中央书记胡耀邦同志带领在上海开会的全国青年积极分子,在此栽植果树,在苗圃内创建了青春实验果园,起名"共青苗圃"。

1982年春,政府将共青苗圃北区改建为"共青森林公园"。

共青国家森林公园

1986年3月,公园正式对外开放;1995年年底,公园内"万竹园"建成,相继对外开放。

1986年全园更名为"共青森林公园"。

整整三十年后,即2006年1月,公园被国家林业局正式批准为"国家级森林公园",并定名为"上海共青国家森林公园"。

可见,是人民共和国孕育了共青国家森林公园!是胡耀邦同志及全国知识青年发展了共青国家森林公园!是新时代的春风成就了共青国家森林公园！

3. 上海海湾国家森林公园

说了那么多森林公园，但你知道上海空气最好的地方是哪里吗？

或许就是——海湾国家森林公园！

为什么说"或许"呢？因为，作者没有一一测量过上述所有公园的空气！

但为什么又说是海湾国家森林公园呢？

因为，有专家测量过这个公园啦！

请看《新民晚报》2015年3月20日的报道——

有一天，空气质量测量小组来到

上海海湾国家森林公园

正在举办"梅林2015上海梅花节"的位于奉贤区的上海海湾国家森林公园。

公园毗邻杭州湾北岸，面积达16000亩，园内种有大片混交林，树木400多万株，种类则有79科342种，其中以乔木为主。还包括沉水樟、舟山新木姜子、黄檗等国家珍稀濒危树种。总的来看，园内松树高耸，茂林修竹，绿色漫漫。

空气专家随机挑选了6个地点，依次为1号门河边、梅林餐厅码头、玉兰桥上、"鸟岛"林下、梅园南岭以及楚梅阁梅花坡上。当天温度偏低，时有微风，且天气预报为"空气轻度污染"。

不过，在玉兰桥上，空气中的负氧离子浓度却出现了最大值，为"2627个/立方厘米"。而全部测量完成后，结果令人振奋：在空气质量"轻度污染"的情况下，园内6个采样点负氧离子浓度的平均值，达到了"1641个/立方厘米"，这一数据，是人民广场的近2倍、办公楼内的15倍！

从空气阻滞的办公楼,到青翠欲滴的绿地,到开阔的休闲广场,再到全市最大的"人工绿肺",空气负氧离子的浓度一路飙升。可见,茂密的森林植被的确可以制造"有营养"的清新空气!

看到了吧!

这就是上海空气最好的地方。赶快来吧。

第三大岛崇明岛

崇明岛位于长江入海口,虽然是因为河滩淤积而成的沙岛,却是中国第三大岛,被誉为"长江门户、东海瀛洲",更是中国最大的河口冲积岛。

崇明岛从开始成陆至今已有1300多年的历史,形成了面积达1000多平方公里的沃土。因为是河水冲积岛,所以全岛地势平坦,植被繁茂,物产丰饶,亦是有名的鱼米之乡。

1. 崇明岛是怎么形成的

1300多年前,今日上海浦东的许多地方还都是水面,而崇明岛也还没有形成。但是现在,崇明岛已经成为中国河口沙洲中面积最大的一个沙岛,并且崇明岛的东、西两端,每年还在以143米的速度扩张。

为什么会有这样的变化呢?原来在新长江三角洲发育的过程中,长江江水奔流东下,而且携带了上游的大量泥沙;于是在进入河口地区后,因为江水流速变缓等诸多原因,使得这些泥沙都慢慢堆积起来。不仅造就了众多崇明岛的前身——各种河口沙洲,还使长江南、北两岸形成了滨海冲积平原。虽然崇明岛在以后的形成过

崇明岛

程中不断地向典型的河口沙岛发展，但从它露出水面到终成大岛，其实也经历了千余年的涨坍变化。

2. 历朝历代的崇明岛都是什么样子

据史料记载，唐武德年间（公元618—626年），在东布洲（今吕四一带）南边的水面上有两个沙洲。当时两洲相隔70余里，一上一下，所以被称为东沙、西沙（又名顾俊沙），这便是崇明岛的最早前身。七十多年之后（约唐朝万岁通天年间），便开始有人在岛上居住了。

到了宋朝的时候（公元1025年左右），东沙的西北方向陆续出现了姚刘沙（因为姚、刘两姓先居于此而得名）等小沙洲，其后纷纷与东沙连接。宋建中靖国年间，姚刘沙西北约50里处的水域上，涨出一洲，因为是三次叠涨而成，所以叫做"三沙"；不过也有人说是因朱、陈、张三姓先居于此而得名。

元朝时，沙洲形成的速度加快，先后涨出营前沙、马驮沙、张蒲沙等10余沙。但是到了元末明初的时候，东沙坍没，西沙也几乎所剩无几，三沙北涨，姚刘沙南坍北涨，渐与三沙连壤。

明建文初年直至明末，这里又先后涨出马鞍沙、陈恩沙、长沙、高头沙等30余沙。明嘉靖初年至清康熙末年，江中诸沙涨坍频繁：姚刘沙与三沙均在此时坍没；西沙、陈恩沙、樊濂沙等先后陷于水下；平洋沙则先是大涨，随后又大坍；不过长沙却与坍存的平洋沙和周围的袁家沙、吴家沙等诸沙涨连成片。到明末清初之时，崇明岛终于在不断涨移中，连成了一个东起高头沙、西至平洋沙，长200里、宽40里的大岛。

清朝顺治、康熙年间，江面中又前后涨出日隆沙、平安沙等30余沙。至清末，全岛已有长沙、响沙、吴家沙等60多处沙洲。

历史不息，长江亦是不息，在两者的冲刷下，许多沙岛依次北靠，或者干脆被冲坍消失，但是时至今日，崇明岛正处在自己的顶峰时期。不过崇明岛仍然是不稳定的，这从它不断前移的县城便可得知。从开始设置，到明万历十一年（公元1584年），崇明县城已经搬了五次"大"

家。后来在清朝光绪年间,因为长沙南岸迅速淤涨,使得县城岌岌可危。后来经过当地百姓广建石塘石坝,这才制止了其淤涨的势头,县城也终得保持并稳定下来。

3. 崇明岛便是传说中的东海瀛洲吗

崇明岛另外还有一个美丽的古称,即"东海瀛洲"。东海瀛洲相传是远古东海之中的一处瀛洲美境,乃神仙居处,而且这个仙岛并无定位,一直是飘忽不定的。秦始皇和汉武帝都曾先后派人到东海之上四处寻找,却什么都没有找到。明朝时,崇明终成大岛,于是喜欢起名字的朱元璋,便把"东海瀛洲"四个字赐给了崇明岛。从此,崇明岛便有了古瀛洲的美名。

其实该岛也有一段关于其"崇明"名字来历的传说。

东晋末年,农民起义四起,孙恩的起义军在一次作战失败后,

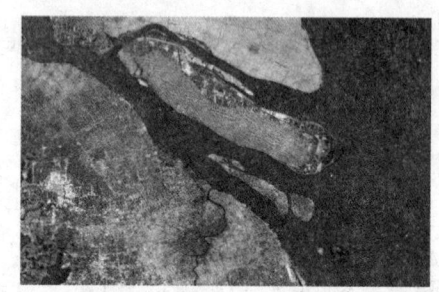

崇明岛卫星图

乘坐竹筏顺流而下,流至靠近长江口的时候,搁浅于江边的泥沙之中。孙恩的军队弃筏登陆,于是这些被遗弃的竹筏便住在了原地,拦截了许多河水带来的泥沙,并且逐渐形成了一个沙嘴。因为这片沙嘴还没有完全露出江面,所以便随着江水海潮的涨落,时有时无。远处的人不知所以,还以为是怪物,而且是"鬼鬼祟祟"的怪物,但是有时又是那么"明明显显",于是当地人便给它起了个名字叫"祟明"。

后来江沙越积越多,这片沙嘴也慢慢变得又高又大,最后终于完全露出了水面,并形成了一座小岛,再不会因为潮涨潮落而时隐时现了。人们看这岛的气势还颇为壮观,便不再视之为怪,甚至还产生了一种崇敬之情。于是大家便把"祟明"改成了"崇明"。

崇明岛名便由此而来。

其实,今日对"崇明"的理解,一致公认:"崇"为"高"出水面的意思、积沙成土地,江海造田;"明"为"光明"之意,江口海岛,一马平川,阳光充沛,天地日月之恩赐。崇明岛是日月辉映的绿色生态岛。

4. 崇明糕是外地嫁来的媳妇发明的吗

崇明糕,顾名思义,就是崇明岛上的一种糕点,是当地著名的土特食品之一。

关于崇明糕的来历,据说曾是旧时农民向灶神祈福的食品:古时候,崇明岛中部的一个地方,因为常年受到自然灾害的侵袭而收成不好。有次将近年关,一位由江南北嫁到崇明岛的年轻媳妇,按照自己娘家腊月二十四需要进行祭灶的习俗,动员四邻的乡亲在这天用米粉加糖、红枣和赤豆等辅料,蒸成了一种又糯又甜又香的点心,并以此来祭灶神。说也奇怪,从此以后,崇明岛中部的那个地方再未受过灾害的侵扰,还成了风调雨顺、人寿年丰的吉祥地。于是崇明糕便这样流传下来。

到了20世纪七八十年代,即使生活再不富裕,崇明岛的村民还是会一到农历新年,便家家户户都蒸上几笼米糕,这才算过年。从腊月二十七八至大年夜,无论你走到哪户人家,都能看到一幅热气腾腾的蒸糕景象:女人们围着竹匾(一种用竹子编成、专门用于承放谷物的盛具)掺和米粉、糖、赤豆、红枣等原料,男人们则将已经掺好的"糕料"一层层地洒在糕蒸(蒸糕的器具)里,一个小时左右,热气腾腾的年糕便可以起蒸、倒扣在饭桌上了。那股股热气,那阵阵糕香,瞬间便在寒冷的冬天弥漫到整间屋子,而且还会透过门窗一直飘向院外。

值得一提的是,过去农村里过年蒸糕,用的主料通常不过是白米粉和高粱粉,只掺入少量的糯米粉,并用红糖、白糖和赤豆等当辅料;如今可不同了,米糕的主要材料已经变成了糯米粉(也有黑糯米粉),辅料除了以前常用的,还加入了蜜饯、核桃仁等高级食材,所以做出来的崇明糕可谓又糯、又香、又甜。

5. 崇明岛也有一座寒山寺吗

提到寒山寺,当然会想到姑苏城外那个寒山寺,因为张继的那首诗实在太有名了;可是在崇明岛也有一座寺名叫寒山,不仅与苏州寒山寺同名,而且供奉上也相同,甚至也流传有"瀛洲东门寒山寺,夜半钟声迎客船"的佳句。

崇明寒山寺位于上海市崇明岛城桥镇,占地近500平方米,建于明朝天启四年(公元1624年),至今快400年了。

当时杨军门夫人朱氏自苏州驾小船来到崇明,在岛上削发做了尼姑,取法名为颠修,建寺名为寒山,内供"寒山"和"拾得"二像。其中拾得原来是一个孤儿,被封干和尚收携而入天台山国清寺为僧,所以有名为"拾得";他和寒山是好朋友,而且这两位都是佛教史上著名的诗僧。

崇明岛寒山寺

据传,寒山、拾得都是唐贞观年间人,二人在家时便有诗才,所以出家后不仅颇具佛法之高妙,还都行迹怪诞,言语非常。后来佛门弟子认为,此二人便是文殊菩萨、普贤菩萨的化身。此外寒山、拾得在乡民中的形象,总是春风满面,笑语而歌,所以被奉为"和合二仙"。甚至在旧式的婚礼上,堂上都会高挂寒山、拾得二仙的神像,寓意百年好合。他二人还被清雍正皇帝敕封"和圣"以及"合圣"。

不过十年动乱期间,寒山寺遭到破坏;直至1995年才得以恢复开放,和合二仙也因此而再享香火。

6. 崇明岛有哪些名特产

崇明有三大特产,分别是老白酒、白山羊和老毛蟹。

崇明老白酒以糯米为原料，虽曰白酒，却又有米酒之称，是崇明拥有数百年酿造历史的佳品。它风味独特，有别于一般的白酒与黄酒，而且因为酒度适中（12°～13°），入口微甜，并且后劲十足，回甘有味，所以深受欢迎。而且尤以"菜花黄"和"十月白"两个品种为最佳。后来于1987年研制成功的"清甜型"和"糯液香型"两种米酒，是上海市酒类中第一个获得"名牌产品"称号的。

崇明老毛蟹

崇明白山羊是在崇明岛特定的水土条件下孕育而成的特产。而且它们的皮、毛、肉兼可利用，虽然体型中等偏小，但是体格健壮，具有很强的适应性和较高的繁殖率，最主要的当然还是肉质特别鲜美，被国家批准为全国重点保护和发展的家畜品种。此外崇明白山羊的毛洁白而富有弹性，常被用来制作毛笔。

崇明老毛蟹原名中华绒螯蟹，因为它的两只大螯上有不少绒毛，所以崇明人便俗称它们为"老毛蟹"。虽然世界上共有300多种螃蟹，但是可以放心食用的其实不过20多种。其中最负盛名的便是中华绒螯蟹，而中华绒螯蟹中最有声誉的便是白洋淀的胜芳蟹、阳澄湖的清水蟹和崇明的老毛蟹。崇明老毛蟹风味独具，虽然个小，但是壳薄，肉质细密且有香味；雌性蟹是黄足，雄性蟹则多脂，是驰名海内外的佳品。

崇明岛有一特色便是蟹多，尤其在近海边的泥滩上，到处是毛蟹的洞穴，甚至可以用"千疮百孔"来形容。所以，崇明岛又有"蟹岛"的美名。而且崇明方言里把"啥"字易念成"蟹"字之音，所以如果你去崇明人家里做客，尤其是当地的渔民朋友家，他们便会招待你毛蟹，而且还会客气地对你说："没啥哈（蟹蟹），吃点蟹吧！"想来倒是别有趣味。

上海的古镇老村

因寺而成七宝镇

七宝镇位于上海市闵行区,是一座名副其实的江南水乡,拥有悠久的人文内涵,素有"千年上海看七宝"的美誉,因为是离上海市区最近的古镇,所以对前来游玩的外地人来说极为方便,而且境内还有著名的热带风暴水上世界、大都会高尔夫球场,以及设施先进齐备的银七星室内滑雪场。

七宝镇的名字其实是来自境内的七宝教寺,有志为证:"镇无旧名,因寺得名,寺无它重,因镇推重。"

1. 七宝寺本是"六宝寺"吗

七宝教寺本在松江陆宝山,大约建于五代十国的后晋天福年间(公元936—946年),然而并无确考;而最早的文字记录则见于明万历十八年(公元1590年)所撰的《重修七宝寺大雄宝殿碑记》;如今则位于上海市闵行区,俗称陆宝庵、陆宝院。

七宝寺相传从吴淞江迁徙至此;并有一种寺庙来源的说法,便是西晋时期

七宝琉璃玲珑塔

松江著名的文学家陆机、陆云二兄弟的香火祠，其后裔叫它作陆宝祠，而后更名为陆宝庵，如此算来，距今已有近1700年了。

建寺之初，五代时吴越王钱镠亦曾驻跸其中，误将"陆宝"认为"六宝"，遂把王妃手书的"金字莲花经"赐予寺僧，说"此亦一宝也"，硬要将其加入本就没有的"寺中六宝"行列，并改寺名为"七宝寺"。

后来因为吴淞江水噬岸，潮水损坏寺基，故三度搬迁。到了宋朝初年，七宝教寺终于迁到了现址。据当地志云，如今的七宝古镇在七宝寺迁来之前尚无名号，所以是镇因寺名。后来七宝教寺名声愈加显赫，七宝镇也随之更加繁荣。宋初的七宝里人张泽，还舍宅拓寺，并成为七宝教寺的伽蓝。宋真宗皇帝于大中祥符元年（公元1008年），敕赐"七宝教寺"匾额，从此成为正宗的禅林。

七宝教寺历来多有名人作诗赋词，而元代著名的画家和书法家赵孟頫所作的"七宝寺"一诗，为现存最早。而明朝时，松江城内已告老还乡的监察御史袁凯特，亦有名篇《送七宝寺僧敬公往金陵》，也存于本寺铜钟残留的铭文之中，虽已模糊，却仍可辨析。

寺内还有一座七宝琉璃玲珑塔，塔内每层均有供奉的神祇，此外还有上千个相应的微型神位，是准备给善信们托名供奉的。虽建于2002年，但每晚必佛音袅袅，帮助人们祛灾避祸。

2. 所谓的"七宝"是哪七宝

自五代吴越王赐宝后，在民间便真的流传起寺中确有"七宝"的传说，七件宝贝分别是飞来佛、氽来钟、金字莲花经、神树、金鸡、玉斧和玉筷。虽然硬凑齐了"七宝"不免牵强，却也算一件趣事。不过也另有一说，讲七宝寺最初是有八件宝贝的，后来寺庙遭窃，这才遗失了一宝。不过这个传说只是老人们口口相传，已无法考证，多为人接受的，还是前者。

飞来佛其实是指南教寺的如来铁佛，人们传说它是从天外飞来之物，实际上是明朝万历年间本镇徐泮募资筹铸的；如今珍藏于七宝寺内。

氽来钟也是明朝年间之物，是当时的七宝寺住持僧博洽于永乐年间筹建的；不过传说中它是顺江而浮，被僧人们从河里捞上来的。

金字莲花经乃吴越王钱镠所赠，由其妃用金粉工楷写就，是史料所详载的。

神树则是指原七宝教寺内的梓树，那可是一株千年古木。

这四件宝贝都是实物，另外三件多是仅有传说。

玉斧的传说和建造蒲汇塘桥有关：当时石桥在建，却难以合拱，于是急坏了参与施工的众工匠。正在大家无可施为的时候，来了一位仙风道骨的白发老者，他顺手拿起桥塊店家一把寻常的斩肉斧，便朝桥下扔去。说来也怪，桥基由这柄"玉斧"一垫，塘桥便因此顺利完工了。

玉筷的传说则和小偷有关：古时皇帝将一双玉筷赐给了当朝一位功臣，据说是可以驱毒避邪的。这位功臣便将它藏在了镇北蒋家桥之东的塊桥柱内，后来却被贼人盗走了。盗走是盗走了，桥柱上面却留下一双筷印，就像某种化石一样。

金鸡的传说和宝藏有关：传说镇北高泥墩之下藏有七缸黄金八缸白银，而且如此巨财就由这只金鸡守护。然而这堆财物也并非无人能碰，只要你家是九子九媳之户，那么就可以来挖掘。金鸡则会认为你们是基业永存、九九归一之家，便不予阻挠。

3. 华亭鹤唳的典故从何而来

华亭鹤唳的意思就是感慨生平，悔入仕途。另一种解释则是表示对过去生活的留恋。前文所提，七宝教寺的前身是陆宝庵，陆宝庵则是供奉陆机、陆云的香火祠。那么这两位究竟是什么人，和"华亭鹤唳"的成语又有何关系呢？

大家应该都知道三国东吴破刘备连营的陆逊，他以军功而任大都督；其后的东吴大司马陆抗便是他的儿子；而陆机、陆云则是陆抗的儿子，陆逊的孙子。如此望门，必然书香累世，所以兄弟俩都颇通诗赋，文采斐然；陆机被称为"陆平原"，陆云被称为"陆清河"，并有"云间二陆"的美称。

巨名之下，常有人延请坐幕。晋朝有"八王之乱"，陆机、陆云便未能远祸，事件平息后仅以遇赦得免。然而成都王司马颖爱陆机文采，于是招徕他并委以重任。后至太安二年，成都王与河间王共同举兵讨伐长沙王，司马颖想三国旧事，陆机之祖陆逊便是书生带兵，扭转乾坤，于是便用陆机为前锋都督，统兵数十万。

陆机则知道自己兵学不精，故而请辞，成都王始终不允。后来军中将领果然都不服这个白面书生，导致军令之下却无行止；加上陆机本身并无战斗经验，果然损兵折将。兵败而归的陆机受到孟玖兄弟和卢志的诬害，被成都王秘密收治于军中，最后被夷三族，兄弟俩同时被杀。

史料所记，陆机临刑之时曾叹道："欲闻华亭鹤唳，可复得乎？"时人多不明白，只有当时陆机军中的司马孙拯了解。

《语林》有载：机为河北都督，闻警角之声，谓孙拯曰："闻此不如华亭鹤唳。"华亭即如今上海松江之西小地，陆机在吴亡入洛之前，常常和弟弟陆云在此游赏，所以临刑之时才有此叹。

4. 七宝镇内有座免费书场吗

听书听评弹，是上海人非常喜爱的娱乐项目，然而如今上海的许多书楼茶室在经营管理上都不善盈利，往往需要政府补贴，比如青浦区老年综合活动服务中心与松江区工人文化馆的两家书场，平均每年便亏损6万元以上。

然而在七宝镇的九星村，却有一家书场经营得非常好，便是公益性的九星书场。它坐落在村文化教育中心，每天都有两个小时的专业演员表演时间，因为公益，所以是免费观看，但是观者如云，所以也吸引了不少江、浙、沪一带的著名评弹家前来表演。

书场虽然免费，但是游客们听书时间长了，自然要吃饭、住宿、玩乐，这样便带动了周边的经济，所以依然是不亏的。这也足可证明，书场并非没有市场,而是没有完全利用好市场,九星村便是开明政策下书场盈利的绝好例子。

而且同样在七宝,位于七宝老街的古镇书场与七宝茶馆,也都是听书者爱去的场所,几乎每天都人满为患,而且并非免费。

5. 七宝老街到底有多少美食

七宝老街是七宝古镇的中心,并分为南、北两条大街。

南大街以特色小吃为主,著名的有小笼汤包,吃这种汤包的时候不能心急,需要慢慢地咬开外皮,再吸其内的汤汁,最后则蘸了醋一口吞下;豆沙馅的南方名吃海棠糕也不错;还有苏浙名吃龙须酥,因为是一团一团的麦芽糖,所以吃的时候便需要用竹签边绕边吃,极有趣味,小朋友都叫它锦糖;又如用糖烧制的糖藕,拥有各种馅心的糯米方糕、味道足香的扎肉,鲜美的老鸭粉丝汤,脆香的酱鹌鹑等,都是来南街的游客们必尝的小吃。

七宝老街

此外老街还有很多汤圆店,均由水磨糯米粉制成,然而与别处不同的是,这里做的汤圆都是很大一只,差不多小鸡蛋大小;不过却有十来种馅料可供选择,诸如豆沙、黑洋酥、枣泥、花生,甚至是鲜肉,上海话叫做"兜心"。

还有一种名叫老虎脚爪的传统小吃,因为是用老面发酵的方法制作而成,所以可以帮助消化——以前老上海得胃病的人便都在胃痛的时候买老虎脚爪来吃。"老虎脚爪"的本质其实就是一种甜烘饼,经常作为苏、浙、沪一带居民春游的点心。这主要是因为老虎脚爪的体积小便于携带,此外还略带一点碱香味,脆而不硬;并且较大饼更为精致。但是也因为老虎脚爪并不耐饥,所以一般并不作为早饭食用。

北大街则是以旅游工艺品、古玩、字画等为主。于是在北大街玩累了，便可以到南大街去吃饭休息，合理的布局，使得老街已成为了集"休闲、旅游、购物"为一体的繁华街市。而老街的繁华，又使得七宝镇成为了继周庄、西塘、朱家角之后，人们出行水乡的又一选择。

6. 老街的哪些景点让人怀旧

地处古镇之中的老街，店铺林立，而且不乏值得一览的老店场馆。

"七宝大曲"一向为众人所知，地处老街的七宝酒坊内，便将大曲的传统酿造过程呈现于众，让来此的游客们一目了然。而且店内还网集了全国各地所产的不同酒类，可谓琳琅满目，绝对让你大开眼界。爱酒的朋友可以陶醉其间。

明、清时期，七宝镇隶属于松江府，纺织业发达，被称为"衣被天下"。地处老街的棉纺织馆便以棉花的植、收、纺、织、染为展览的主线，全方位地介绍了七宝镇曾经辉煌的棉纺织业。而且有趣的是，馆内还设有"喜堂"，不仅重现古七宝镇明朝年间的婚俗场景，还向游客们提供参与模拟婚礼活动的机会。

关于模拟古时的某些情境，还有一处好玩的地方，便是七宝当铺。它在清朝道光年间曾是此处金融活动的重要场所，如今则成立了馆场，专门重现了传统当铺的场景，并指导游人模拟当铺的各种经营活动。

老街的北西街有一座张充仁纪念馆，虽然2003年才开馆，却分有6个展馆，共展出张充仁20多件绝世的雕塑作品。

此外还有演习蟋蟀捉、养、斗过程的蟋蟀草堂，展示有《华夏之宝》等石雕系列的周氏微雕馆，供奉有斗姆元君的斗姆阁等众多场馆；当然亦不乏各种令人怀念的传统手工艺小作坊，比如铁匠铺、竹器坊、园木铺等。置身其中，便好像真的回到了过去一样。

7. 七宝镇的名特产是哪三个

古镇最为有名的特产便是酒酿糟肉、七宝羊肉和七宝方糕。

糟菜在上海有很多的品种，糯米制品也不少，但同时兼具这两种的却要算七宝糟肉最为有名了,它的出现甚至改变了传统浸糟卤的制法,而采用了糯米加甜酒药来糟制,这样便保持了猪肉的鲜嫩,同时也维持了米酒的香醇,吃下去实在让人回味无穷。

同为肉制品的七宝羊肉也是传统的沪上名菜,它的红烧制法最早是从清朝宫廷传出的,而且据说曾是慈禧太后最为钟爱的宫膳,所以自然

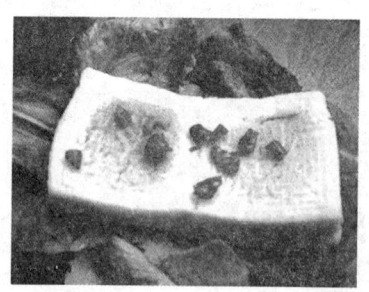
七宝方糕

讲究:先要拣选精羊肉,然后用冰糖、西洋参、红枣、上等酱油等,小火焖上4至6个小时,这样做出的羊肉口感才会软嫩,并且甜香如蜜。此外七宝羊肉制品中的白切羊肉虽是凉菜,却无膻味,实为个中上品。最正宗的便属位于南大街的阿明扎肉馆。

不同于以上两种肉制品,七宝方糕则是一款糯米制成的甜品。相传宋朝的诗词大家范仲淹小时候家境不好,几乎每天都是喝粥。但是范仲淹因材制宜,每到冬天的时候,便事先把盛有粥的盘子放在室外,自己则于室内读书。夜半之时,肚子饿了,便把外面的盘子端进来,此时盘内的粥已经冻结,范仲淹便拿刀把它割成一块一块的,一口一块,既能充饥,又不误读书。他的同窗石海卿在知道这件事后,便命人用糯米粉制成类似于范仲淹冻粥的糯米糕,天天送去,直到范仲淹中举。二人回首往事,便给这种糕取名为"白软糕",即如今七宝方糕的前身,而且因为范仲淹的缘故,所以还有了祝愿高升的寓意,以致学子们都竞相购买。

上海大镇朱家角

朱家角镇位于上海市青浦区中南部,紧邻淀山湖风景区,而且因为1700多年的悠久历史,在1991年便被国家列为"上海四大历史文化名

镇"之一，素有"上海威尼斯"及"沪郊好莱坞"的美誉。

朱家角镇在明朝万历年间正式形成市镇，当时叫做珠街阁，又名珠溪，因为布业发达，所以著称江南，遂成巨镇。到了明末清初之时，朱家角又突起米业，再次使得镇内的百业兴旺，地方志载"长街三里，店铺千家"，可谓南北百货，样样齐全，镇中行商遍及江浙，所以才有"三泾不如一角"之说。其中"三泾"指的是朱泾、枫泾、泗泾，"角"即朱家角。

2000年青浦区行政区划调整，朱家角与沈巷镇合并为新建制镇——朱家角中心镇，成为上海目前最大的集镇。

1. 为何说放生桥是关怀人的桥

"到了角里不看桥，等于角里勿曾到"。"角里"是朱家角的别称，可见放生桥在朱家角的地位。

放生桥横跨于漕港之上，为明万历年间所建，后于清嘉庆年间重建，是华东地区最长、最大、最高的五孔联拱大桥，被称为"沪上第一桥"。

有此美誉，不仅因为放生桥的高大长度，还因为其美：其桥长如玉带，形如美虹，而且桥洞在河水的倒映之下，别有洞天，更添精致，所以有"井带长虹"之称，位列朱家角十二景之首。所以这座承载了宝贵文化遗产的放生桥，已成为古镇的地标。

放生桥

在一些江南古镇之中，多有走势陡峭的石拱联桥，这样便使得过桥有如登山，非常吃力。放生桥却不然，其势平缓舒坦，虽然桥高不低，但是它的台阶众多，达120多级。所以这么多的台阶分担了桥的高度，也使得每片台阶都很薄，最薄处仅3厘米厚，一般的也不超过8厘米。

所以过放生桥就如过平地，足可见放生桥所蕴含的人文关怀。

2. 放生桥是因仙人相助才建成的吗

"放生桥"这个名字是因为在明、清两代，每逢农历初一，当地僧人便会在桥顶举行放生活鱼的隆重仪式，以示对生命的尊重。名字的由来知道了，那么放生桥的"桥体"又是怎么来的呢？

相传明朝隆庆年间，驻在朱家角明远庵内的三个和尚奉了师傅的法旨，外出化缘，并准备把化来的银子全部用在当地百姓身上。谁知其中一个叫"性潮"的和尚远游十年，终于化得一笔巨款，可是回来复命之时，老师傅却已圆寂。师傅不在，徒弟一时不知如何处置这笔款项，于是每日便在河港边踱步。这天他看到人们都在漕港河岸等船摆渡，船来船去，甚是费事，便决定用化来的银子帮镇民修一座大桥。

有钱好办事，工程很快便开始了，可是材料都堆在岸边了，桥桩却怎么都打不下去。如此几天，工程不进。性潮望河兴叹，却也无可施为。这日来了个乞丐，笑着对性潮说："大师造大桥，功德大无边，桥桩要深打，芦生最为吉。"性潮不知所以，因为河滩之上并无一根芦苇，难道这位乞丐兄是在故意取笑我不成？乞丐见性潮神情，便似猜中了他心思一样，从怀里摸出一把红枣来，全数放往嘴里一阵大嚼，最后把吐出的枣核尽数扔进河港之内。说也奇怪，在乞丐扔下枣核的地方刹那便长出四片芦苇来。性潮和尚此时方知这个乞丐绝非凡人，正要躬身下拜，那人却已无踪。

于是性潮便让人在芦苇滩上打桥基，一座五孔式的联拱大桥日具其形。可是就在快要合龙的时候，却又一次出现问题：刻有八条盘龙的龙门石怎么都放不下，桥面怎么都合不拢。眼看就要完工，这可如何是好？正是好人自有天助，这时又来了一位白发银须的老人，他也笑着对性潮说："若要龙门合拢，除非马骑人来。"性潮又听不懂了，世上只有人骑马，哪里见过马骑人？但是很快便有一个捐着三脚木的汉子摇摇晃晃自远而来。性潮马上醒悟，三脚木也叫三脚马，于是发声喊："马骑人来了，快合龙门石。"于是众人用力，把龙门石刚放到预定位置，那"马骑人"便走到了跟前，并用"三脚马"在龙门石上轻轻一磕，那千斤之石便不偏不倚地落准了位置。后来人们都传说那位"马骑人"便是八仙中的"铁拐李"。

为了感谢造桥过程中仙人的指点，性潮和尚便将桥下方里都许为慈门寺僧的放生之地，并在水里立桩划界，禁止渔人置网。"放生桥"由是而来。

3. 北大街为什么被称为"一线天"

北大街有三大特色，分别为"一线天"、古建筑精华，以及"长街三里，店铺千家"。

全国有很多名为北大街的街道，然而只有朱家角的北大街被称为"一线天"。北大街的名字里虽然有个"大"字，然而其宽不过三四米，最窄处仅仅两米。这使得两边砖木小楼的滴水檐几乎相接，于是站在街心的人如果抬起头来看天，只能看见一线，不禁会感慨"苍天无边若有边"。因为街道不宽，所以对街的居民都可以在自家楼上推窗攀谈，甚至互递物品，构成了奇特的"一线天"景观。

北大街

北大街的特色却并非只在这"一线"，更在其整街保存完好的明清建筑群：东起放生桥，西至美周弄，全长二里有余，是极富代表性的明清古建筑精华。起脊房鳞次栉比，瓦楞片错落有致，窄窄的街道配以附近的流水，真是盎然一派江南意，款款万种风情画。

不仅文化意味十足，北大街还因为背靠漕港，旁临街衢，得以水陆两运皆便，更成为商贾云集的所在，正是"贸易甲于他镇"：米行肉铺、杂具百货、酒楼茶室，应有尽有，成为经久不衰的古老商业中心，时有"长街三里,店铺千家"的美誉。

时至今日,街上仍保存有像"涵大隆酱园"、"茂苏馆"饭店、"古镇老茶馆"等百年老店。此外,还在政府的鼓励下开起了许多城市居民所鲜见的传统手工作坊店,在这里,游客们可以一睹诸如竹篮、栲栳、藤椅、木桶等传统器具的制作过程。而那些以古董、陶瓷、花鸟、书画、土特产、工艺品等商品为货的店家也越开越多,真是"长街三里,店铺千家"。

4. 课植园里的浮雕和戏台很怪吗

课植园后园的一处石壁上,刻有一幅小小的马文卿自己的浮雕,而且这位石头上的老人显出了一种谦卑,一点都不自信,眼光下视的他,嘴角却有着讨好世界的笑容——当过道台,定居异乡的这么一位巨富商人,把自己的肖像留在一块石壁之上,当时心里到底在想什么呢?

课植园内景

我们不得而知,但是他在园中的另一个怪异的布置,我们或可猜测一二。那便是位于假山区的戏楼。因为在戏楼与观戏台之间,有一块面积不小的空旷草坪,人坐在这么大的草坪之后,几乎是看不清戏台的。原来马文卿在晚年之时已经看不动戏了,所以他干脆把戏台开放给附近的街坊,让他们扶老携幼地来看戏;而他则稳稳地坐在灯火深处,看着这些来看戏的人,或许是把这当成了一出热闹生动的人间戏剧吧。

除了这些怪的,其实也有雅的。

课植园地处朱家角之北的西井街,是镇上最大的庄园式园林建筑,园主本是马文卿,所以俗称"马家花园"。

马文卿祖籍江西,本是一个成功的商人,后于清末捐官做了道台,便在朱家角井亭港择地百亩,兴建园林以娱后世人生。所以他把园名定为"课植",乃是寓意"课读之余,不忘耕植",所以园内既有书城,又有稻香村。

整个庄园建了十五年之久,然而在马文卿去世之时仍未建好,可见其大,亦可见其用心。

比如园中有像苏州狮子林中的倒挂狮子亭等,这在私家园林中是绝少见到的搜奇。而附近二十多米的碑廊内还嵌有明清著名书画家的碑刻15块,明代文人文徵明的"游西山寺"十二首,祝枝山的"梅花诗",唐寅的手札及周天球的诗句等,都是马文卿聘请专业的雕刻高手,依照各个名家的真迹雕凿而成的。

所有这些,可知的、不可知的事情,吸引了一批又一批游客来到这里,体会这位富商的野心和孤独——他为什么当道台?他怎么选在异乡终老?

然而不论怎么看,这个人都还是一团谜。

5. 圆津禅院为什么是文人寺庙

朱家角镇内的圆津禅院始建于元至正年间(公元1341—1368年),起初寺内供奉的是辰州圣母像,所以俗称为娘娘庙。本寺于1995年修复开放,如今院内恢复有涌月井和清华阁等古迹。

圆津禅院

本院从第三代住持语石法师起,各住持皆通文墨、善丹青。寺院在清顺治十五年(公元1658年)进行了大规模的修葺和扩建,新增诸多僧舍佛殿,其中以"清华阁"最负盛名。

因为住持之故,所以常有文人雅客来寺吟咏聚会,环境优美的清华阁便成了聚会场所的首选,以致其中珍藏了许多名人文士的书画。诸如宋刻"妙法莲华经",明文徵明手书的"多心经",董其昌等32人合写的"金刚经",清代梁同书的行书卷等。也因此而引得更多墨客来朝,成为明清时代著名的文人寺庙。所以本寺第九代住持觉铭,便在清嘉庆年间撰写了《圆津禅院小志》,其中收录了赵孟𫖯、董其昌的匾额;刘墉、梁同书、郑板桥和吴梅村等人写的对联;亦有陆树声、诸嗣郢、王昶等人的翰墨。

而且古时清华阁还有著名的十二景可供赏玩,即曹溪落雁、帆收远浦、网集澄潭、淀峰西霭、秧渚北浮、木末清波、柳荫画舫、井市长虹、慈门杰阁、人烟绕翠、竹林连云、殿角鸣钟。虽说是清华阁十二景,实际上却是登清华阁而见的朱家角镇十二景。其中"井市长虹"指放生桥,"慈门杰阁"则指的是同处一镇的大刹慈门寺。

所以作为一处重要的文物储藏所,圆津禅院成为名刹是不无道理的。

6. 报国寺里有一座"灯塔"吗

报国寺是朱家角镇内的一座著名佛家寺庙,而且是闻名沪上的上海玉佛寺下院。

报国寺的前身是关王庙,建于明崇祯十三年(公元1640年),其名源于寺内专供关帝圣君之故。几乎每座寺庙都有银杏树,关王庙亦然;而且本庙后的古银杏树围6米,树高36米,是一株树龄已超千年的古树,约为五代时所植。作为上海地区最古老、最高大的千年古银杏,它不但见证了关王庙的盛衰,还起到淀山湖畔航标的作用,为泖上往来的船只提供了实在的帮助,成为附近渔民的"灯塔"。

关王庙于1985年得以重修,并保持了明代古建筑风格,香火日盛。于是寺庙在1989年扩建,改为上海玉佛寺下院,定名为"报国寺"。

如今寺内的释迦如来和观世音菩萨两尊玉雕像是新加坡佛教信徒于1990年所赠,佛像玉质细腻,晶莹剔透。

小小南翔赛苏城

南翔镇是上海市四大历史名镇之一,早在千年之前便因白鹤南翔寺而得名,境内共有明、清两代园林20多处,著名的有古漪园和檀园等,所以在历史上曾有"小小南翔赛苏城"的美誉。南翔不仅古建筑成群,还荟萃了人文精英,诸如明嘉定四先生之一的李流芳、清代竹刻名家吴之璠、当代国画大师陆俨少等都是南翔人的骄傲。

1. 云翔禅寺是因白鹤南翔而兴建的吗

云翔寺位于上海市嘉定区南翔镇,原名"白鹤南翔寺",重建后则又名留云禅寺。后者源于上海南市区的留云寺;而前者的来源,则有一段有趣的传说。

话说南北朝时,南梁天监四年(公元505年),常有两只白鹤飞栖在这里的一块巨石上。僧人德齐和尚认定"白鹤栖息,必有仙禽佛地之兆",于是便于此募化建寺。寺庙建成后,两只白鹤便向南飞走了,所以就叫做"白鹤南翔寺"。因为寺庙香火旺盛,还在寺庙附近形成了一处大镇,亦以寺为名,故称南翔镇。

留云禅寺

谁知到了唐开成年间(公元836—840年),已经三百余年历史的云翔禅寺年久失修,凋零破败。这时刚好来了一个叫做行齐的和尚,同时还跟着两只白鹤。这件事被当地的大檀越(檀越即梵语的施主,大檀越即大施主)莫少卿所知,他晓知典故,于是马上慨捐巨资,不仅将云翔禅寺翻修如新,还将寺址拓为180余亩,寮舍六十三间,所住僧侣多达

七百多人。正是"千载南翔古道场,层楼杰阁冠诸方"。

说来也怪,寺庙修缮完毕后,白鹤便驮着行齐和尚又南飞而去。时人都说行齐和尚便是当年的德齐和尚,而这两只白鹤也是当年的那双白鹤。

到了南宋绍定年间(公元1228—1233年),宋理宗钦赐"南翔寺"匾额,并令丞相郑清之亲自送给白鹤南翔寺,于是僧家便改名为"南翔寺"。到了公元1700年,当时的康熙皇帝,也给本寺题了一块匾额"云翔寺",故而又更名为云翔寺,并从此名闻遐迩。可惜1766年毁于邻火,之后又迭经战乱,尤其是抗日战争时期,遭到日本飞机的轰炸,千年古刹尽毁,只剩下古塔两座、石经幢一对尚存。

如今重建的云翔寺,饰以唐风,而且成为江南地区第一座完整的仿唐寺庙。本寺作为以钢筋、水泥混凝土仿木的寺庙,在上海地区也算是头一份,希望今后还会有白鹤南翔的佳事。

2. 南翔小笼馒头本叫古漪园小笼馒头吗

南方确实有人将内有馅料的包子称为"馒头",当年身为荆州人的诸葛亮,不是也做过肉馒头嘛。其实名字无所谓,好吃最关键。上海的南翔小笼馒头,便是好吃中的精品,至今已有百余年的历史了。

小笼馒头

南翔镇因白鹤南翔寺而成镇,到了清乾隆年间,便已成为行商坐贾的云集之地。而南翔小笼馒头,则是清同治年间,由黄明贤的日华轩点心店在此制作的。他起始是在古漪园旁的州城隍庙附近贩卖大肉馒头,可是竞争激烈。于是黄明贤便采取了"重馅薄皮,以大改小"的方法,更设巧形,配以卤汁浓香的肉馅,于是生意格外兴隆,被人们称为"古漪园小笼馒头"。后来他的儿子在上海豫园老城隍庙开设了一家分店,挂名"南翔小笼馒头",这才享誉上海滩,成为上海著名小吃，如今更被列为上海市非物质文化遗产。

南翔小笼馒头的馅料很有特点，一般是用夹心腿肉作肉酱，而不用葱蒜，只是多少撒些姜末和肉皮冻。而且南翔小笼馒头的馅料还随着季节的变化而变化：初夏便加虾仁，中秋则加蟹黄。所以其鲜美的味道吸引着所有热爱美食的人，甚至有人戏言：到上海则必游豫园，游豫园则必尝南翔小笼包。

3. "檀园"是李流芳的别号吗

檀园位于南翔老街内的混堂弄5号，在双塔之后，其旧主是明代一位集诗文、书法、丹青、印刻于一身的大家，即"嘉定四先生"之一的李流芳。

李流芳年少时在东林庵修学，虽然三十二岁便中举，后来却两度殿试不第；加上自己为人耿直，而当时的朝政却被宦官魏忠贤把持，仕途明晦难料，于是决意放弃仕途，归家建园，并以自己别号"檀园"为名。可惜"嘉定三屠"之时，毁于兵燹。直至2011年进行恢复性重建，使得园内尚存的宝尊堂、山雨楼、次醉厅、芙蓉沜等古建筑重新成为可以让人们游览的景点，体会李流芳当年的心迹。

檀园的整体布局紧凑而得体，芙蓉沜位于檀园中央，是片葫芦形的水池，取其"福禄"谐音；周围厅堂环立，曲廊婉转而贯通全园，真是"廊随桥引，步移景换"，正是江南私家园林的特色。

檀园有一座古色古香的朝北大门，进去迎面便是"次醉厅"，这是李流芳与他的文人墨客朋友们相聚饮酒的场所，酒兴之余，自然少不了诗画纵论。厅内壁上有画"九友图"，即明末清初的董其昌、杨文聪、程嘉燧、张学曾、卞文瑜、邵弥、李流芳、王时敏、王鉴9位名画家；厅前巨石刻有"峥骨"二字，正是园主人性格的写照。穿过次醉厅，便是芙蓉沜，更有桥下多鱼的九曲桥；水上石舫的步蘅舸；岸边品茗的茗坞等景点。再往里走便是"清晖园"，它虽是民国建筑，内中的"山雨楼"却为古迹，以"山雨欲来风满楼"命名。园中央有假山，可以拾级而上，便见"招隐亭"，它是园内的制高点，在此可全观檀园美景。之所以取名"招隐"，或许和园主人的人生态度不无牵连。亭下亦有假山，其旁则是全园的主厅"宝尊堂"，内中安置了李流芳的塑像，并陈列其书画作品。主厅之后是一座徽派门楼"谷诒燕翼"，这主要是因为李流芳祖籍安徽。门楼两边各有一座假山，附近的水池左侧湖中有一座"翏翏亭"，翏，高飞也，园主如此安排，意在表达自己虽然仕途不济，但志存高远。

徜徉园内，如在画中，唯一的欠缺或许是缺少一些名树古木罢了。

4. 古漪园内的树差点害死园主吗

南翔镇境内的古漪园始建于明嘉靖年间，原名猗园，取诗经中"绿竹猗猗"之意。相传是当地士绅闵士籍为了改善父母的居住条件而建。庄园建好之后，闵士籍想要突出客厅逸野堂的庄重华美，便在门前左右亲植了两株盘槐。然而就在他对这些越看越美的时候，却不知自己已犯下大罪——盘槐又名"龙爪槐"，其形似黄盖，据说是只有皇家才能成对种植的品种，于是被告发有谋反之心。闵士籍闻讯后马上刨去了南边的一株，并重金贿献了查案的公差，这才免于治罪。

古漪园内景

这之前，闵士籍请了明末著名的嘉定竹刻家朱三松参与了园林的设计。朱三松是我国明代著名的竹刻家，名稚徵，号三松，并以号行世，出身于竹刻世家。他善画远山淡石，丛竹枯木，画驴也是一绝，而刻竹之技更是胜于父祖一筹。嘉定竹刻传到朱三松这一代的时候，已经"器物愈备，技法愈精，声名愈盛，而学之者愈众"。所以经由朱三松精心设计的古漪园在立柱、椽子、长廊上都刻上了千姿百态的竹景，使得整座园林显得更加生动典雅。

明万历末年，闵士籍寿终正寝，并把猗园转让给了名士李流芳之侄——贡生李宜之。

后至清乾隆年间，苏州人叶锦购得猗园，并大加整修新建，因有别于旧园，更为显其悠久，所以更名为古猗园。也有人说是因为园内常有绿水涟漪，所以通俗些便写作"古漪园"。

全园划分为逸野堂、戏鹅池、松鹤园、青清园、鸳鸯湖、南翔壁六个景区，并以绿竹猗猗、曲水幽幽、建筑典雅、楹联隽永，以及曲径优美五大特色闻名遐迩。

逸野堂之西南有座幽赏亭，传说是园主之子世禄与婢女红儿私定终身的所在。后来世禄进京赶考，而红儿母亲却在病重临终前将女儿许配给了赵员外。红儿徘徊无计，正要悬梁，却被一和尚化去做了尼姑。于是当世禄高中状元回家后，红儿早已削发为尼。世禄苦劝无果，于是在幽赏亭柱上写下："幽赏亭里幽伤情，戏鹅池底鸳鸯梦"的"诀句"后，便投戏鹅池殉情了。不久后人们便在戏鹅池看到一对整日形影不离的白鹅，互相追逐嬉戏，大家都说是红儿与世禄的化身。

此外本园还和明代"江南四大才子"之一的祝允明有点关联。传说他曾来南翔拜访过闵士籍的父亲闵尚廉，并为园内石舫草书"不系舟"（此景在戏鹅池景区内）三字，大家用笔，自然疏放流畅而气势雄浑。使得老园主赏心悦目，立即制匾悬于石舫之内，从此石舫又唤作不系舟。祝允明在题毕"不系舟"后，又信步登上"绿竹山"，观赏于清风中摇曳的绿竹，然而日已西斜，于是在不舍中返回苏州。老员外为了纪念他的到来，便巧妙运用"祝"与"竹"的谐音，将"绿竹山"改名为"竹枝山"（祝允明号枝山）。

此外，古漪园还有众多的历史故事与神话传说，更加上百年的厅堂千年的经幢，实在可以称为古典园林的缩影，更显那些园林主人隐逸为高、寄情山水的情怀。

因盐而盛新场镇

新场镇位于沪南公路南汇段的中间,原是南汇区的中心地带,如今则属于浦东新区。新场地区原为下沙盐场的南场,是当时盐民用海水晒盐的场所。看上海的滩涂变化图便可知道,海滩在后来慢慢向外延伸,这个盐场不再临海,于是便渐渐成了盐民们居住和贸易的地方。新场镇形成之时,正是下沙盐场的鼎盛时期,其盐灶之多、产量之大,都胜过了同期的浙西诸盐场。

1. 新场镇是因盐场而兴起的吗

新场镇是一座靠制盐贩盐而成并兴旺的市镇,虽然名字里有个"新"字,却在大约八百年前的南宋建炎年间便已形成规模。它的这个名字其实是因为下沙盐场南迁,形成了新的盐场而得的。

古时候不仅建城有讲究,建镇也有一定的标准,因为一个地方只有税收达到一定额度,才能被定为镇。由于新场在宋代起便开始煮制海盐,到了元初,便形成了一个大盐场。新场盐场的年产量居浙西27个盐场之首,产量则约占四成。所以有众多盐商往来,于是两浙盐运司署松江分司便入驻新场,缴收盐商们交易所产生的丰厚税利。当时,南汇甚至都还没有设县,然而新场就已经有了比县级别更高的衙门。

新场镇

相传宋代的宰相吴潜,年少之时曾与父亲一起居住在新场,所以新场有"吴潜侍父读书处"一说。这在明弘治年间的《上海县志》中是有介绍的:"新场镇距下沙九里,以盐场新迁而名。赋为两浙之最,四时海味不绝,歌楼酒肆,贾街繁华,视下沙有加焉。而习俗浇伪又下沙所无也。延佑初里士瞿时学访吴潜读书处，营置义学，今无遗址可考矣。"志里所讲的"延佑初"大约在公元1314年左右，也就是700多年前，新场便已经是一个繁华的市镇了。

后来随着盐业的不断发展，更多的商人盐贩都纷纷聚集到这里，使得新场的人口大大增加。人烟一盛，街市更华：当时镇区内的歌楼酒肆林立，商贾买卖云集，其繁华的程度曾一度超过上海县城，更有"新场古镇赛苏州"的美誉，成为当时浦东平原上的第一大镇。

2. 电影《色戒》曾在新场镇取景吗

前些年有一部大热的影片《色戒》，曾在这里取景，使得新场古镇再次声名大噪，引起了又一波前来观光的热潮。虽然李安在拍摄的时候给小镇的每户都安装了新招牌，但是剧组完全撤离后，就只留下了一块招牌。

在电影里其实也曾拍到过新场古镇的一些景致，然而并未拍全十景。如今新场十景中还可考证的便只剩下石笋、书楼、寺庙、渔舟塘和古桥了，其余的则因为年代过于久远而几经变迁或已不复存在了。

如今的新场十景则为：溪湾石笋、书楼秋爽、雷音晓钟、横塘晚棹、仙洞丹霞、海眼原泉、高阁晴云、上方烟雨、千秋夜月以及南山雪霁。

其中石笋曾经是过去新场镇的名字。传说在新场受恩桥石头湾的沙中，曾经发现石笋，而且深不见底，所以便将这里叫做"石笋里"。如今很多遗留的古迹都在规划重建，希望可以按照原貌翻新修复，然而千年古迹实在是太珍贵了，修复工程进展缓慢。

此外，新场古镇还有"十三牌坊九环龙，小小新场赛苏州"的美誉。

3. 江南第一牌坊曾遭过天谴吗

明清年间，新场镇曾经盛行建造各种牌坊，号称"十三牌坊"，仅明代所记载的有名牌坊便有贡元坊、旌节坊、熙春坊、兴文坊、余庆坊、莅政坊、中和坊、兴仁坊、安里坊、清宁坊、霈林坊，这些牌坊是早已被毁而连痕迹都没留下的；现存残迹的则有明代举人倪甫英、倪家允父子所立的世科坊，明代朱镗、朱泗、太常寺卿朱国盛祖孙三代所建造的三世二品坊等。

江南第一牌坊便是指的三世二品坊。它位于新场市街正中，上有题额"九列名卿"，左侧书"七省理漕"，右边则是"四乘问水"。牌坊之上甚至还精心打造了石算盘、石珠子等复杂图形，工艺是非常高超的。虽然在1974年"文化大革命"期间拆除，但我们还是讲一讲关于这座牌坊的传说吧。

三世二品牌坊

明万历年间，新场有一户朱姓世家，三代都在京中为官，且均位列二品大员，是当地显赫的望族。其时当地流行树碑立传，于是朱家便打算在镇上建一座"江南第一"的石牌楼。取得恩准后，朱家便购置石料，聘请工匠，其中更有三位手艺超群的石匠，所以很得主人家青睐。日复一日，年复一年，两度寒暑后，石牌楼终于落成。

这个"三世二品坊"横跨中市大街，不仅高大雄伟，牌楼之上还排有精致小巧的佛像，车马舟轿也是生动逼真。此外三位巧匠所造更是三件稀罕绝妙之物：一件是环环相扣且扣机灵活的石链条；再一件是珠珠成串且上下如意的石算盘；末一件是鸟笼镂空且昂首欲鸣的石笼鸟。往来行脚的客旅无不赞叹有加，甚至风闻的远近乡邻也跑来一睹风采，都说"江南第一"是实至名归。

主人家心花怒放、洋洋得意之时，一旁的师爷却说那三位巧匠手艺惊人，以后自然还会为别人建造更加巧夺天工的牌楼，暗示主人如果要永得"江南第一牌楼"之名，便要……

于是在庆祝牌楼落成的典礼上，主人家便大设酒宴，席间命丫鬟从屋内又端出三杯醇香扑鼻的美酒，力邀三位巧匠共饮。三人哪知酒中放了慢性毒药，只是觉得主人盛情难却，便要举杯而饮。此时本来的晴空却突然骤变，顿时乌云遮天、天雷滚滚。最后一个闷雷惊天动地，居然使得巧匠们手中的酒杯都震掉于地。

一会儿天气又转如前，但是家中下人却急急来报，说门外牌楼上的三件精品都被雷击而碎，那排佛像也是个个无头。主人、师爷闻之失色，回头再找那三位巧匠，却连一个人影也没有了。后人都传说是仙人作法，特意搭救三位巧匠，并惩邪恶。

不过从此之后便无人再提"江南第一牌楼"之名，而这个传说也就成了人们饭后的谈资而已。

4. 所谓九环龙指的是九条龙吗

新场素有"十三牌楼九环龙"之称，"十三牌楼"讲的是十三座牌楼，九环龙指的则是石拱联桥。新场人习惯把古石拱桥称为"环龙桥"，而历史上最有名的便是"九环龙"。

古石拱桥是新场努力保存的古镇风貌，也是这里随处可见的古迹景致，蜿蜒的河水缓缓地从桥洞下流过，自有一派独特的水乡风情。

目前尚存或已被改建的著名石拱桥有：

白虎桥：建于元至正年间，跨越白虎庙港，现仅存古桥残基，被工厂厂区隔断，如今已经不能通行。

盛家桥：又名众安桥，建于明嘉靖年间，在新场镇南首众安村，如今基本完好。

洪福桥：明代所建，位于新场镇北洪桥港，不过如今成为平桥。

千秋桥：建于清康熙年间，在洪东街东端，跨东横港，是一座单孔半圆石拱桥。1987年整修过一次，至今仍然完好。桥体上镌刻有劝人为善的祝福词，南侧为：愿天常生好人，愿人常行好事；北侧为：济人即是济己，种福必须种德。千秋桥如今是新场镇"十三环洞"里仅剩的拱圈石桥了，新场笋山十景中的"千秋月夜"便是这里了。

玉皇阁桥：不知始建于何代，但于清乾隆二十一年（公元1755年）重建，在新场镇东南，由东横港入大治河处，现在也变成了水泥平桥。

杨辉桥：在镇南首跨越杨辉港，开挖大治河时被拆除，改为公路桥。

永宁桥：本来在新场镇北山寺前，北山寺都拆了，这座桥也随之被拆。

新昌镇的环龙桥大多是元、明、清三朝所遗，但是久经年月，如今大多已湮没无存。

5. 驳岸水桥是家门口的文物吗

上海地区把沿河地面以下，阻止河岸崩塌或遭河水冲刷的构筑物称为驳岸，也就是通俗意义上说的护坡；水桥则是石驳岸的衍生物，讲究的水桥甚至还凿有精致的八仙图案等。这两者可以说是浑然一体、不分你我。

新场镇有家桥港、洪桥港、新港3条市河，它们依街环绕，而且早在元、明、清之时，两岸便先后筑起了长长的石驳岸。这些一般离河面3米高的建筑坚实而富有江南水乡特色，但是年久失修，在上海解放的时候，部分驳岸的基础下沉或岸石剥落残损，而某些泥岸更是塌方严重。于是1952年到1974年，人民政府在加固泥岸的同时补建了部分石驳岸。到了1982年后，政府为了改善镇容，保持水乡风貌，对

石驳岸及马鞍水桥

全镇的石驳岸进行了全面的检修和增建，并在驳岸陡峭的地方添置水泥栏杆。现在石驳岸约有6000多米，其中有1500多米建在民国之前，最早的距今已有800多年的历史。

而沿市河的富有人家都构筑有马鞍形的水桥，它们与石驳岸可以说是孪生兄弟，如今尚存的古代马鞍形水桥仅剩约20座。上海市文物专家将岸桥称为"家门口的文物"。

经过上面的介绍，或许大家还不是很清楚什么是"驳岸"，真要解释的话，最好将"驳岸"的两个字分开来，"驳"是货物分载转运的意思，"岸"则是河边之地，驳岸连起来便是停靠货船供货物起上或放下的岸，石驳岸就是用石头构筑这种岸。为什么用石头？一个字：牢。凡是江南的水乡城镇，总少不了驳岸的。

而且新场的石驳岸有三个特点，一是古老；二是连成一片，比如自包桥港到洪桥港之间的石驳岸便几乎没有断；三是驳岸上拴船用的"牛鼻"，也叫"牵牛"的石件，雕刻精美、形象鲜明。这都是其他水乡城镇所少有的。

6. 新场镇有三项国家级非遗吗

新场古镇除了成片的古建筑群和优美的自然风光，还有着令当地人自豪的三项国家级非物质文化遗产，分别是浦东派琵琶、锣鼓书和江南丝竹。

琵琶这项传统技艺早在南北朝时期便有记载，而浦东派则始于清朝乾隆或嘉庆年间，始祖便是身为浦东南汇之人的鞠士林，人称"江南第一手"，而他的传人陈子敬则被御封为"天下第一琵琶"。以林石城（2005年去世）为代表的浦东派琵琶已成为中国主要的琵琶艺术流派，并声闻华夏。

锣鼓书的起源较浦东琵琶要早，不过虽然始于汉末晋初，但是完整的表演艺术形式在明清时期才流行起来，更兴盛于民国之时。锣鼓书的前身叫做太保书，到20世纪60年代后与钹子书合称为"锣鼓书"。形式多样的锣鼓书主要分为占卜、社书和民间曲艺三大类。

江南丝竹则是江南水乡中的文化杰出代表，更是南汇民间文化的一朵奇葩，是首批被录入国家级非物质文化遗产名录的项目。江南丝竹，在原南汇地域被称之为"清音"。主要曲目有《欢乐歌》《云庆》《行街》《四合如意》《三六》《慢三六》《中花六板》《慢六板》"八大曲"。

古建完好枫泾镇

枫泾古镇作为新的"沪上八景"之一，是我国著名的历史文化名镇，素有"吴越名镇"之称，同时也是上海通往西南的重要门户，在1500年前已成集市，号曰"白牛市"；元朝正式建镇，名为"白牛镇"。

枫泾是典型的江南水乡古镇，境内水网密布，河道纵横，所以古桥便有五十多座，而现存最古的便是建于元代的致和桥，据今将近700年的历史。而镇内亦有至今仍完好保存的和平街、生产街、北大街、友好街四处古建筑群，是上海地区现存规模较大且保存完好的水乡古镇。

1. 枫泾镇为什么会有两座城隍庙

一座市镇居然有两座城隍庙，这在全国恐怕都不多见，然而上海的枫泾镇便确实曾有过两座城隍庙。这要从枫泾镇的历史讲起。

枫泾镇地处上海西南，是五区交界之地；在历史上，更是一半属于江苏省松江府华亭县，另一半属于浙江省嘉兴府嘉善县；并且有两个明显的分界标志：其一便是西边的界河，其二则是东边的牌坊。如今的牌坊是在原来分界牌坊的旧址上重建的，很好地再现了枫泾古镇独特的地理区域。新建的牌坊高大而复古，其上方醒目的"枫泾"二字是已故的国画大师程十发所题。

枫泾的南镇、北镇分治，其实早在明代便开始了，所以一个枫泾镇便建有两座城隍庙，南、北各一座。位于南镇的叫做南城隍庙，位于北镇的却不叫北城隍庙，而是因为地处东栅（今白牛路附近），所以称为东城隍庙。

东城隍庙如今已被毁坏殆尽，不过横跨市河的城隍庙桥和河边的古戏台都已恢复重建了。

2. 枫泾古戏台曾演假戏、死真人吗

戏台是古代专供演戏的一种室外舞台，唐朝便有类似的建筑，到宋朝则更加完善。初期的戏台多建在寺观等宗教场所附近，主要用途是为了演戏酬神。后来随着戏曲的发展，戏台开始大量出现在巨富人家的宅院或祠堂之内；普通的农村也会在晒场或近村的开阔地上搭建简易的戏台。枫泾的古戏台便建在城隍庙广场上，贴街且临河，所以每逢演戏，不仅岸上是人，水上也都是坐在船上看戏的乡民。

枫泾古戏台

上节讲过枫泾有两处城隍庙，所以自然也有两处戏台。而且古代穷人看戏，都是在庙会时节。据载，南城隍庙赛会始于清乾隆癸巳年（公元1773年），并逐渐发展为一年一次，会期定为农历的四月初四，前后共计三天。据《续修枫泾小志》所载，庙会开戏之时，"舟楫云集，河塞不通"，足可见其盛况。

北镇的东城隍庙赛会开始的时间则稍迟于南镇，会期却比南镇要短，它是定于每年的清明节，为期两日。后来到清代中叶时，施王庙赛会开始，会期为每年农历八月初二，一般维持三天左右。不过热闹的年份也有从农历七月三十开始的，这样便会一直延续七天之久。那时古戏台的台上台下则更为热闹，不过人多了事情也更多。

枫泾旧志中便记载有一则看戏的乡民行刺"秦桧"演员的故事。据载，这件事发生在康熙癸丑（公元1673年）三月，当时的戏台上正演着秦桧诬害岳飞的戏，然而戏演将至尾声，从台下观众群中忽然窜出一

人，跃上戏台，拿着皮工专用的割皮刀，一下便将演秦桧的演员刺倒在地，须臾而死。事发之后，官府拿捕了这位行刺者，并进行审讯。这人倒也爽快，但是非但不以为错，还傲然而有正义。据当时庭录所记，他是傲首作答："民与梨园从无半面，实恨秦桧耳。礼不计真假也！"最后判官也是怜其义愤，所以竟以误杀罪而从轻发落了他。

3. 为什么说施王庙和岳飞有关系

施王庙并不是为了纪念岳飞，但是和岳飞却有分不开的关系。

施王庙，俗称施王堂，位于枫泾镇北大街，不仅是当地重要的道教圣地，且在江南一带都算是规模较大的道教宫观，始建于明万历年间。

施王殿

施王庙是为了纪念施王，而施王其实叫做施全，在历史上是确有其人的，他在宋高宗时曾任殿前司军校。在民间唱本中，施全是抗金英雄岳飞手下的护国大将军。当年岳飞风波亭遇害后，施全为了报仇，曾乔装潜入相府，但是却未能成功行刺秦桧。他离京回乡后被朝廷册封为"定海侯"，负责掌管金山沿海一带。戏中讲，他为金山及附近地区的乡民造福不少。不过另有一种说法则是说他在秦桧退朝时趁机行刺，也是未能成功，而且反被秦桧在集市中当众分肢杀害。因为他是大忠臣岳飞的手下，而且是为了替岳飞报仇而牺牲的，所以百姓们都爱戴他。施全死后被加封为"靖江王"，枫泾百姓为了纪念他，便自发募银，并在枫泾北栅建造了施王庙。后代重建后，施王庙前筑起放生池，池上建拱形石桥，称为施王桥。

后来人们为了纪念施全八月初二的生日，从清朝中叶开始举行施王老爷神诞赛会。赛会之时，远近十里的乡民都会赶来枫泾参加庙会。赛会有施老爷出巡、放焰火、演大戏等节目，一般都会延续两三天。后来到了清朝末年，随着城隍庙赛会的衰落，施王庙赛会成了枫泾一年中最热闹的唯一庙会。

施王庙赛会一直办到1966年为止，之后的施王庙大殿被改为枫泾小学教工食堂，前殿则成了枫泾中学的三产小商店。

4. 枫泾曾是吴越最繁荣的美食街吗

枫泾镇是典型的江南水乡，所以水网密布，河道纵横，自元代便是商业重镇，所以行商坐贾云集。当时临河而建的商业长廊是吴、越两界最繁荣的商业街，如今则成为著名的枫泾长廊小吃一条街。

其中最著名的要数枫泾丁蹄、枫泾豆腐干和枫泾状元糕了。

枫泾丁蹄迄今已有140多年的历史，具有冷吃"香"，蒸熟后吃"糯"的独特味道。曾获得巴拿马国际博览会金质奖章、德国莱比锡博览会金质奖章等众多国际大奖。

枫泾豆腐干作为枫泾特产已有100多年的历史，它香味扑鼻、色泽乌亮，口感则细腻鲜软，咸中蕴甜，既可作菜，又可零吃，甚至还可以泡在茶里吃，所以才会有"茶干"之名。

枫泾状元糕原名枫泾元糕，其实早在明末清初，这种糕点便在镇上小有名气，清代蔡以台便非常喜欢吃。后来因为蔡以台高中状元，于是当地的商家便将元糕改名为"状元糕"，因为既有实情，又有噱头，还有彩头，所以"状元糕"一名便流传下来了。到了清朝咸丰年间，里人戚学庄开设戚协兴元糕店，凭借独特的制作工艺专制"状元糕"，行销大畅通，其法至今沿用。

此外，不得不提的枫泾美食还有黄酒。大家或许都知道绍兴女儿红（一种黄酒），却未必知道枫泾也出黄酒，而且

枫泾长廊

是上海地区唯一的优质黄酒产地。当地酒厂所采用的爆麦曲工艺所制作的"和"酒系列与石库门上海老酒系列，都是上海高档黄酒市场的第一品牌。

5. 枫泾镇怎么会有这么多文人汇集

枫泾古镇，不仅民风淳厚，而且崇尚耕读，非常注重教育和取仕。据说，本地前后共孕育出3名状元、56名进士、125名举人、235名文化名人。其中知县逾百，六部大臣有三，宰相也有两名，可谓人才辈出——自唐代以来，枫泾镇有历史记载的名人便不下六百多人。当朝为官者诸如唐朝的宰相陆贽；宋代的屯田员外郎陈舜俞、状元许克昌；明代随郑和下西洋的太医院御医陈以诚；清代的状元蔡以台，官至内阁大学士兼吏部左侍郎的谢墉等；而著名文人也有像民间词人沈蓉城，围棋国手顾水如、著名漫画家丁聪，国画大师程十发，革命前辈袁世钊、陆龙飞等；都是枫泾人的骄傲，更为枫泾留下了珍贵的文化遗产和精神食粮。下面简单介绍其中两人，好让读者了解一二。

陆贽字敬舆，枫泾人。唐建中（公元780年）进士，授翰林院学士，唐德宗甚为器重，常以辇行……朝夕晋见，议论朝政。贽有魏征之德，敢于直言忠谏，辅政陈词，皆恳到深切，有时规劝太过，触忤龙颜，贽坦然而言"吾上不负天子，下不负所学，遑问他乎？"历官中书郎，同平章事，卒后谥"宣"，故世称陆宣公。

蔡以台字季实，号兰圃，枫泾人。幼即好读，性颖悟，受名儒启蒙，学业大进，乾隆二十二年（公元1757年）赴京赶考，得中会元，廷试时被乾隆皇帝钦点为状元，授翰林院修撰，更在皇宫内讲论经史。不过他这个人生性耿直，非常不耐与俗官为伍，所以后来便只专注于学术。他善辨钟鼎、金石、图书等文物的真赝，书法亦得颜真卿之三味，诗文也是清丽而绝俗。虽然平时著作不习惯署名，但仍有存稿《三友斋遗稿》《姓名窃略》六卷等传世。

6. 金山农民画为何得到洋人青睐

金山农民画来源于古老的江南民间艺术，主要以江南水乡的风土人情为题材，技法则融合了刺绣、剪纸、蓝印花布、灶头壁画、雕塑、漆绘等众多民间艺术表现手法，并大胆运用艺术夸张和强烈的色彩反差，最终达到以拙胜巧的境界。枫泾古镇便是闻名国际的金山农民画的发源地。

枫泾人民是热爱生活的，他们在长久的历史发展过程中，发明创造了诸如蓝印花布、家具雕刻、灶壁画、花灯、剪纸、绣花、编织等众多民间艺术，并在浓郁的民间文化艺术氛围下创造了金山农民画。而且这些淳朴的枫泾农民画家所创作的金山农民画极具乡土气息和独特的艺术风格，在海内外都产生了广泛的影响。南大街圣堂弄的金山农民画展示中心，便设在清代状元蔡以台的读书楼内，一幅幅透着乡土气息的画作，在这里更显得清雅了。

金山农民画

此外值得一提的是，金山农民画与丁聪的漫画、程十发的国画以及顾水如的围棋，都是在国内外皆具影响的艺术，然而"三画一棋"都集中于枫泾一镇，亦是国内罕见的一种地域文化现象。

其实不少专业人士都认为，金山农民画看着土里土气，其实却包含着很多"前卫"的因素。比如画鱼塘，如果按传统的西洋画法，只能画出透视之下的边沿。但是金山农民画在创作的时候却会把底也翻上来，这一"翻"，无形中暗合了西方现代画家的创新之处，所以才会引起国外人士的兴趣，这便是为什么枫泾地区已有5万多幅金山农民画作品远销国外，并多有在国内外画展中获奖的缘故了。

7. "性觉寺""醒觉寺"有何区别

性觉寺位于枫泾镇白牛路附近，始建于明万历年间（公元1573—1620年），由一位性本和尚所建，当时叫做月明庵。

关于本寺易名，还有一个传说。清朝的康熙皇帝很喜欢微服私访，并借此体察民情。偶然间心血来潮，便想游历江南。皇家做事，雷厉风行。于是众侍卫保着皇上旱路乘车，水路驾船。这日已到江南水乡，虽然康熙一路车马颠簸，还是要租一艘小船，想要泛舟尽兴。可是因为实在太累，不久便酣然入睡。

皇帝睡觉，哪个敢吵。不觉间康熙一睡两天，醒来后得知已经到了第三天，便问所到何处。船家熟悉山水，便说已到了枫泾，而且恰好便在月明庵之侧。康熙立于船头而望，果然好座小庙。于是吩咐登岸，并备文房四宝。因为他一觉到此，就给这座庵题名为"醒觉寺"吧。

谁知康熙上岸近寺，刚要抬手敲门，月明庵的山门便开了，里面还跪着一个和尚，并口称万岁。原来这人叫做本冲和尚，颇有法力，便在刚才于内用功之际，突然有灵光，故而得知皇上驾到。康熙得知后不无惊奇，更认定本冲和尚的功力非同小可，竟能在性觉之间而知万事。于是便打消了原本"醒觉寺"的念头，而用文房四宝题了一个"性觉寺"，赐予本冲和尚。而本冲和尚亦把皇上之所题，用金匾精心制作，悬于寺内正殿之中。从此，月明庵就成了"性觉寺"。

该寺在清朝咸丰十年（公元1860年），于太平军东进之时毁于兵燹，焚烧一空；后于光绪四年（公元1878年）得以募资重建。1994年，该寺迁于金山区枫湾路。

上海的宗教庙堂

说上海是历史文化名城,怎么可能只是因为它有几个古镇呢?古镇是什么?是古代人及其文化共同创造的。古代人很好理解,那么文化又是什么呢?

文化,不同的人有不同的解释。其中有一种解释是:人类精神文明和物质文明的总和。

精神文明是什么呢?是人们在满足自身精神需求时的产物。文学、艺术、哲学甚至科学等都是。

宗教也是。

上海有深刻的宗教印记,主要有佛教、基督教、道教、伊斯兰教等。在此介绍这几大宗教的道场。

上海的佛寺、道观

沉香观音沉香阁

沉香阁是与玉佛寺、龙华寺、静安寺、圆明讲堂等齐名的上海著名寺院，始建于明万历年间，在清嘉庆年间重建时改名为慈云寺，不过香众们仍称之为沉香阁。

沉香阁的山门之前有四柱三门重檐翘角牌楼，上有沙孟海书题的"沈香阁"三字。之所以是"沈"，是因为古字里并无"沉"，只以"沈"通假，所以将"沉"字写成"沈"字，主要是为了彰显佛寺的古老。

在早时候，上海官员都在此恭贺皇帝和皇太后的诞辰，民众们则在此祈晴祷雨。

如今因为该寺与上海老城隍庙和豫园极相邻近，处于交通及各方面均方便的市中心地带，所以香火昌盛，是上海市有名的旅游胜地。

1. 沉香观音像是从河里捞来的吗

沉香阁的沉香观音像供奉在寺内观音阁内，其像高约米许，虽呈坐姿，但屈一足，一手搭膝，一手撑座，颐首微侧，似凝思，被称为"如意轮观音"，其身由珍贵的沉香所雕。沉香木又称异香仙木，被誉为植物中的钻石，而且年代愈久，香气愈烈。如果您在雨天拜访沉香阁，便会嗅到其悠扬绵厚的馥郁清香。

如此奇妙的佛像，究竟是从何而来的呢？

据说它是明朝督漕潘允端从淮河里捞上来的。清同治年间的《上海县志》有载:"明万历二十八年,有沉香观音像浮至淮口,时潘允端督漕淮上,奉归建阁。"这个"阁"便是如今的沉香阁了,不过当时却属潘允端的家庵。

但是这样也没说清佛像来历啊,水里怎么会无缘无故漂来一尊这么珍贵的佛像呢?

原来在《隋书》上有这样的记载,说隋炀帝曾派大臣常骏出访马来诸国,并送去了很多中国工艺品,于是有一个名为赤土国的,便以一座沉香观音像作为回赠。但是使者回国后,隋炀帝却不在帝都,而去了扬州。于是常骏等又乘船前往扬州,哪料到行船到了淮河的时候遭遇大风,以致翻船,沉香观音像也沉落河内。如此几百年后,观音像又浮了起来,更让明代的潘允端意外发现,不仅将之奉回了上海,还建了这么一座佛阁。可见历史变数,我辈常人所无法捉摸。

沉香阁

不过如今寺内所供奉的佛像却非当年那座,因为在"文革"时期,这座沉淮河千年而未坏的宝贝,却一说"不见了",一说"已毁于造反派",总之是没有了。如今寺内供奉的沉香观音像,则是在老住持观性法师的努力下重塑的。当年已80岁高龄的观性法师于1990年亲赴泰国,募得一段价值连城的沉香木,随后运回上海,请专人配以上等檀香木料,依照原先样式放大重雕,终于得到一尊神态和工艺水平几与原像比肩的观音。

现在,读者们知道沉香观音像来历了吧。

2. 沉香阁中的阁位于寺内天井吗

上节讲了"沉香"的由来,现在说一说"阁"。

观音阁之前,大雄宝殿之后,有一处宽敞的天井。天井内正中,便是由四根立柱架起的一重飞檐,檐上设阁,便是著名的沉香阁之"阁"

了。上有中国佛教协会会长赵朴初居士所题匾额："南海飞渡沉香大士宝阁"。

此阁虽小，不过10平方米左右，却是真正的沉香阁，身处其中，便可闻到馥郁的芬芳。而且内中摆设均为明式几椅，式样简单，却古朴之意盎然。

此外，天井内仍有其他阁楼。东边阁楼其实是配有现代化卫生设备的四套客房，独特之处是布置有明式的床寝家具，并有春、夏、秋、冬的季节特点，是专供海外女性宾客使用的。西边阁楼则是本寺比丘尼们的寮房。楼下东庑为客堂、千手观音殿和伽蓝殿，伽蓝殿内供有一尊明代木雕伽蓝神关羽像，于侧并有周仓捧刀像。西庑是祖堂，供着的都是沉香阁历代祖师的莲位。

南海飞渡沉香大士宝阁

3. 沉香阁的佛像为何不同于别处

沉香阁是全国唯一供奉沉香观音像的寺院，而且沉香阁内的佛像不仅这尊独特，其余佛像亦多有不同之处。

比如天王殿里的弥勒佛像便不是一般寺院内的那种大肚弥勒造型，而是头戴天冠的弥勒菩萨法身像，是他在兜率天内院修行时的法相。而现在大多数寺院所塑的都是笑口常开的布袋和尚像。

布袋和尚相传是五代时候浙江奉化的一位名叫"契此"的僧人，此僧手里常年拿着一个布口袋沿街乞讨，所以人们都叫他"布袋和尚"。后来的某年农历三月三，他在圆寂之前说了一首偈子："弥勒真弥勒，化身千百亿。时时示世人，世人常不识。"于是佛教徒们便以此认为他是弥勒佛的化身。因为他的这一形象慈眉善目，且人见便喜，所以寺院一般都将弥勒塑成布袋和尚相。

弥勒像的两侧为四大天王像，均为立姿，与一般佛寺的坐姿不同。

弥勒像背后则立有韦驮，他是双手合十捧着金刚杵，亦与别家拄杵的姿势两样。佛教中认为，四大天王可以护佛护法护国土护众生，而且四大天王手中所持的不同法宝也有不同寓意，宝剑挟"风"，琵琶"调"音，宝幢喻"雨"，龙蛇喻"顺"，正合百姓"风调雨顺"的期望。

沉香阁天王殿

而大雄宝殿正中的"华严三圣"的供式也是江南寺院中所罕见的：中为卢舍那佛，两旁侍立着文殊、普贤；此外还有梵天、帝释二天神左右护侍；再外侧则是十八罗汉，个个翘首张目，或抬胳膊或扬掌，栩栩如生。卢舍那佛是如来三身（真身、报身、化身）中的报身像，其上藻共有348尊小佛，寓含比丘尼348戒。

4. 沉香阁是全国最大的尼姑庵吗

沉香阁除了沉香观音像闻名世界外，还有上海佛教寺院，以及培养了众多比丘尼的学院。

餐厅和学院都位于沉香阁东部的一幢综合楼内。一楼是能供二三百人用餐的斋堂，在佛教节日和香期中，还会供应广东风味的素斋给前来礼佛的香客。除了一楼的大斋堂，二楼则另设有一个小巧精致的餐厅，其内装饰有贴金的宝相花图案，加上按河南巩县石刻原样复制的一幅北魏"帝王礼佛图"，使得整个环境古色古香，且庄重典雅。三楼便是上海佛学院尼众班的教室和学尼们的寮房，学员来自全国各地，至今已有多届学员受过具足戒，并分配到上海市的各个尼庵或佛学院中，以充执事、教师或其他重要角色，成为新一代的比丘尼接班人。

或许可以从它的餐厅和尼众班看出，沉香阁不仅在上海成为著名的佛教比丘尼道场，而且在全国也算得上最大的尼姑庵之一，是自有其道理的。

5. 为什么说应慈法师爱国爱教

沉香阁之东设有名僧应慈法师纪念堂，而且每天都有众多的国内外信徒或游人前来瞻礼、参观。那么应慈法师和沉香阁有什么关系，又为什么这么受欢迎呢？

应慈法师是现代名僧，1943年应当时的沉香阁住持苇乘邀请，驻锡沉香阁，并在此首讲华严初祖杜顺所著的《华严法界观门》。从此，沉香阁成为华严座主应慈法师在上海弘扬华严宗的道场。

华严宗认为，世界是毗卢遮那佛的显现，一微尘即映世界，一瞬间即含永远，宣传"法界缘起"的世界观和"顿入佛教"的思想。

而在这方面是专家的应慈法师，同时也是一位爱国爱教的佛教界代表人物。国民党退守台湾的时候，曾力邀法师前往，甚至还派来法师的得意弟子，以期规劝。不料非但没有劝走应慈法师，徒弟竟也随师父一起留在了上海。

中华人民共和国成立后，当法师了解到共产党宗教信仰自由的政策后，积极拥护中国共产党的领导和人民政府的政策法律，并在1957年，当选为中国佛教协会副会长、中国佛学院副院长，1962年当选为中国佛教协会名誉会长，后于1965年八月圆寂，享寿九十三载。

次年，爆发了"文化大革命"，沉香阁在动乱中遭到劫难，镇寺之宝沉香观音像不知所踪。

饱经沧桑的玉佛寺

玉佛寺位于上海普陀区安远路，虽然从创建至今仅120余年，但已成为沪上名刹，更闻名于海内外；兼之地处繁华市区，所以香客往来，有"闹市中的一片净土"的美誉，并成为上海十大旅游胜地之一。

1. 玉佛寺是因寺内两尊玉佛而命名的吗

玉佛寺闻名遐迩，不仅因为"身为静而处于闹"，更因为它布局严谨、气势恢宏的仿宋殿宇建筑，结构极为错落有致，使得游客们观之如饴，更让每逢初一、十五或佛教传统节日来进香的善男信女们，体会到我佛的庄重严谨。那时香烟缭绕的寺院，可谓福烛高照，不愧为都市风光中的丛林名刹，的确超凡脱俗、别具韵味。

此外，玉佛寺之所以得名，正是因为寺中供奉有两尊玉佛。一尊是被称作"镇寺之宝"的释迦牟尼坐像，是刻画佛祖在菩提树下静虑入定的情景。而且就像蒙娜丽莎的微笑一样，不论在哪个角度，你都会觉得玉佛在安详地看着你。另外这座佛像不仅雕琢精细，而且佛像的袈裟边缘以及右臂的臂钏上，饰有一百多颗翡

玉佛寺中的释迦牟尼坐像

翠、玛瑙等宝石，使整个佛像闪闪发光，好像真的佛降于世一般，尽显佛像安详宁静、仁厚慈爱的神态。如今这座佛像供奉在玉佛寺的玉佛楼上。而另一尊则是与北京香山卧佛寺的卧佛造型相同的卧佛像，表现的是释迦牟尼80岁时涅槃之境。前者为整块玉石所雕，后者亦出于整块汉白玉，都展现了精湛的雕刻水平。

这两尊玉佛皆是普陀山慧根法师所赠。当年，即清光绪八年（公元1882年），他遍历五台、峨眉、西藏等佛法圣地，并直到天竺，在礼佛归途而经缅甸时，开山取玉，并在当地华人的帮助下，雕成五尊玉佛，想要请回普陀山。而如今本寺中的两尊玉佛，便是当年慧根法师路经上海时所留下的坐佛和卧佛。并且因佛造寺，故称"玉佛寺"。可惜战乱继发，佛寺毁于1918年的兵火，不过后来重建于现址，并易名为"玉佛禅寺"。

2. 玉佛寺里有多少有价值的古经佛像

两尊玉佛不必再讲，然而就在玉佛楼内玉佛坐像两侧的橱柜内，还珍藏有七千余册的清刻（乾隆版）《大藏经》；此外还有民国时期影印

的宋代《碛砂藏》《频伽藏》（即《频伽精舍校刊大藏经》）、日本的《大正大藏经》和《续藏经》及《藏文大藏经》等。如《续藏经》等，都是弥足珍贵的佛教经典。

另外，玉佛寺内也不乏其他古佛像。

比如观音殿里供奉的青铜观音像，以及铜佛殿里的青铜阿弥陀佛像，便都是明朝所铸，而且线条流畅、神态自然。其中阿弥陀佛像高约3米，右手施无畏印，左手作与愿印，这表示发愿接引佛教徒前往西方极乐净土，极受香客推崇。

更早一点的佛像也有，北魏寺中的青铜佛像，据说是北魏太和十五年（公元491年）所造的释迦佛立像。这座佛像有火焰纹背屏，而且上面还兼有3尊小的浮雕坐佛像，背屏后则刻有铭文。另一尊则是北朝石雕药师佛像，雕于东魏武定元年（公元543年），小小一尊，不足一尺，然而佛像的脸部丰满，举止雍然；加之佛雕石质如玉，细腻而有光，正是北朝石刻艺术中的精品。

另一尊明代所雕的佛像是枣木观音像，其高150厘米，由整根枣木雕就，显得佛像身材修长而婷婷。而且雕刻家依照枣木的自然之态而雕人物，依势造型，使得观音像极具动态，更显飘逸之感，充分显示了明代艺术家们的聪明智慧。

比较近的则是清代的木雕灵鹫山，整座木雕高近两米，有山有石，有佛有菩萨，更有罗汉、天王，甚至奇兽，讲的是佛经典故：古印度摩揭陀国有座灵鹫山，释迦牟尼曾多年在这里弘扬佛法。整座雕刻气势恢宏，形象众多，也反映出了清代木雕工艺的出色成就。

3. 玉佛寺为什么可以自给自足

如今的玉佛寺早已实行僧人自我管理，尽管寺内有百余名僧众，但他们还是完全实现了寺院的自给自足。

每逢农历初一、十五，来此烧香参观的游人便络绎不绝。尤其是正月初一，因为地处闹市，所以早在除夕夜，便有数万的善男信女来到门前守候,为的就是在新年伊始便进一炷香,谓之"烧头香",好不热闹。不仅如此,他们还通过做佛事、办素斋餐厅等取得不小的经济收入——上海三大寺(即玉佛寺、龙华寺和静安寺)每年的素斋营业额便达500万元——并借此修缮寺院及广作慈善。几年来,热心公益慈善的上海三大寺累计向灾区、残疾人协会、儿童基金会、教育基金会等各项社会公益事业捐款近千万元人民币。

在对外接待方面,玉佛寺也成为上海市对外友好交往的一个重要窗口。仅1981年到1989年,上海市三大寺便接待了2000多万人次,而外宾就有250多万人次。或者可以这么说,凡是来上海参观访问的外宾,几乎都会前往寺庙参观。其中不乏一些政府要

玉佛寺中的释迦牟尼卧像

人和各界著名人士,如美国前总统里根的夫人、巴西前总统夫人、英国玛格丽特公主、泰国王储玛哈拉集拉萨先生、法国前总理皮埃尔、印度前总理夫人、西哈努克亲王夫妇、港澳前总督,以及世界各国佛教界的高僧等。

三大寺各项外汇收入逐年累加,早已超过数百万美元,为国家创汇作出了贡献;而且同时也证明了佛教寺庙不仅仅是佛教信徒们烧香拜佛的活动场所,也是中国传统文化的宝地,更是开展对外交往的一个窗口。

康僧会建龙华寺

龙华寺位于上海徐汇区,黄浦江之西。其建筑风格为宋代的伽蓝七堂制。而且龙华寺不同于其他寺院之处,是第一进殿便是弥勒殿,而非普通的天王殿。这里还曾是与破山禅师齐名的著名画僧——竹禅僧的故居之地。

1. 龙华寺是由龙宫改建而成的吗

龙华寺是在龙宫的基础上改建的，不过这是个传说。

龙华寺的创始人是三国时期的西域康居国大丞相之子，单名叫会。因为他不恋财富，出脱红尘，出家为僧。所以当他来到中华弘扬佛法的时候，人们便叫他作"康僧会"。

康僧会秉承佛旨，一直东游至上海、苏州一带。最终在一个叫龙华荡的地方安顿下来，因为这里尘辙不染，是块理想中的修行宝地。谁知广泽龙王也相中了这块福地，并早就在这里建了一处龙宫。卧榻之侧，广泽龙王自然容不得一个突来的和尚安枕，于是他便想要兴风起雾，把这个和尚吓走。龙王正要施法之际，突然发现和尚搭的草庐之上，射出许多毫光，直冲霄汉，并兼五色祥云盘绕。龙王暗吃一惊，于是靠近康僧会，细观之下，见他正襟危坐、神色端详，颇有佛家风范。而且正在打坐诵咏的经文佛旨，已经把龙王打动。于是他不仅打消了原来的恶念，还要把自己在这里的龙宫相让，好给康僧会兴建梵宇。

龙华寺大殿

康僧会最终接受了龙王的好意，便把龙宫改建成了龙华寺，之后还专程赶到南京拜会吴国君主孙权，劝他帮忙建造佛塔。

2. 龙华寺的舍利是祈愿而得的吗

关于舍利也有一个传说，而且并非是康僧会去找吴王，而是吴王传召的康僧会。

当时佛法初入东吴，康僧会是西域胡人，所以形貌皆异，被官员举报。吴王孙权闻知后便传见此人。康僧会自称佛教沙门，于是孙权便诘问他所传之道有何灵验。康僧会对答如流，并言如来舍利，"忽逾千载，神曜无比"。

孙权认为这不过是夸诞之辞，就命康僧会祀请舍利，如得，则为之建塔兴寺；不得，则处之以刑。康僧会告请七日之限，便回茅庵与门徒说："法之兴废，在此一举，今不至诚，后将何及？"于是大家洁斋静室，把一支铜瓶放在几案上，烧香礼请，乞得舍利。可是七天过去了，瓶中却寂然无获。于是康僧会又向孙权求请七天，如此礼请，七日后仍然无获。于是孙权便发怒了，怀疑此事八九欺诳，打算给这班沙门僧加罪。

康僧会誓死为期，请求孙权再给他第三个七天。孙权最后也特许了。康僧会对法门属众说："宣尼(孔子)有言：文王既没，文不在兹乎？法灵应降，而吾等无感？"只好更加用心祈祷。如此到了第三个七天的晚上，仍无舍利出现，门徒僧众，莫不震惊恐惧。时至五更，瓶中却突然锵然有声，康僧会立即抬头检视，终于获得了舍利。

翌日，康僧会把舍利献给孙权，举朝来观，舍利虽小，却发五色光芒，佛光直耀瓶外。孙权大为叹服，随即便为康僧会建塔。

这虽是传说，但是龙华寺中真的就又多了13座佛塔，而且确实是三国孙权帮忙建设的，敦煌壁画中亦有描绘。只是安放于其中的13颗佛舍利却并非祈祷而来，而是康僧会自己带来的。

3. 沪生堂是龙华寺寺僧创办的吗

据说康僧会曾在龙华寺附近设立"沪生堂"，专门传授从印度流传过来的制糖之法，并成为中华第一红糖生产人，不仅造福当地百姓，还对上海及周边地区的饮食习惯影响深远。

三国时候，上海及周边都是一些不起眼的小渔村，地处偏远，缺医少药，渔民的健康很难保证。康僧会对此很是疾首。然而他在一次弘法布道的过程中，偶然发现了一种很像印度古籍《吠陀经》中记载的用以熬糖的植物，于是就采集了一些回到龙华寺，并按照《吠陀经》所载的方法进行制作，居然造出了红糖。康僧会对医学是有研究的，所以红糖的成功制造，令他兴奋不已。由于红糖口感甘醇，且食用后对身体大有裨益，于是康僧会便在寺内熬制并发给信众。可是渔民们的需求

很大,而龙华寺寺小僧少,平时还要布道礼佛,所以很难满足广大信徒的要求。

不过康僧会还是找到了解决的办法,便是在龙华寺附近建造了一个专门用于制作红糖的作坊,由信徒们自愿参与熬制红糖,他自己则负责传授红糖的制作工艺,如此一来便基本满足了当地渔民对红糖的需要。

红糖有益身体,作坊便大有可为,于是康僧会便取佛教"护佑众生"的理念,为它取了一个名字"护生堂",后来则在流传的过程中逐渐演变为"沪生堂"。红糖制作渐入轨道后,康僧会根据自己对医学的研究,在红糖的熬制过程中加入了人们日常食用的生姜、葱白、胡椒、红枣等配料,结果制出一些功效更为显著的红糖品种。男人吃了,出海就可以抵御海上的风雨;女人吃了,活血健身;老人小孩更是爱不释手。

后来随着气候和经济的发展,上海地区不再种植甘蔗熬制红糖了,但是上海及周边地区的人们却把饮食加糖的生活习惯保持了下来,并有"不可一餐无糖"的说法,更形成了上海独特的饮食文化。

静安区里静安寺

静安寺位于静安区南京西路1686号,相传始建于三国孙吴赤乌年间,初名沪渎重玄寺,后名重元寺、重云寺等,至宋大中祥符年间更名为静安寺。南宋嘉定年间,本寺从吴淞江畔迁至现址,距今已近800年,甚至早于上海建城。清末,寺成现今规模。而如今寺庙的题额"静安古寺",也是在民国34年(公元1945年),由书法家邓散木所书,并一直沿用至今。除此之外,寺内亦收藏有八大山人名画和文征明真迹:《琵琶行》行草长卷,以及南宋淳熙年间的"云汉昭回之间"石刻等珍贵文物。

静安寺不仅在古时闻名于远近;近代还结合西方艺术,成为蜚声国际的营业性园林;如今更兼备现代化的旅游设施,可以更好地为游客服务;再考虑到它具有如此悠久的历史文化,称之为沪上旅游胜地,实在当之无愧。

此外静安寺本是禅宗，不过近来趋向密教。而且1947年还由子孙丛林改为了十方选贤制丛林，就是说本寺方丈不再由本寺独承，而是在全国范围内广纳英才，选贤者住持。

1. 静安寺是静安区的发展源头吗

静安寺作为上海最为著名的真言宗（即密宗）古刹，也是上海闹市中难得的一处清修之地。而沪西百余年间的城市化进程，也是以静安寺为始的。无怪乎光绪二十七年（公元1875年）和民国34年（公元1945年），在此设置的警区和行政区，都是用"静安"来命名的；而如今的上海，也有一个以静安寺命名的静安区。

静安寺

那么它是如何发展起来的呢？

静安寺是古之名刹，经过1912年到1916年的发展，成为上海和全国佛教活动的重要寺院之一。尤其在1912年，静安寺成为第一个全国性佛教组织——中华佛教总会的会址。

到1919年的时候，寺前填河修路，始有街衢，直通租界跑马场，更名为静安寺路，即如今的南京西路。其后百余年间，静安寺便因地利之便，成为构成沪西交通网络的中心，更成为沪西城市化进程的起点。从第一条大路建成以后，沪西一带便日渐繁荣，而静安寺也随之香火鼎盛，礼佛游客络绎不绝。寺宇殿宇不敷应用。隔年，静安寺僧常贵及沪绅姚文栋等，利用寺产的积余资金，在大雄宝殿以东的空地上建起一座三圣殿，并把寺基扩至5亩。民国34年（公元1945年），静安寺附近遍布商店，摊市将山门遮蔽。于是住持德悟和监院密迦便在原山门东首另建了一座新山门，并由邓散木题额：静安古寺。至此静安寺主体格局基本形成。

1945年抗战胜利，国民政府重新接管上海市，在建区时，以境内寺名"静安"命为区名，亦实至名归。

2. 湮没的静安八景是哪八个景点

静安寺起始基址在吴淞江北岸，但是江水潮汐，侵蚀不断，于是在南宋年间迁至现址，并不断扩大规模，到元代之时，已蔚成巨刹，更有8处名胜闻名当世，即三国时所立的"赤乌碑"、东晋遗存防御海寇的"沪渎垒"、南北朝时所植的"陈朝桧"、源于神僧智严异行而流传的"虾子潭"、南宋仲依所建的"讲经台"、昼夜突沸不止的"涌泉"、诗僧寿宁所筑的方丈"绿云洞"、行人取道吴淞江必经的渡口"芦子渡"。后人搜集历代诗人题咏，编为《静安八咏集》行世，静安寺由此名声大噪。

这些景点虽为历代墨客所喜，而且题咏不以数计，可惜如今均已湮没。不过仍有传说留下。

比如虾子潭便有一段趣话：宋代时候，本寺有一位智俨和尚，很喜欢吃虾子。一次甚至一下吃了一斗虾。卖虾的渔公找他清账，智俨却无钱可付，就说："那我吐还给你好了。"便将虾子全部吐回到寺门前的小潭中。而那些虾子一入潭水，居然全活了，不过已而无芒。此后，无芒虾便成了潭中独产，智俨被称为虾子和尚，而静安寺也被称为虾子道场。但1919年涌泉因修路而被填死后，这种虾便销声匿迹了。

此外涌泉因为泉水沸腾不息，又叫沸井，俗称海眼。如今泉外筑有石池，旁边还竖有阿育王式石柱"梵幢"，题曰"天下第六泉"。赤乌碑则是在南宋迁寺之时未及徙运，而被江水淹没。相传它是吴国赤乌年间创建沪渎重玄寺时的敕记之碑，故名"赤乌碑"。

3. 静安寺内的玉佛是全国最大的吗

静安寺是上海名刹大庙，所供的佛像也大都高大威严。1991年，随着静安寺内重建的大雄宝殿完工，殿内迎进了一尊自缅甸而来的释迦牟尼佛像，其像高3.87米，宽2.6米，重11000公斤，而且整座佛像均由纯玉雕就。而且当时由于玉佛太过高大，所以奉安时就必须拆除门墙，如此"破门而入"的佛像也算少见了。这尊玉佛虽不是我国最大玉佛（最大的玉佛是辽宁鞍山的岫岩玉佛），却比著名的玉佛寺中的两尊玉佛要大得多。

此外供奉于静安佛塔内的五方佛像、四面文殊菩萨像、四面普贤菩萨像、四面地藏菩萨像和四面观音菩萨像，不仅皆为白铜铸造，而且最低的也有4.1米，最高则达5米；其中最轻的2900公斤，最重的近5940公斤。其余白铜佛像如弥勒佛像、韦陀菩萨像、伽蓝菩萨像等，也都高二三米，重数千斤。

静安寺玉佛

静安寺内亦有其他著名的佛像。

2001年，静安寺观音殿内也迎来了一尊高6.2米、重达5吨的香樟观音像。其像由整根千年香樟古木雕就，并且古木原料是慧明大和尚在1999年于闽中发现，后请名师精琢而成的，所呈法相庄严而慈祥。

2009年年末，静安寺又入驻了一尊15吨重的纯银如来佛祖银身像。这之后，据说还要在大雄宝殿上添置各菩萨、诸弟子等十余座3吨重银像。其未来香火之盛，可以预见。

4. 静安寺的祖师牌位不在寺内吗

光绪二十五年（公元1899年），上海的公共租界向西扩张，涵盖至静安寺。因建筑需要，租界当局迫令静安寺将历代祖师坟墓迁移至他处，并强行拆除了寺内大雄宝殿的西侧屋宇。直到光绪三十年（公元1904年），静安寺才在上海南翔镇建起一座"静安南翔塔院"，并将其历代祖师的灵骨迁葬至此，并建祖师祠，始供历代祖师牌位。塔院拥地六十四亩，僧舍七十三间，有专人负责管理。

后来到抗日战争时期，静安寺在寺庙左近创办静安小学；于南翔镇建立静安农村实验学校，由大同法师主持教务，由静安寺负责两校所有经费。

此外静安寺在1988年收罗店镇的玉皇宫为下院，并改其名为梵王宫，由静安寺前监院从达法师主持这座建于明朝正德年间的古寺。而且静安寺在修复自身的同时，也拨出款项来支持梵王宫的改造，至 1993 年颇具规模，并改名为"宝山净寺"。身为中国佛教协会会长的赵朴初也曾亲赴礼佛，并为此处安养院题辞："老有所终，大同理想。报众生恩，法老为上。如奉父母，如敬师长。美哉梵宫，不殊安养。"

教弘天台法藏寺

法藏讲寺始建于大上海时期，虽然整体上仍然是中国传统建筑风格，但侧山门和檐柱等局部地方都揉入了不少西方元素，而且还具有独特的塔楼式设计，使得寺庙与周围的石库门建筑等十分合拍、协调。

1. 法藏寺是上海唯一的天台宗吗

法藏讲寺是由当代天台宗大师——兴慈法师发起创建的，时间是1924年，所以本寺是一座建立于民国时期的寺庙；不过它却是上海佛教现存的唯一一座天台宗道场。

法藏讲寺

天台宗是我国佛教史上创立最早的一个宗派，为六朝时的智𫖮法师在浙江天台山所创，其教义主要来自《妙法莲华经》，故而又称法华宗。该宗的高僧、学者往往兼倡净土，慢慢形成了"教弘天台，行归净土"的风气；而且他们特别重视讲经弘法和研究教义，所以寺院中的法堂都有着很重要的地位。而名为"讲寺"的法藏，自然对法堂也更加重视——其可容六百余人共同听法。

本寺还由于传奇法师兴慈大师的主持，因而有"沪上灵光"的美誉。因为兴慈法师在寺内设立了法藏学院，还建立了当时最大的讲经法堂，进行了长期的天台宗教义宣讲活动，终于使之成为上海的著名寺院，与当时的玉佛寺、龙华寺和静安寺，并称为"上海四大丛林"。

2. 前住持兴慈法师全家皆空门吗

法藏讲寺的开山住持兴慈法师曾亲自定下四条寺规：

（1）永为十方选贤丛林；

（2）继任的住持应能"德学兼优，行解并茂"；

（3）法藏寺分为净业堂（专门念佛）和学社（专门研究天台宗）；

（4）除念佛和施放蒙山（简单地讲，就是一种向饿鬼施食的法事）以外，一律不应酬其他佛事。这使得法藏讲寺可以腾出时间和精力来，更专注于佛法的研究，这与其最终成为上海佛教四大丛林是有很大关系的。

那么这个兴慈法师究竟是何方神圣呢？原来他俗姓为陈，法名悟云。但最奇的是包括他自己在内，连同祖父、父亲、母亲、姐姐以及三个叔父，都是先后在不同的寺庙内剃度出家，这种事情在中国的佛教史上是极罕见的。

之后饱有游历的兴慈法师应上海富商哈同夫人之邀，赴上海爱俪园讲授《天台四教仪集注》。听讲的沈映泉居士深受感动，于是捐资建立超尘精舍，延请兴慈法师以此作为培育僧才的基地。然而四方学僧慕名前来，以致门庭若市，而精舍讲堂终为狭小，不敷使用。于是从民国十三年（公元1924年）起，法师开始筹建法藏讲寺，并终成上海天台宗一大刹。

不仅建寺有方，兴慈法师还爱国爱教、热心慈善。抗日战争期间被推选为"上海佛教同仁会"会长，专事赈济，在入沪难民集中的南市等地长期施粥，长达五年之久，而受惠的难民更逾百万之众。抗战胜利后在法藏寺内开设慈光补习学校，还开设免费诊所，为民众的教育和医疗做出贡献。随后他又开办"兴慈中学"，在生源中培养僧才。

如此慈悲人，在1950年久病后圆寂。

3. 法藏讲寺内有三身佛的全像吗

如今法藏讲寺大雄宝殿内的立柱和殿外四周的墙壁上，仍完整保存有诸如于右任、章太炎、李烈钧、谛闲、王一亭、叶恭绰等众多民国元老或高僧亲笔的石刻楹联，然而最难得的却是寺内齐聚了佛祖的法身、报身和应身（又称化身）三身佛佛像，成为非常宝贵的历史文物。

"三身佛"其实是很玄妙的，其中法身，即佛家所说的无漏无为、无生无灭的万法真身，即佛子们所说的"得证法身，即为圆满"；而报身则是以法身为因，并依佛修行而得的佛果之身，比如极乐世界的阿弥陀佛就是报身佛；末了化身则是指佛为了教化救济众生，而变化展示的各种形象之身，比如释迦牟尼如来，本身就仅仅是一个人而已。

法藏讲寺大殿

其实三身本是一体，只不过是佛学对人自性的一种归纳和总结罢了。

黄浦江边城隍庙

上海城隍庙坐落在极为繁华的城隍庙旅游区，它始建于明永乐年间，迄今已有约六百年的历史。而且因为上海地区百姓的热心支持，使得上海城隍庙在明永乐到清道光年间，庙基不断扩大，建筑不断增多，而最为繁盛的时期，总面积达到50亩，约三万多平方米。改革开放后随着经济的发展，到现在已形成上海小旅游圈，包括城隍庙道观、城隍庙小吃、豫园等萦绕四周，呈现出了上海城隍庙文化的底蕴，也使之成为上海地区重要的道教宫观，在国内外都享有盛名。

1. 上海城隍庙的城隍神是谁

根据《礼记》的记载，"水墉神"是城隍神的原形，而城隍神的称呼则出现在南北朝时期。

唐代以来，郡县普遍皆祭城隍，宋以后奉祀城隍的习俗成为国家级祭祀，因而也更为普遍。明太祖洪武初年册封了六地城隍为王，府城城隍为公，州者为侯，县者为伯，各有品秩。每值月之朔望，知县都会率官僚下属前往礼拜，而新官到任的前一天也必须宿在城隍庙内，翌日清晨则要换常服首祭城隍。此外朱元璋还规定了各府州县的城隍神名单。

因为城隍神是一城之神，负责保城护民，惩恶扬善，监察万民，祛除灾厄，非深得老百姓信任者不能担任，所以城隍神一般都是一些公忠正直之人。

并且城隍神多人格化，以属地的名人为主，如苏州的城隍是春申

上海城隍庙

君，广州最后的一位城隍是清末的两广总督李湖，郑州的城隍是纪信。

至于上海城隍庙中供奉的城隍老爷，则是元末明初的士大夫秦裕伯。这个人在元代当过官，所以当朱元璋取天下后，他便隐居不出。据说他还是秦少游的七世孙，所以进士及第的他很受上海一带民众敬仰。朱元璋非常看重他的威望和学识，便多次请他入朝，可是均被他婉拒。当他死后，明太祖便下诏说："秦裕伯生前虽不为我臣，可死后要为我主城郭、守疆土。"于是朱元璋便封秦裕伯做了上海的城隍。

如今上海城隍庙内供奉的城隍神便是秦裕伯，其木像庄严而肃穆；且殿内仿明代县衙公堂陈设，更显森严威望。

2. 庙内的楹联匾额有什么用

上海城隍庙内有不少楹联匾额，而且多含深意，劝人向善。

如大殿正门之上的"城隍庙"匾额便配有"做个好人心正身安魂梦稳，行些善事天知地鉴鬼神钦"的对联。"做个好人"是白话、实话，也应该是一个人的底线和最终目标——当你卸却一切职务身份，"好人"便是对你最大的褒奖。

此外殿内第一对立柱所挂的"威灵显赫护国安邦扶社稷，圣道高明降施甘露救生民"对联，是赞扬城隍神功绩的，配以"牧化黎民"匾额。第二对立柱上则是"刻薄成家难免子孙浪费，奸淫造孽焉能妻女清

贞"的对联，言语虽简，却足以警示世人。

殿堂楹联是和殿内所供神祇相关的，大殿内主要供奉的便是金山神主汉代博陆侯霍光大将军坐像，左右是文武判官，以及日巡、夜查、八皂隶。

上海临海，土著都是渔民，所以庙内有慈航殿，悬"善恶到头总有报，举头三尺有神明"对联，配"慈航普渡"匾额。其内所供为主治眼疾的眼母娘娘、主平安的慈航大士、主出海平安的天后娘娘等。

上海人多经商，财神殿便不可或缺，悬"生财有道义为先，学海无涯苦做舟"之联，配"福佑众生"之匾。其内供的是主功名利禄的文昌帝君、主平安及财运的关圣帝君等。

城隍庙的最后一进殿为城隍殿，内悬"祸福分明此地难通线索，善恶立判须知天道无私"，配"威灵显赫"匾；另有"天道无私做善降祥预知吉凶祸福，神明有应修功解厄分辨邪正忠奸"联，配"燮理阴阳"匾，都是对城隍神公正无私的赞誉之词。

3. 城隍庙里为什么要拜太岁

我国民间有"太岁当头坐，无喜恐有祸"的传说，所以拜太岁便成为一种消灾解煞、祈吉纳福的习俗，并被中国道教文化吸收而成为传统。

拜太岁场景

拜太岁活动早在我国元、明时期便成为国家祀典的一部分。上海城隍庙便是我国最出名的拜太岁地之一，与北京的白云观齐名。上海人在年初，通常是立春（因为这天是新旧太岁神交接换班的时间）之日，便要前往城隍庙烧香拜太岁，以求新的一年里平安幸福，万事顺利。

太岁神其实有六十位，分别对应"六十甲子"中的某一年。所以每个人都有一位本命太岁，即其人出生之年的太岁；以及时年当下的值年太岁，两者之间或有相冲、相生，从而形成道教的元辰信仰。

上海城隍庙内便有元辰殿，又称六十甲子殿。其内供奉六十位太岁神，且都是凡间人物形象。相传这些太岁神都曾托世人间，在不同朝代里或是守疆护土、杀敌建功的将军，或是廉正高洁、为民尽心的官吏，不过每个都是伦理道德方面的楷模，并备受世人推崇。

拜太岁其实还有很多应该注意的事项：一是前一晚最好斋戒沐浴，穿洁着净；女性则避开自己的经期。二是参拜之时要心平气静，并无杂念。三是最好随执事僧行跪拜，内心更虔诚祷祝。四是心头默念消灾延寿天尊圣号。

此外祭拜的时候需要买香烛、金纸什物，不过如今都有专门贩卖的"太岁包"，里面什么都有，很是方便。祭拜完毕，在一张纸上写好自己的名字和八字，跟着金纸一起烧掉；本命文疏（即太岁护身符）则自己收好，不要致污不洁，至年底则请出烧掉，以谢太岁一年来的保佑。

4. 上海城隍庙曾被奸商把持

上海城隍庙经过无数劫难，在民国十三年（公元1924年）更为火种所侵，大殿整体为火所焚。

其间上海地区不断涌入新增人口，城隍庙附近的商业也随之繁荣，这使一些不法商人见利起意，希望借大殿的重修契机，染指城隍庙，取得控制权。于是在1926年，秦砚畦、叶惠均、黄金荣等强撤主持道士管理庙宇的制度，反而自行组成邑庙董事会，进而对城隍庙加以管理。他们请公利打样公司负责设计，久记营造厂负责建筑，历时20个月，终于1927年年底建成了钢骨水泥的仿古大殿，其辉煌壮丽，为上海空前。不过帮派势力难以有效管理寺庙，所以在1930年，又恢复了道士主持，但是须由董事会雇佣任命。而庙内各殿也公然采用"投标"的方式交给个人承包经营。于是，在那个特殊的历史时期中，上海城隍庙在管理体制上一时失去了道观的特点。

上海的基督、天主教堂

佘山天主教堂

佘山分东、西两山，在西山之上共有两座天主教堂。一座在山顶，全称佘山进教之佑圣母大殿；一座位于山腰，名为佘山中山圣母堂，不仅规模上较前者为小，而且名声上亦处于劣势，所以我们通常讲的著名圣母朝圣地"佘山天主教堂"，一般指前者。

1. 佘山天主教堂为何兴建于教案频发时期

天主教其实很早便传入佘山附近的松江、青浦一带。于是在恢复基督教活动后，法籍耶稣会会长鄂尔璧于1863年从徐家汇来到佘山，在半山建造了五间小平房，以供神甫修养，并于内设了一座小堂，即中山堂的前身。1864年，松江总铎杜若兰神父又在山顶建造了山顶大殿的前身，即六角亭，内中已供奉有圣母像，而山下张朴桥等地的教徒也开始上佘山朝圣。

之后的1868年3月，江南代牧区的主教郎怀仁又祝圣了此间的小堂和圣母像。这尊圣母像名为"进教之佑圣母"，是一位中国

佘山天主教堂

辅理修士陆省三模仿巴黎"胜利之后圣母像"而绘制的。于是在1868年5月24日（圣母进教之佑瞻礼日），数百名朝圣的教徒涌至佘山。可是当时的小堂无法容纳，只好在空地搭起帐篷举行弥撒。至此，大教堂的兴建已成为必需。

当时正值清末，而且两次鸦片战争后，安徽、江苏多地发生教案，使神甫和教堂遭到袭击和破坏。甚至在中外关系一向较为和睦的上海街头，也出现了仇视外国人的揭帖。虽然当时主要针对的是英国人，但如芒在背的感觉，使耶稣会的法国传教士们深感不安。江南代牧区的耶稣会会长谷振声神甫便赶到佘山，跪在六角亭的圣母像前祈祷：江南代牧区如能平安渡过危难，化险为夷，将在山上建造一座大教堂。

或许真的是圣母显灵，也或许是英国驻上海领事麦华佗率领的四艘军舰起了作用，江南代牧区果然平安度过了这段时光。于是在当年晚些时候，谷振声便向各位本堂神甫发出公告，要求他们发动教徒捐资，以便早日建成大教堂，借以感谢圣母的庇护。于是乎，之后号称东亚第二大教堂的佘山天主教堂，便在这个教案频发的年代始建起来。因为采用了无木无钉无钢无梁的四无结构，所以跻身不对称建筑的典范。

其实这座教堂本该是南格禄发起建造的，因为这个法裔传教士早在1844年左右便到此处勘测地形，准备在佘山上建一座祈祷屋。不过他在1856年便去世了。后来终于在"教案事件"后始建，并在宗教设施的不断扩建中，于1935年正式落成，更从此成为世界闻名的天主教圣地。

2. 佘山天主教堂的圣母月是从何时而始的

佘山大教堂的始创建筑设计工作由耶稣会的马历耀辅理修士负责，并于1871年5月24日（圣母进教之佑瞻礼日）举行了奠基典礼。当日前来朝圣的教徒达6000之众，代牧主教郎怀仁执礼了这场露天大弥撒。而且前来参礼的信徒们还参与了义务劳动，主要是把笨重的建筑材料从平地搬到了山顶。

众望之下，希腊式的山顶大堂终于1873年4月15日建成，祝圣新教堂的依然是从松江赶来的郎怀仁。同时他们还从半山腰到山顶修筑了一条"之"字形的苦路,而且为了方便前来朝圣的信众,并在几个拐弯处树立了14个苦路亭。拜苦路是当人们在朝圣的时候,为感念主耶稣当年背十字架走苦路的情境而做的相关活动,如今大陆的许多热心教友还多是光脚拜苦路上山的。

当年5月,郎怀仁又来到佘山,这次则是主持了万余人参加的朝圣仪式。从此佘山圣母成为江南代牧区的特别主保,而当年的这个五月被称为佘山历史上的第一个圣母月。

3. 中山圣母堂是为信徒中途休息而建的吗

中山圣母堂位于西佘山山腰,始建于清光绪年间,其前身为同治二年(公元1863年)所建的疗养所。后来在同治九年(公元1870年)的时候,中山堂西面广场上建起了"三圣亭",即若瑟亭、圣母亭和耶稣圣心亭;它和同时建在登山途中的14处苦路亭,都是前来朝圣者必至的场所。后光绪三十三年(公元1907年),一尊"耶稣山园祈祷塑像"又立在了中山堂北面广场后阶的顶端,成为信徒们新的祈福之处。

中山圣母堂

不过自从佘山山顶的希腊式大教堂落成后,每年圣母月前来参礼的信众人数激增,使得中山堂变得异常狭小,于是在山顶的大殿建好后,位于中山的教堂重建便成了接下来必行的要务。

终于在1894年的时候,老堂拆除,新堂得建,而且是可容500余人的极具中国传统风格的教堂。此外还新建了宽敞的神职人员和堂口工作人员的住所、办公用房。

于是此后前来朝圣的教友便可以在前往山顶的大殿途中,于中山圣母堂前的千人堂场休憩,并在栏杆的保护下,坐在附近的石凳上观赏四周风景及中堂正门两侧醒目的"小堂筑山腰，且憩片刻休孝子礼""大殿临峰顶，再登几级求慈母恩"对联雕刻了。

4. 佘山天主教堂是唯一仍活跃的朝圣地吗

佘山进教之佑圣母大殿从20世纪40年代起，即成为闻名世界的天主教圣地及国内朝圣地是不无原因的。

因为在教堂建成之后的1942年，中国正处于抗日战争的艰难时期，罗马教宗庇护十二世便册封佘山天主教堂为宗座乙级圣殿，成为远东第一座受到教宗敕封的圣殿。抗战胜利后的1946年，罗马教廷又加给了佘山一项特恩，准许给佘山圣母行加冕礼。当时来参加加冕礼的教徒达万余人。从此佘山圣母成为江南代牧区的特别主保，而当年的五月则被称为佘山历史上第十一个圣母月。自此以后，每年的5月圣母月，这里都吸引了各地教徒排着长长的队伍，逐个进入教堂做弥撒，盛况之情，至今犹是。它是中国境内唯一仍然活跃的全国性天主教朝圣中心。

佘山朝圣已历多年，基本形成了比较固定的程序：教友们来佘山朝觐的话，会先到中山堂念经祈祷，以示对圣母的孝爱；然后结队拜苦路上山。如此上到山顶便进大堂望弥撒，向圣母求恩。最后则重新回到"三圣亭"念经祈祷。如此这般才算完成一次朝圣。另外年年五月，在佘山附近的小河浜里都会聚集不少渔船，这是因为当地渔民们受传统影响，大多都是天主教徒。他们来朝圣的时候都是自己划船到佘山脚下，再上山朝圣。

值得骄傲的是，作为中国天主教著名的圣母朝圣地，佘山进教之佑圣母教堂是与法国罗德圣母大殿齐名的世界级著名大教堂。

徐家汇天主教堂

徐家汇天主教堂是中国著名的天主教堂，位于中国上海市徐汇区徐家汇蒲西路158号，为天主教上海教区的主教座堂，被誉为"远东第一大教堂"，正式名称为"圣依纳爵堂"。天主教上海教区主教府与修女院毗邻，教堂主体为"中世纪哥特式"建筑。

1. 什么是天主教

天主教，又名"公教"，拉丁语：Catholicismus，希腊语：Καθολικισμό，英语：Catholicism，全称"天主教会"或"大公教会"。所谓"公"源自"天下为公"的"公"。

天主教是基于"至公派神学"的基督徒三大教派分支之一，也是强调"普世性"的宗徒继承教会。所谓"至公派神学"，是指基于正统派神学的基督教神学体系。

本书不做专业的宗教解读，所以基本解释到此为止，专业宗教人士可以一笑而过，其他有兴趣的朋友可以自行做延伸学习。

徐家汇天主教堂

天主教在明朝末年由罗马教会传入中国，当时其信仰的神根据中国古话"至高莫若天、至尊莫若主"而译作"天主"；新教改译"基督"以后，"天主"成为其在中国因袭的会号。天主教因此又称为"旧教"。

公元1世纪，创立教会的耶稣首席宗徒圣伯多禄（彼得）所代表的犹太人，以及将基督信仰化的圣保禄（保罗）所代表的外邦人，根据耶稣的生平事迹和主张，一同创建了天主教。

公元2世纪至4世纪，天主教逐渐在罗马帝国宗教化，并逐渐成为国教，形成以罗马为中心的罗马天主教。经过11世纪、16世纪两次基督教大分裂后的天特会议，天主教逐渐定型。

19世纪和20世纪的前两届梵蒂冈大公会议，总结了天主教的历史，确立了天主教在现代社会的存在方式。

到2010为止，全世界的天主教徒超过12亿，占基督徒总人口的一半。

天主教接受梵蒂冈指导的信徒，则是仅次于伊斯兰教穆斯林的世界第二大政治及文化族群。

中国天主教作为独立宗教，与中国基督教并列于中国五大宗教。目前中国的天主教信徒约1500万。

中国五大宗教分别为：佛教、道教、天主教、基督教（新教）、伊斯兰教。

2. 徐家汇天主教堂：走独立自主的中国特色社会主义天主教路线

17世纪初的明朝晚期，西方传教士开始在当时的松江府（即今天的上海地区）传教。

18世纪的清朝，中国天主教会经历了许多打击，使江南地区的教会事业遭到重创。

公元1840年，教会在中国江南教友数次请愿之后，派耶稣会传教士重返江南。

至1848年，附近地区的教友逐步增多，仅能容纳两百余人的老堂已不能满足需求，耶稣会南格禄会长于是决定在徐家汇创办一所住院，供神甫们每年前来避静与歇夏。

徐家汇天主堂由建筑师陶特凡（W. M. Dowdall）设计，来自法国的建筑公司先期于1896年开始搭建工棚、雕琢石柱。

1906年7月31日，徐家汇天主教堂正式动工。

历经四年，1910年10月22日终于完工并举办落成典礼。教堂规模宏大，富丽堂皇，被誉为"远东第一大教堂"，仍奉圣依纳爵为"主保圣人"。旧教堂则划归圣依纳爵公学使用，更名为"圣母无原罪堂"。

1949年后，上海天主教界响应国事，开展反帝爱国运动，走独立自主、自办教会的道路。

1960年4月，在上海市天主教第一届代表大会中，张家树神甫当选为上海教区正权主教。徐家汇天主堂成为主教座堂，并改"圣母为天主之母"为主保，称"天主之母堂"。

1960年，在张家树主教的决策下，上海天主教区机构都移至此地。

"文化大革命"期间，徐家汇天主教堂遭到毁坏，钟楼尖顶被毁，整座教堂的彩色玻璃窗全部被砸碎，变身成为"上海市果品杂货公司仓库"。

1979年"文革"结束后，教堂归还教区，随即进行修复，并于同年11月举行"文化大革命"结束以来的首次弥撒。

1980年圣诞节前夕，大堂修缮一新，张家树主教主持圣诞节大礼弥撒，千余教徒恭与弥撒。

1982年8月，两座重达13吨的十字铁塔架，重新安装到钟楼上。

1985年1月，李思德、金鲁贤神甫任上海教区助理主教的祝圣仪式在此举行。1988年2月，张家树主教去世，骨灰安置于此。

1989年9月25日，"徐家汇天主堂"被上海市人民政府列为"上海市文物保护单位""第一批优秀历史建筑"。

2013年徐家汇天主堂入选"第七批全国重点文物保护单位"。

3. 徐光启是如何成为中国历史上第一个天主教徒的

徐光启，字子先，号玄扈，天主教圣名保禄（Paul）。明嘉靖四十一年（公元1562年），生于松江府，即今天的上海。少时在本地的南华寺读书。万历九年（公元1581年）中秀才。后在家乡教书。

在这段教书的日子里，徐光启是一个传统的汉族文人。读"四书""五经"，为孔孟传人。又娶妻生子，过着平凡的生活。

然而，徐光启似乎是一个不安于现状的人。在家乡教书12年后，他调到广东韶州，换了个地方继续教书。

徐光启与郭居静

虽然仍是教书，但徐光启这一变动具有重要的意义。因为，明朝自"隆庆开关"以来，朝廷已经解除海禁，广东沿海已经可以与外国通商。所以，那时的广东，就已经是对外开放的前沿，汇聚着不少外国人士。

徐光启来到广东，是不是因为这里比较国际化，已然不得而知。但从结果上看，他确实因为在广东结识到外国人而改变了命运。

他在韶州结识的外国人，叫郭居静，意大利人，是耶稣会士，即天主教传教士。

所谓天主教，是基督教的一支。而耶稣会，是天主教修会。所谓耶稣会士，则是耶稣会的成员。简单说来，就是天主教传教士。耶稣会在16世纪于西班牙成立之后，便不断向全世界派遣传教士，欲扩大自身的影响。在明朝，一些传教士来到中国，学习汉语，身穿汉服，并和中国人交朋友。郭居静就是其中之一。

徐光启为什么可以结交到郭居静，原因大概有三：

其一，因为他们两人身处同一地区，即韶州。这为他们的相遇、相识提供了可能。

其二，郭居静身为传教士，有拉拢同化中国人，尤其是中国文化人的责任。

其三，徐光启作为一个"不安分"的人，很可能对外来文化并不排斥。而在稍有了解之后，可能又颇有好感，所以就决定和郭居静交往。

不管出于何因，徐光启终究是认识了郭居静，也从此接触了天主教以及西方文化。现在，徐光启已和从前不同。他已不再是一个单纯的汉族文人了。

在结识郭居静三年之后，即万历二十四年，不甘寂寞的徐光启再度转移，来到了广西，仍然教书。次年，再度参加科举，并且考中了举人。

由此，我们可以看到，虽然徐光启接触了西学，但他仍然要参与中国的体制。此外，这一次，他还遇到了自己的伯乐，即精于历史的焦竑。正是焦竑的赏识，让徐光启在科举的路上有了进步。

不过，虽然中了举人，又遇到伯乐，但徐光启在之后进行的会试中落榜，没能更进一步。此后，他便回到家乡，继续教书。

三年后，即万历二十八年，徐光启前往南京，拜访自己的恩师焦竑。同年，结识了另一位意大利传教士，即有名的利玛窦。

这一次，徐光启似乎受到了更大的感动。在与利玛窦结识三年之后，即万历三十一年，徐光启就在传教士友人的介绍下，正式加入了天主教会，成为了一名天主教信徒。

基督教景灵堂

景灵堂是美南监理会在上海创建的第二座教堂（第一座是上海国际礼拜堂），起初是中西书院的内部教堂，1922年扩建后，成为上海当时最大的教堂。后来为了纪念该会著名传教士、中西书院创始人林乐知先生而命名为景林堂；新中国曾禁止宗教活动，恢复礼拜后，景林堂于1981年更名为景灵堂。

1. 林乐知为中国做了什么而受到景灵堂纪念

景林堂是"敬仰林乐知"的意思，一个美国新教教堂，为什么要敬仰一个姓林的人呢？这个林乐知到底是个怎么样的人呢？

其实林乐知根本不姓林，更不是中国人。他本叫Allen·Young John，是美国乔治亚州基督教美南监理会的传教士，咸丰十年（公元1860年）才偕夫人及未满半岁的女儿来到上海传教，是个地道的美国人，不过他在上海一待便是40年。林乐知对中国文化

景灵堂

充满兴趣，并从中国名言"一物不知，儒者知耻"中取意，更名为林乐知，还起了一个"荣章"的表字，而且之后在办报当主编的时候常常自称"美国进士"。

林乐知对中国文化是热爱的，所以提出了一种新的传教方式，名曰"自由派"。它要求传教士首先要了解中国社会，其次再结合儒家文化来宣传基督教，最后则通过传播西方先进的科技文化，如办教育、办报纸等手段，扩大基督教文化在中国的市场，以此吸纳更多的华人入教。

林乐知本人在这些方面是做得十分到位的。他细心观察中国的内政外交，得出必须抓住"士"、结交"官"才能广传基督教的结论，并与当时上海的名流诸如冯桂芬、李鸿章、张之洞等为友。他将儒学中的"三纲五常"与基督教义一一印证，认为孔子和耶稣如同一人，儒学和基督教的本义也大致相同。他在上海办新式学堂，不仅成功地创办了中西书院（后并入苏州的东吴大学），还设立了上海中西女塾。虽然女校在开校时仅有五名学生，但随着风气渐开，学生也日有所涨，而且到了20世纪后成为了上海名媛们梦寐以求的"镀金"圣地。之前他还因为在上海广方言馆认真地教课，勤奋地译书（十余部），得以被清廷赏以五品顶戴。之后他和李提摩太（Timothy Richard）、丁韪良（William Alexander Parsons Martin）等人组织广学会，以重办的《万国公报》为机关报，继续扩大教会在中国的影响。

他主办的《万国公报》，关心中国时事、传播西方知识，把握住了晚清的社会热点，吸引了广大民众的视角，从而拥有了广阔的市场，以致发行量与上海的《申报》并驾齐驱，成为晚清最有影响的报纸之一。它在当时打开了晚清士人的视野，康有为、梁启超、谭嗣同等都在此列。从普及自然科学及西方先进知识来说，《万国公报》是功德无量的。

至此林乐知的传教活动进一步得到了美南监理会甚至美国政府的支持，1906年他虽然回国待了很短的一段时间，却受到了时任美国总统西奥多·罗斯福的亲自接见。重返中国后，林乐知虽然年已古稀，却仍然对自己的事业踌躇满志。可惜祸福不定,正要再展拳脚的林乐知于1907年5月突然病逝于上海。

现在综观林乐知在华的活动,他的传教事业固然起到一些作用,但相比而言,真正产生影响的却是他在文化方面的活动,特别是建学和办报。

2. 宋美龄曾经是景灵堂唱诗班中的一员吗

唱诗班在一个教堂中的地位是很重要的,往往由教会直接领导。宋氏三姐妹中的宋美龄便曾是景灵堂唱诗班的一员。

唱诗班需要由热心的教会信众组成,主要负责教会礼拜日的崇拜唱诗及带领敬拜,是完全的义工团体。而且唱诗班对教会的各项事体都能产生作用,比如唱诗班会常常吸收很多年轻人加入,这样就为新人的培养奠定了基础。而且唱诗班是对信众心灵的引导,如今很多教会的唱诗班都沦为了一种礼拜程序里的摆设,仅仅变成了一种仪式,这样便失去了唱诗班应有的作用。不过唱诗班并不是教会辖下的必设组织,但它的存在确实助佑良多。

根据基督教义,上帝是欢喜有水准的诗歌、音乐与歌声的,而且他配得上最好、最美的赞美,于是上帝挑选了忠心的利未人来歌咏、赞美上帝。为什么上帝在以色列十二个支派里单单挑中了利未人呢?因为当年以色列人出埃及之后,绝大多数背逆了上帝与他的仆人摩西,造金牛拜假神;只有利未人仍忠心于上帝,跟随着上帝的仆人摩西,所以上帝欢喜利未人,将自己所要托付的责任赋予他们,并将他们分别为圣。

《圣经》旧约历代志上便记载了大卫王只选三十岁以上的利未人为上帝献诗,所以一个利未人需要三十年的时间来接受严格的训练,和家族中长辈们的谆谆教导,然后才有可能成为一个蒙神喜悦的利未人。如今常有年轻人自我安慰"尽量吧"或"有心就可以了"等,这在当时的年代,简直就是荒唐。

在利未支派中,那些未能成为歌咏者或乐手的家族,一般从事守门、搬会幕、维修等工作；而以色列其他的支派没有一人允许加入利未支派。也就是说歌咏者及乐手必须是出生于被拣选的利未家族，即唱诗班的成员必须是一个重生的基督徒，是神的儿女，过着圣洁的生活。

这样看来，上帝不只是欢喜有水准的诗歌、音乐或歌声，还要求这些人是得胜的圣徒，只有这样的人才配得上如此侍奉他——心里没有上帝，如何得胜？没有得胜，如何圣洁？没有圣洁，如何侍奉圣洁的上帝？

3. 自诩虔诚基督徒的蒋介石受洗于景灵堂吗

蒋介石的母亲和发妻都非常信佛，他自己也深受影响，所以才非常看重风水。但是宋美龄却是货真价实的基督徒，并且整个宋家，都是虔诚的基督徒。而蒋介石后来的生涯与宋氏有着政治、亲属等剪不断、理还乱的各种关系，所以蒋介石之信基督，可以说是迟早的事情。

不过在当时国内军阀混战和国民党内部争权的政治情形下，如果一向自称为国父孙中山学生的"介石兄"，忽然成了"上帝的子民"；或者口口声声喊着实行三民主义救中国的"中正公"，一下子成了信奉基督的信徒，这在当时的中国，对于一心想要获得统治大权的蒋某人来说，确实是需要反复斟酌的。所以在求婚时便承诺入教的蒋介石，左拖右延地挨到了和宋美龄的第二个结婚纪念日。

蒋介石与宋美龄

这年国民党内的反蒋改组派发动了"溧阳暴动"。而正如他的丈母娘宋老太太在祈祷之后所发来的电文一样，"敌人将会自动退去（编者按《圣经》中语）。"这次"上帝显灵"的偶然事情，后来却成为了促使蒋介石信奉基督教的重要原因。

因为在蒋入教之前，还发生了一个更奇异的事情。溧阳暴动的危机解除后不久，便爆发了中原大战。初期蒋介石很被动，一度曾被冯玉祥的军队围困在开封附近，四面被围。危急之下，蒋介石想起了上次的"上帝显灵"事件，于是祈祷上帝解救，并承诺此次得救后，定然立即正式信仰基督为救主。随后便天降大雪，使得敌军无法进迫。而胡宗南的援军却于此时迅速赶到。结果蒋介石不仅保住了性命，还乘势反攻，大胜一场，并使他最终获得了中原大战的全面胜利。蒋介石打败了两个强劲的对手冯玉祥和阎锡山，至此，在大体上总算实现了中国的统一。

战后，蒋介石暗感"上帝恩赐"，心中震动不小；再加上当时宋母倪桂珍已病倒，或不久于人世。为了让宋母欣慰，能看到自己履行当年的诺言，蒋介石便主动向宋美龄提出入教之事。于是，在宋美龄的安排下，二人携手共回上海。然后在宋父宋耀如的教堂里，由从美国回来的江长川牧师主持，蒋介石完成了洗礼入教的仪式。所以蒋介石的名字便列在了该堂名册之中。

这座教堂便是著名的景灵堂，而且包括蒋介石在内的所有宋家人，都是这个教堂的信徒。

上海的场馆娱乐

上海的文化,还蕴藏在它的各种场馆、娱乐之中。比如,抗日卫国纪念馆。在抗日战争时期,上海是中日两军大战的第一个,也是最大的一个战场,共有发生在1932及1937年的两次"淞沪抗战"。在当今的和平时期,我们除了查阅历史资料,还可以通过参观上海的各种抗日战争纪念馆来了解国史。除了纪念馆外,博物馆也是了解上海文化的一个胜地。在世界上,巴黎有著名的卢浮宫博物馆,伦敦有著名的大英博物馆,纽约有著名的大都会博物馆,台北则有台北故宫博物馆等。而上海,有着号称"文物界半壁江山"的上海博物馆,此外还有上海汽车博物馆、上海昆虫博物馆等。

上海会场馆园

上海的抗日卫国纪念馆

民国时期,上海是中国乃至亚洲最繁华的城市。但在那个乱世,上海也成为日本侵华的主战场。

1932年,上海发生了"一·二八淞沪会战"。国军第十九路军在此顽强抵抗日军的侵略。

五年后,抗日战争全面爆发,而上海再次成为了首当其冲的主战场,发生了"八·一三淞沪会战",中日两军在此激战三个月之久!

巍巍我大上海,何以屡屡成为刀兵劫的牺牲品!

我们在此想说的重点,是上海地区遗留的抗战遗迹。其中以"四行仓库"最为著名。

但我们首先说"淞沪抗战纪念馆"。

1. 淞沪抗战纪念馆——淞沪抗战遗址今何在

淞沪抗战纪念馆,顾名思义,就是纪念淞沪抗战的纪念馆。

首先,我们来介绍"淞沪抗战",而限于篇幅,我们只介绍抗战全面爆发之后发生的"八·一三淞沪会战"。

淞沪会战,又称"八·一三战役",日本称为"第二次上海事变",是中、日双方在抗日战争中的第一场大型会战,也是八年抗战中规模最大、战斗最惨烈的一场会战。

淞沪会战开始于1937年8月13日，是"七七事变"后，蒋介石为了把日军由北向南的入侵方向引导为由东向西，以利于打"持久战"，而在上海做出的对日自主反击。

淞沪抗战纪念馆

战役中，中、日双方共有约80万军队投入战斗，战役持续了三个月，日军共投入8个师团和2个旅团20万余人，宣布死、伤4万余人；而国军投入最精锐的中央军及八十七师、八十八师及148个师和62个旅，总计约80万人，我方统计死、伤约30万人。

在淞沪会战中，日军因遭到国军的顽强抵抗而损失惨重，这为后来日军复仇酿成"南京大屠杀"埋下了伏笔。

这场会战对于中国而言，是两国之间不宣而战、实际上全面开战的开始。

"七七事变"后，中、日间的地区性冲突升级为全面战争。"淞沪会战"的拖延作用彻底粉碎了日本"三月亡华"的脑残计划。

"八·一三淞沪会战"结束八年后，抗战胜利，日军投降。世界进入一个崭新的时期。

而抗战胜利七十余年后的今天，有"淞沪抗战纪念馆"屹立在上海市宝山区，永远为那场战役中英勇作战的英雄们守望。

这座令人感泣的纪念馆，就在上海市宝山区友谊路1号。

2. 四行仓库——四行仓库和"八百壮士"有何生死因缘

"上海四行仓库八百壮士英勇抗日事迹陈列室"是为了纪念淞沪会战期间著名的"八百壮士"抗日而建的，位于上海市光复路1号老四行创意园7层。下面我们一起来了解当年那场可歌可泣的战役。

1937年8月13日，"淞沪会战"在上海打响。

9月，闸北区宝山路阵地落入敌手。

10月，日军攻破大场防线。奋战在闸北、江湾一带的国军处于腹背受敌的窘境，被迫向西撤退。

第88师师长，著名的"长腿将军"孙元良属下的第524团副团长——谢晋元——率领所部第一营的官兵，奉命死守四行仓库，以吸引日军注意，掩护主力部队撤退。

根据历史学家的考证，当时坚守四行仓库的官兵总共只有不到四百人，由于考虑到早期伤亡及原有人数（一个加强营700余人），也为了"凑整数"，鼓舞士气、扩大声势，故号称"八百"。

之所以选择四行仓库这个必死之地坚守，是因为此地就在公共租界的边缘，处在明处，有利于向全世界进行"现场战事直播"，有利于扩大国际影响，争取同情。

四行仓库

四行仓库地处苏州河北岸，是一栋六层的现代建筑，高大而坚固。当时仓库以北、以西的地界已被日军占领，以东和以南则是公共租界。

日军进攻时，不敢误伤到租界里的外国人，所以不敢使用重炮或飞机轰炸。

将士们孤军奋战4天4夜，击退了日军一波又一波的攻势。其间公共租界内的民众隔河摇旗呐喊、助威，甚至渡河为将士们送去慰问品。真可谓军民一心，共抗来敌。

而各国媒体的现场报道，基本达到了预期的效果。

完成使命后，本就无路可退的官兵们奉命撤退至公共租界，被英军解除了武装。

太平洋战争爆发后，租界全部落入日军手中。因为当时日本向英、美、法等西方国家宣战，也就不必顾忌租界里的外国人了。

而谢晋元被受雇于汪伪政府的杀手暗杀，不幸殉国，举国震惊。其余战士则被日军押至战俘集中营。

"八百将士"以弹丸之地抗击日军的英勇事迹，迅速传遍国内国际，人们称赞他们是"八百壮士"，并专门谱写了歌颂他们的歌曲《八百壮士歌》。

1938年，香港和内地都拍摄了歌颂"八百壮士"的电影，名字就叫"八百壮士"；1975年，台湾也拍摄了电影《八百壮士》；2014年，华谊兄弟公司再度拍摄《八百壮士》电影，重新唤起了国人对那段往事的记忆，还有深深的爱国之心。

而那场可歌可泣之战斗的所在地——四行仓库，今日依然静静地矗立在苏州河畔。苏州河水清澈、荡漾，两岸租界的旧宅也仿佛吟着挽歌。2015年，在上海市拯救抗战遗迹的行动中，四行仓库再次进入了公众的视野。

它将成为一座永远的丰碑。

3. 谢晋元墓——谢晋元为何被蒋介石称作"精忠贯日"

谢晋元（公元1905—1941年），字中民，汉族，广东梅州蕉岭县客家人。毕业于黄埔军校四期，历任国军各级战斗单位长官，著名抗日英雄。在"淞沪会战"中率领"八百壮士"死守上海四行仓库，击退了日军一波又一波的攻势，极大鼓舞了中国人民的抗战热情，也向世界展示了日军侵华铁的事实，以及中国军民的顽强抵抗。

1941年4月24日，谢晋元被汪伪政府收买的歹徒杀害，不幸殉国。

谢晋元殉国的消息传出后，举国震惊，国人无不痛心疾首。汪伪政府的行径真是令亲者痛仇者快！

1941年5月8日，国民政府通令嘉奖，追赠他为陆军少将。

上海10万民众前往瞻仰遗容。

因为其英勇的抗日事迹，谢晋元获得了极高的声誉，包括各种政治人物的赞叹。

毛泽东高度赞叹"八百壮士"为"民族典型"。

蒋介石则誉其为"精忠贯日"。

新中国成立后,上海兴建了晋元高级中学,并以"晋元路"作为道路名称,以作纪念。

1982年,中国政府在上海长宁区万国公墓重建"谢晋元墓",以彰其"参加抗日,为国捐躯"的光辉事迹。

抗日英雄永垂不朽!

4. 淞沪抗战十九路军军部遗址——第一次淞沪抗战到底是怎么回事

"淞沪抗战十九路军军部遗址"位于上海市普陀区车站新村小区内,靠近上海火车西站。

"一·二八淞沪抗战",日本称"上海事变"或"第一次上海事变",是1931年"九·一八事变"后,日本为了支持和策应其对中国东北的侵略、遮掩其在东北扶持伪满洲国的丑行,在上海自导自演的一次军事冲突,时间达一个多月之

十九路军抗战照

久。日海军陆战队在1932年1月28日晚对驻防上海的国军第十九路军发起进攻,十九路军随即奋起反击。

中国方面,蒋介石于1932年1月29日复出,任国民政府军委会委员(7日后任委员长,故有蒋委员长之称),同日蒋介石宣布对日应对原则,即"一面预备交涉,一面积极抵抗",这成为国民政府在"一·二八淞沪抗战"期间的应对总方针。

到了1月30日,国民政府发布《迁都洛阳宣言》,表示决不屈服。

2月1日,蒋介石下令中国空军参战。

2月4日,军委会将全国划分为4个防卫区,同时命四川、湖南、安徽、贵州、湖北、陕西、河南各省出兵做总预备队。

2月8日，蒋介石指示何应钦调遣一个营的炮兵增援十九路军。

2月14日，蒋介石下令将第88师、87师及中央军校教导总队整编为第五军，任命张治中为军长，支援第五军。

为应对十九路军伤亡减员，蒋还先后命令从上官云相、梁冠英、刘峙等处，调兵2000补充十九路军，并为十九路军、第五军补充大量武器弹药。

此后蒋介石先后调遣卫立煌的第14军、第1师、第9师、第47师以及陈诚的第18军、独立第36旅等部队，驰援上海十九路军抗日。但因交通和"赣州战役"等原因，上述几个师大都未能在停火前到达指定参战地点。

十九路军与第五军并肩作战，一度取得了如"庙行大捷"等胜仗，对日军予以一定打击。

然而3月1日，日军援兵在我军防守薄弱的浏河地区登陆，形势逆转，我军被迫撤退至第二线防守。

1932年3月3日，在英、美等国的"调停"下，日军宣布停战。

停战谈判期间，在1932年4月29日，朝鲜籍反日斗士尹奉吉在"暗杀大王"王亚樵的指使下潜入为日本天皇庆生的"日军胜利阅兵庆典"，将随身携带的炸弹投向主宾席，精准地将"日本陆军大将""上海派遣军总司令"白川义则炸飞，当场死亡。

上海的各种博物馆

1. 上海博物馆是文物界的半壁江山吗

上海博物馆位于人民广场南侧，是1952年在陈毅市长的支持下，合并了原有的几个博物馆而成立的，1995年建成新馆。

它是一座大型的中国古代艺术博物馆，其上圆下方的建筑造型寓意着中国"天圆地方"的传统观念。馆内的陈列面积达2800平方米，共珍藏有14万件文物，包括青铜器、书法、绘画、陶瓷器、玉器、石雕、甲骨刻辞、玺印、钱币、丝绣染织、牙骨雕刻、少数民族工艺品以及上海地区的考古发掘品等，年代跨度上自旧石器时代，下迄近现代，其藏品之多、之全、之精，在国内外都享有盛誉，有文物界"半壁江山"的美誉。

该馆珍藏的历史艺术文物中，尤以青铜器、陶瓷器和书画最具特色。在青铜礼乐器中，重要的藏品有西周成王时代的德方鼎，康王时代的大盂鼎（后支援中国历史博物馆，现藏中国国家博物馆）。

瓷器有商原始青瓷尊、唐邢窑盈字盒、唐越窑海棠式大碗、成组的宋汝窑盘、南宋官窑贯耳瓶、元景德镇窑青花莲花罐、明永乐景德镇窑红釉盘、明成化景德镇窑青花孔雀蓝釉盘等，都是绝世的珍品。

上海博物馆

书法中，王羲之的《上虞帖》、王献之的《鸭头丸帖》、唐高闲的《千字文卷》、怀素的《苦笋帖》，以及宋徽宗的瘦金《千字文》等，亦为传世的杰作。绘画中，唐孙位的《高逸图》、五代董源的《夏山图卷》、宋梁楷的《八高僧故事图卷》等，皆是稀世的美图。

此外馆内所藏的明、清两代画家作品，更为当代之冠。而诸如钱币、古玉、玺印、雕刻等其他门类的收藏，也蔚为大观：不仅颇具规模，而且名品众多，自成体系。比如像家具的收藏便是集王世襄、陈梦家两大家的精华，如今是无人能出其右的。

2. 上海汽车博物馆共展出多少古董车

上海汽车博物馆位于上海国际汽车城的博览公园内，是中国首个专业的汽车博物馆，其展品汇集了自汽车诞生以来的近70辆经典车型，时间跨度超过百年。目前上海汽车博物馆开放的区域包括汽车历史馆、老爷车博物馆、上海汽车风情展和科技探索馆。

汽车历史馆位于博物馆一楼，被分为9个主题展区，包括序馆、探索与诞生、实用与量产、多样与精彩、流线与速度、运动与驾驶、节能与电子、中国汽车工业、未来之路等。这里主要展示的是内燃机的发明、早期手工作坊制造汽车的场景，以及之后流水线的生产方式，并按照汽车的艺术设计、速度、节能等主题进行分别介绍，而在中国汽车工业展厅中，展示的则是中国汽车工业的发展历程，以及各时期的代表车型。一楼共有20余部精选的经典代表车辆，诸如世界首辆内燃机汽车奔驰一号，首款使用装配线生产的汽车福特T型车，中国红旗于1959年推出的第一款汽车CA72，百公里油耗小于3L的大众路波，法拉利首款量产的跑车塔斯塔罗萨等，都配以相关重要事件的介绍，虽然其中部分展品是复制品，但仍然足以向观众展示世界汽车发展的历程，以及反映汽车对人类社会发展的重大影响。

从一楼到二楼的夹层里，展示的是上海汽车风情，主要是以老照片配合文字的形式，展现民国时期上海的汽车文化，比如当时汽车的广告、汽车的牌照，以及汽车与名人等。

上海汽车博物馆

二楼的老爷车博物馆所展示的40多台老爷车，是由美国著名的汽车收藏组织黑鹰集团捐赠的，涵盖了从汽车诞生到1977年欧美的约20个品牌车辆，其中不乏难得一见的珍品。比如最早的马车样式的小型单排座敞篷车，以及早期的林肯、劳斯莱斯、凯迪拉克等豪华轿车，还有高性能的赛车、跑车等，让人眼花缭乱，目不暇接。

三楼是科技探索馆，主要是面向青少年进行的汽车科普教育，分为汽车畅想、汽车设计与制造、汽车未来、汽车构造、游乐体验5个展厅。展品中有被分解的汽车，悬挂展示着汽车的各个零部件，游客可以借此认识汽车的技术原理，观察汽车的基本构成。馆内还展出有混合动力汽车、电动汽车、燃料电池汽车和氢气车等多种新能源汽车，以及一些具有未来设计风格的概念车。此外，这里的游乐区域内有汽车油耗排放测试机、小小汽车设计师、驾驶模拟、汽车智力赛场、汽车涂鸦、四驱车、乐高科学教室等游乐项目，方便人们体验。

汽车博物馆是首家汇集汽车历史、人物、技术、创意的大众文化传播机构，也是国内外汽车厂商品牌文化在上海展示的开放交流平台，总之，这是上海城市形象的新亮点。

3. 上海昆虫博物馆内有海伦娜闪蝶吗

上海昆虫博物馆内所藏的海伦娜闪蝶，被称为世界上最美的蝴蝶。这种蝴蝶产于南美洲的巴西、秘鲁等国，因为数量稀少，所以十分珍贵；而且体态婀娜，展开翅膀就好像孔雀开屏。不仅如此，这种蝴蝶的蝶翅还会发光变色，时而深蓝，间或湛蓝，还会浅蓝，它们双翅上的白色纹脉就像镶嵌上去的宝石，光彩熠熠，十分迷人。前些年，有人将这种标本估值为每只36万元，我国仅有3只。

海伦娜闪蝶

上海昆虫博物馆历史悠久，最早可追溯到1868年，当时法国神甫韩伯禄（P.Heude）开始筹建上海震旦博物馆（Musee Heude）昆虫部，于1883年在徐家汇建成；后来因为收集到的标本过多，以致无法储藏，于是在1930年迁往吕班路（今重庆南路），并建新的震旦博物院。当时该馆所储藏的中国动植物标本为远东第一，被称为"亚洲的大英博物馆"。1953年后，归属中国科学院上海昆虫研究所，如今隶属于中国科学院上海生命科学研究院。经过100多年的创业和发展，如今收藏的全国各地昆虫标本已达100多万号，并保藏着一大批濒危珍稀昆虫标本，以及国际和国内的危险性检疫害虫标本，是我国大型的专业昆虫馆。

昆虫其实是地球上最昌盛的一类动物，全世界已知100多万种，占已知动物种类总数的三分之二以上，可以说地球上哪里都有昆虫的踪迹。

甚至曾经有科学家假设，如果没有人类，真正统治地球的便是昆虫。

事实上昆虫和人类的关系是十分密切的。除了少数如蝗虫、蚊、蝇等对农林业生产和人们的健康造成危害的害虫，大多数的有益昆虫都被人类广泛利用起来。诸如养蚕业和养蜂业、人工放养的紫胶虫或五倍蚜等，都给人类带来了丰富的物质财富。各式各样的昆虫装点着自然界与我们的生活。

4. 崇明学宫中陈列的战船去过日本吗

崇明学宫内有古船陈列室，其中并无去过日本的战船，但是却有去过日本的船型。更有一个关于日本"神风"的传说。

崇明学宫，如今又叫崇明博物馆，位于上海市崇明县（2016年8月撤县建区）新城南门码头，始建于元代泰定四年，是上海仅存的三座学宫之一。宫内有殿、宫、堂、厅、祠、阁等建筑群，建筑艺术精湛。在清代的时候曾十次重修。民国以降，崇明学宫一度成为学校或其他单位。近些年经过几次整修，学宫逐渐恢复了当年的格局，成为上海地区面积最大的孔庙。

学宫门前有两株三百多年历史的古银杏树，另有一对大石狮子守在门侧，看来颇有气势。学宫内最大的建筑便是大成殿，相当于一般寺庙中的大雄宝殿，不过在这里则是祭祀孔子的地方；其东、西两庑是72高徒的宿舍。而今的大成殿及东、西两庑，成为"崇明岛史与古船陈列室"，内中运用了文物、模型、雕塑、沙盘、布景箱、图片和先进的视听手段、通俗简明的文字说明等，真实地反映了崇明岛的形成及其政治、经济、交通、水利、文化等各方面的发展和建设成就。尤其值得介绍的是，这里展出有学宫的镇馆之宝，即两艘唐、宋古船，在上海地区可是独一无二的珍贵文物。此外馆内所展的崇明沙船，是我国四大船系之一，拥有很高的声誉。沙船在中国古代近海运输中扮演了重要的角色，也叫做"防沙平底船"，是中国"四大古船"之一，为中国古代著名海船船型。早在唐宋时期，这种船便已成型，更作为我国北方海区航行的主要海船。因为它很适于在水浅而沙多的航道上航行，所以被命名为沙船。另外，这种船不适远洋。元朝时，元政府曾征集长江九百沙船前去攻打日本，可是未到日本便因海上台风而殁。这也是日本"神风"由来的典故。

除了古船陈列，大成殿东庑主要是崇明知名人士的照片和事迹，以及在崇明出土的一些古代器物。西庑是黄丕漠艺术馆。大成殿后的两幢建筑是崇明民俗陈列馆。此外还有万仞宫墙、棂星门、登云桥、戟门、名宦祠、崇圣祠、尊经阁等，都是上海地区保存完好的明代建筑。

5. 上海科技馆内总共拥有多少件标本

上海科技馆位于上海世纪广场西侧，设有地壳探秘、生物万象、智慧之光、设计师摇篮、彩虹乐园、自然博物馆、蜘蛛展等八个展区和巨幕影院、球幕影院、四维影院、太空影院及会馆、旅游纪念品商场、临展馆、多功能厅、银行等多个配套设施。

上海科技馆内景

其中自然博物馆所藏标本约有25万件，共分为植物、动物、古生物、地质及人类五大类。植物又可分为种子植物类、蕨类、苔藓类、藻类、地衣类、菌类六类。动物可分为哺乳类、鸟类、爬行类、两栖类、鱼类、无脊椎动物、昆虫等。人类分为人类体质学与民俗人类学。其中，植物标本数量约15万件，哺乳动物标本3000多件，鱼类标本9000多件，鸟类标本9000多件，两栖爬行类标本近9000件，无脊椎标本约4.5万件，昆虫标本近2万件，地质标本4000多件，古生物6000多件，人类民俗标本862件，古尸16件。在上海科技馆收藏的诸多门类中，动物以两栖爬行类最具特色，两栖类收藏占全国46.6%，爬行类占全国56.3%；植物则以高等植物和地衣比较完整而闻名；古生物以山旺化石群标本、上海地区全新世脊椎动物亚化石标本和分别来自山东临朐的哺乳动物化石标本，以及辽西鸟类标本最有特色。

其中，上海科技馆收藏的哺乳动物标本有331种，共3186件，占全国哺乳动物的60.1%，占世界哺乳动物的7.6%。这些标本中的某些收藏甚至可以追溯到1868年创立的震旦博物院和建于1874年的亚洲文会，本馆现存收藏最早的标本来自1808年，百年以上的标本有8种8件。现有亚洲文会标本197件和震旦博物院标本123件。在该馆收藏的哺乳动物标本中，有正模9件、选模16件、付模3件；国家一级保护动物46种287件，国家二级保护动物52种477件。

由此可见，上海科技馆所藏标本的规模可谓浩大。

上海的各种游乐园

1. 上海世博园为什么是绿色世博

上海世博园区位于南浦大桥与卢浦大桥之间，以及卢浦大桥以西区域，全区沿黄浦江两岸分南、北分布，分为独立馆群、联合馆群、企业馆群、主题馆群和中国馆群五大区块。上海世博会已过去几年了，然而留下的上海世博园依然吸引着无数的游客前来观览，自然有其独特的看点，而这些看点无不体现着"绿色世博"的精神。

上海世博会主题馆有着一面面积达4000平方米的生态墙，居世界第一，被称为上海"绿肺"，并于2012年获得上海市科技进步一等奖，可以说是上海园林科技界几十年来获得的最高奖项。

这面绿墙不仅是赏心悦目的绿色景观，而且还有众多实用价值。比如在夏季的时候，它能利用绿化隔热外墙阻隔辐射，并使外墙表面附近的空

上海世博园

气温度降低；冬季的时候既不影响墙面得到太阳辐射热，又能同时形成保温层，使风速降低，这便使外墙的使用寿命得以延长。此外它还可以减少光污染，有利于眼睛的调适和休息；并可以制造氧气，净化空气；而且在日接待人数超过40万人次以上的上海世博园内，绿墙还可以有效地减低噪声，以免游客感觉太过嘈杂。

上海世博园的第二个看点便是园内的太阳能发电能力，在世博会举办期间曾达到5000千瓦，从而使之成为中国太阳能集中应用规模最大的城区之一。仅中国馆和主题馆所建的一套总规模约3兆瓦、建筑一体化的太阳能光伏发电装置，便可以预计年均减排二氧化碳约1980吨，相当于少用900吨左右的标煤。

地下阳光浴则是上海世博园的第三大看点。通常讲到地下空间时，人们都会将之与昏暗、沉闷等联系起来，但是园中世博轴的"阳光谷"则使得这一问题迎刃而解。阳光谷采用"喇叭"式外观，就像一个"漏斗"，这样，它的表面就会因为有玻璃覆盖反光，并通过巨膜的合理遮挡，进而达到有效的遮光作用，其奇妙的构思堪称一绝。而且圆锥形的"阳光谷"还具备雨水采集功能，这样便可以将这些经过循环处理的雨水用于世博园区的厕所、绿化灌溉等用水方面。将阳光带入地下，是上海世博园的又一大胆尝试。

2. 上海动物园曾是高尔夫球场吗

上海动物园位于上海市长宁区虹桥路2381号，紧邻上海虹桥国际机场。上海动物园成园于1954年，属于国家级大型动物园，占地面积七十多万平方米，是中国第二大城市动物园（第一是北京动物园）。

不过如今是全国十佳动物园之一的上海动物园，在清朝时却是一座高尔夫球场。约在清光绪二十六年（公元1900年）的时候，英国侨民在附近开设了老裕泰马房，当时占地20余亩；约十年后的宣统年间，则扩大至约100亩。民国3年（公元1914年），由太古洋行、怡和洋行、汇丰银行等8家英商联合购买了这块土地，民国5年便成立了高尔夫球场俱乐部（又名虹桥枸球俱乐部球场），此时的用地已扩展至约150亩；而到了民国19年则猛增至417亩。他们扩占的土地，少数通过高价购得，多数则是通过英国领事馆威胁或强制购买占有。

上海动物园内景

新中国建立以后，外交部于1953年3月20日批准上海市人民政府外事处收回此处的高尔夫球场。同年9月，上海市政府决定在原球场的基础上，规划辟建文化公园。

于是在1954年5月25日，为纪念上海解放五周年，定名为"西郊公园"的文化休闲公园正式对外开放，当时投资85.33万元。西郊公园的开园，曾轰动上海滩。

开园仅十天，日游人量便高达3～15万人次，致使园内花木损失严重，也使得园外的交通时常堵塞。于是经市政府同意，公园停止开放15天，以此进行整修。重新开园后，通过日限4万张门票的方法来控制游客量。

但是没几天，国务院办公厅便通告上海市政府，要将云南西双版纳傣族人民献给毛泽东主席的一头大象交给上海饲养展出。而市政府通过商议，决定将西郊公园扩建为动物园。

同年12月，从上海出发的7名科技、饲养人员前往云南西双版纳，经过七个多月的长途跋涉，于1955年6月，终于把大象"南娇"安全运回上海。从此开始了上海动物园的建设发展之路。

如今上海动物园共饲养展出各类稀有珍贵野生动物400余种，计6000多只（头）；种植树木近600种，计10万余株，特别是有10万平方米清新开阔的草坪，甚至还基本保持着几十年前高尔夫球场的地形。

3. 上海野生动物园更重娱乐性吗

上海野生动物园是我国首座并且最大的国家级野生动物园，位于上海浦东新区南六公路178号，占地153公顷，距市区35公里。园内汇集了世界各地具有代表性的珍稀动物200余种，共上万余头(只)，其中不乏我国难得一见的长颈鹿、斑马、羚羊、犀牛等，亦有我国自有的大熊猫、金丝猴、华南虎、亚洲象、朱鹮等国家一级保护动物。

上海野生动物园不同于上海动物园，它更注重娱乐性。来此的游客们在游园时可分为车入和步入两大参观区。整个园区又分为食草动物放养区、食肉动物放养区、火烈鸟区、散养动物区、水禽湖和珍稀动物圈养区、百鸟园、蝴蝶园及儿童宠物园等，并设有动物表演等许多特色节目，让前来观赏的游客们体验到动物世界带给人们的乐趣。

在车入区，有一直伸长脖子的长颈鹿，稽首摇头；有陆上最大的哺乳动物大象，憨态可掬；有我国三大国宝之一的金毛羚牛，闲适安雅；

上海野生动物园

当然也会有世界上奔跑最快的动物，时速可达110公里的猎豹；非洲陆地上的兽中之王，总是一副大将风度的狮子；还有集笨拙、灵活、狡猾于一体的动物"三杰"——熊、猴、狐，各展英姿，它们通常都会争相向过往的车辆乞讨食物，所以提醒众位不要随意喂食；也有默默注视着过往车辆而毫无反应的大老虎，它们是不屑于向游客乞食的。

在步行区，游客们也可以观赏到白狮、白虎、白袋鼠，以及大熊猫、扬子鳄等世界珍稀动物；而驼羊、骆驼、斑马、大象等动物也可与你合影留念；而小动物乐园里，你则可以抱抱各种小动物，喂喂小猴之类，亲自当一回饲养员，或可亲眼目睹动物世界传宗接代的可爱奇妙。

此外于1996年建成的百兽山表演场，可以容纳3千观众同时观演。整个表演场三面为观众席，一面为大型实体置景，根据每次节目主题的不同置景内容作出相应的调整。自建成以来，百兽山表演场共承办过全国动物运动会、动物时装秀表演、新春大联欢等多项精彩主题节目，动物表演的水平处于国内领先地位。而且每天，百兽山表演场都会上演一场由大象、羊驼、斑马、狗熊、猕猴、贵妇犬等近30多头（只）动物参加的大型节目，这里的节目内容丰富而多彩，是游客们最喜欢光临的场馆之一。

4. 长风海洋世界并非中国企业吗

上海长风海洋世界位于大渡河路189号的长风公园内，是1999年兴建于银锄湖西岸湖底13米处的中国首家主题新概念海洋水族馆，共有海洋生物300余种，计15000多尾，是一座集大型海洋动物表演与水族馆鱼类展览于一体的综合性海洋主题公园，而且还是全国青少年科普教育基地、上海市专题性科普场馆、上海市二期课改授课场馆，是国家AAAA级景区。

虽然如此，上海长风海洋世界却和杜莎夫人蜡像馆、乐高乐园一样同为国际品牌，它隶属于欧洲第一、全球第二的Merlin Entertainment集团，是其旗下的全球最大水族馆连锁品牌Sea Life在上海的分公司。

"认识海洋，热爱海洋，保护海洋"一直是长风海洋世界所秉承的企业文化理念。所以游客们在这里既能观赏到来自世界各地的珍稀海洋生物，又能观看白鲸与海狮等海洋哺乳动物的精彩表演，这些都是栩栩如生的海洋生物科普知识互动展示，使游客们可以亲身感受到人与动物和谐相处的惊喜。迄今为止，长风海洋世界已接待了上千万海内外游客，成为名副其实的集旅游与科普知识传播为一体的综合性场馆。

馆内分为丛林探险、珊瑚礁丛、深海沉船、鲨鱼甬道、企鹅馆等多个区域，最受游客们欢迎的是丛林探险和鲨鱼甬道。前者改建后的丛林探险项目，由于雨林环境十分逼真，所以深受小朋友们的喜爱；后者则可以感受到与海中霸主零距离接触的激情刺激。

5. 上海马戏城曾经拥有哪些殊荣

上海马戏城，有"中国马戏第一城"的美誉，而且因为其独特的建筑造型而成为上海地区又一标志性建筑。上海马戏城位于共和新路，附近有闸北体育场和广中公园等景点，是上海市北区的文化、体育、娱乐中心。而且因为交通便捷，所以来上海的游客通常都会前来一睹其风采。

上海马戏城由杂技场、排练辅助房、娱乐城、兽房、演员接待中心五大部分组成，是以杂技、马戏表演为主体，集文化、体育、娱乐为一体的综合娱乐艺术场所；曾组织策划了一系列重大演出：上海国际魔术节暨国际魔术比赛、国内金奖杂技比赛、俄罗斯冰上马戏、国家舞台精品工程剧目《依依山水情》等。

隶属上海马戏城的上海杂技团在国内外都拥有悠久的得奖传统：早在1956年，著名的口技演员孙泰便在华沙国际杂技比赛中获得金奖；此后《顶碗》在巴黎"明日"杂技比赛中获金奖；《跳板蹬人》在蒙特卡洛杂技比赛中获摩纳哥城市奖，2001年《跳板蹬人》再赴蒙特卡洛，终夺最高奖项金小丑奖；

上海马戏城演出

第一届全国杂技比赛中，上海杂技团的《空中飞人》《大跳板》分获第二、三名，第二届全国杂技比赛中，《大跳板》《驯狗》《牌技》一举囊括三个类别的金奖。此后的各届全国比赛中，上海杂技团的杂技、马戏、魔术等节目均有金奖入账；1988年，上海杂技团自筹资金创建了中国第一所中等专业杂技学校——上海市马戏学校，使我国杂技有百团无一校的历史得以终结。

上海杜莎夫人蜡像馆

上海当时是从全球三十几个候选城市中脱颖而出，才成为全球第6座杜莎夫人蜡像馆落脚地的。而杜莎集团之所以选择上海，是看中了中国巨大的本土明星优势与广阔的市场前景。上海杜莎夫人蜡像馆于2006年5月1日开业，地址在上海南京路新世界。它继承了杜莎夫人蜡像馆200年的精髓，展示出惟妙惟肖的名人蜡像，使前来观赏的游人们有机会与心目中的英雄零距离接触，从而感受明星们的魅力风采。观众除了可以与80多尊足可乱真的中外明星蜡像留下亲密合影外，还可以加入与"明星"的对歌、拍电影、打篮球等互动体验中去。

与其他展馆相比，上海的杜莎夫人蜡像馆运用的高科技元素是最先进的，也是全球互动体验最丰富的展馆。展馆内开设有体验区，如果你有兴趣，甚至可以花钱为自己做一个手模带回家，作为永久的纪念珍藏。

1. 上海杜莎夫人蜡像馆内有哪些名人蜡像

上海蜡像馆经过详细精确的市场调查，最终在冗长的候选名人名单中挑选出了数十位大多数中国人都渴望见到的名人，他们在影视界有：

华人：成龙、陈坤、范冰冰、冯小刚、郭富城、古天乐、葛优、关之琳、李冰冰、梁家辉、李连杰、孙俪、吴奇隆、姚晨、言承旭、杨紫琼、张柏芝、赵薇、张艺谋、甄子丹等。

老外：奥黛丽·赫本、安吉丽娜·朱莉、阿诺德·施瓦辛格、布拉德·皮特、查尔斯·斯宾塞·卓别林、李敏镐、玛丽莲·梦露、妮可·基德曼、皮尔斯·布鲁斯南、汤姆·克鲁斯、西尔维斯特·史泰龙、朱莉亚·罗伯茨等。

布拉德·皮特和安吉丽娜·朱莉的蜡像

音乐界有：

华人：刘欢、李宇春、那英、梅艳芳、黎明、李玟、蔡依林、周杰伦、罗志祥、谢霆锋、陈慧琳、邓丽君、TWINS、容祖儿、古巨基。

老外：迈克尔·杰克逊、埃尔维斯·普雷斯利、滨崎步、梅丽尔·斯特里普、布兰妮·斯皮尔斯、麦当娜、Lady Gaga、凯莉·米洛。

体育界有：

华人：姚明、刘翔、聂卫平、李小双、邓亚萍、郭晶晶、林丹、孙杨。

老外：大卫·贝克汉姆、迈克尔·乔丹、罗纳尔多、路易斯·纳扎里

奥·达·利马、泰格·伍兹、里奥内尔·梅西、维多利亚·贝克汉姆。

中外名人有：

华人：杨振宁、杨利伟、李嘉诚、周立波、李云迪。

国外：阿尔伯特·爱因斯坦、戴安娜王妃、威廉王子、杜莎夫人、比尔·盖茨、比尔·克林顿、普京、休·格兰特、奥巴马、丘吉尔、尼尔·奥尔登·阿姆斯特朗。

2. 杜莎夫人是蜡像馆的创始者吗

在看到上节所提的各个名人蜡像之前，游客会先在场馆的入口处见到一尊不太熟悉的蜡像，它便是杜莎夫人蜡像馆的创始者——杜莎夫人的蜡像。

杜莎夫人（公元1761—1850年）原名玛丽·格劳舒兹，生于法国的斯特拉斯堡。1767年，因为其父战死于对普鲁士的战争，母亲带着小玛丽从斯特拉斯堡移居到了巴黎，并在医师同时也是蜡像制作师的科特斯家做女管家。正是这段际遇，使玛丽学会了日后赖以成名的蜡像制作技能。

杜莎夫人蜡像

1777年，玛丽为大文豪伏尔泰制作了她的第一座蜡像，并因此广受欢迎。于是她获得法王和玛莉皇后的邀请入宫，担任皇室教师，专门负责路易十六王妹妹的教育。她在皇宫内的九年时间其实是惬意的，也很令她享受。

后来由于法国大革命的爆发，玛丽从凡尔赛回到巴黎；但是她的皇室雇主路易十六却被送上了断头台。于是玛丽进行了一项工作，即为路易十六和其他皇室好友制作"死亡面具"。其中部分面具至今依然保存完好。

这之后的1802年，玛丽来到伦敦，并因英法战争的爆发而滞留英伦。可是坚强而不屈的玛丽不仅依靠蜡像保证了生活，还因此发展了事业。如她的老师科特斯一样，玛丽在伦敦开了一家蜡像馆，并取名为"杜莎夫人蜡像馆"。

3. 杜莎夫人蜡像馆是怎么发展起来的

上节提到，杜莎夫人在1777年制作了她的第一个蜡像，之后更是一发不可收拾。她还为卢梭、本杰明·富兰克林等制作过头像。在法国大革命期间，她还不得不在尸体堆中寻找被斩首的头颅，并为他们制作面模。

杜莎夫人的老师科特斯在1794年去世后，将他自己全部的蜡制品收藏都转交给了杜莎夫人。其中科特斯于1765年为路易十五的情妇Marie Jean du Barry制作的蜡像，成为蜡像馆中历史最久的一个，而且至今仍在展览。

蜡像藏品暴增的杜莎夫人于1802年来到伦敦，并带着这些蜡制品游遍了大不列颠和爱尔兰。1835年，当她74岁高龄时，在伦敦贝克街（Baker Street）建立了第一个永久性蜡像展馆。到1884年的时候，蜡像馆迁入马里波恩路（Marylebone Road），但是1925年的一次火灾使许多蜡像毁于一旦。不过值得庆幸的是，它们的模具都保存很好，于是很多较旧的蜡质品便得到了重制。这或许是件好事吧。

杜莎夫人蜡像馆开业200多年来，一直门庭若市，经久不衰，原因颇多。其中最重要的一点便是人们强烈的好奇心。大家希望和历史名人接触，真切感受各个时期的名人，从而体会那些已经过去的历史。

杜莎夫人蜡像馆和它西边的伦敦天文馆，现在都是伦敦最重要的旅游景点，并且在阿姆斯特丹、香港、拉斯维加斯、纽约和上海，都开设了分馆。如今蜡像馆中的藏品包括了历史名人、皇室成员、体育及娱乐明星等。

4. 杜莎夫人蜡像馆是怎么制作名人蜡像的

蜡像的制作是一项非常复杂的工作，尤其是要将蜡像做得惟妙惟肖、仿若真人，就必须对制作的每一步都精益求精。所以前期对名人的测量是至关重要而不能马虎的,这之后则要把这些珍贵的数据发回伦敦总部,因为只有那里的蜡像工厂,才能创造出另一个"名人"。

首先是全身模型的塑造。按照记录的数据和拍摄的照片,雕塑师会先用黏土捏出"名人"的头部,然后敷上石膏制出头部的模具。之后只要在石膏模内灌入热蜡,待冷却后再除去石膏模,蜡像的头部原形就定型了。用同样的方法还可以做出双手和双脚。但是躯干的初期制作还需要金属骨架的支撑,而后期则由玻璃纤维代替。

名人像不像,主要是对头部细节的处理,只要这个做好了,基本就是大功告成了。头颅原形制作完成后便进入复杂的加工工序,眼睛、毛发及皮肤的着色都是极为细致的工作。眼珠用一种玻璃状塑料(丙烯酸类树脂)代替,这会使"名人"的眼睛看起来炯炯有神,而且眼睛是心灵之窗,所以瞳孔内的放射状线条也都会用水彩手绘画出,甚至连眼白内的微丝血管都要用红色的幼丝线做出来。牙齿的制作则更高级,取模、染色,简直就好比为名人做了一副假牙。而"名人"的头发则是真人头发,只不过是寻找与名人头发样本类似的发质,再经由手工一根一根地植入蜡像内,然后经过清洗、裁剪,最后则是梳理发型。整个工程可谓浩大纷繁。

大体做好后,后期的加工也是格外重要的环节。蜡像的"像"不仅在于形也在于神,这就需要让

上海杜莎夫人蜡像馆为韩国偶像李敏镐量身制作蜡像

"名人"看起来如真人一般活灵活现。全身皮肤的着色至关重要:根据黄种人的肤色和名人自身的皮肤特点,塑像师会调配出合适的颜色替蜡像涂上油彩,这种油彩会令蜡像全身呈现一种皮肤特有的透明质感,而且根据肌理纹路对色彩进行微调处理,以使"名人"的皮肤色彩更为逼真。着色完毕后,还要将头部及四肢安装在玻璃纤维制成的身躯上,完成整体的拼装。

据说制作一个完整的名人蜡像，需要花费上百万元人民币。

5. 杜莎夫人蜡像馆到底有什么历史作用

其实在杜莎夫人做蜡像的那个时代，新闻最主要的传播方式是靠口头或报纸完成的。杜莎夫人的蜡像便成为了一种另类的报纸。通过展出那些头版头条中出现的大人物，寻常百姓们可以更深切了解到当时的国际动态。而这些价值连城的蜡像使在欧洲发生的那些重大事件，包括法国大革命、拿破仑战争等，显得那么栩栩如生。蜡像以写实的手法制作而成的政治风云人物，以及恐怖屋里的惊恐蜡像等，都成为人们广泛流传并引起不断联想的载体。

不过20世纪后，杜莎夫人蜡像馆的功能开始发生变化。因为这时国民素质普遍提高，而且新闻的传播速度得到了飞速提升，随处皆可获得当今的最新消息。于是杜莎夫人蜡像馆的展出也不再是一个向大众提供新闻的地方，其功能逐渐转向对公众人物的评论。而且在20世纪的时候，杜莎夫人蜡像馆经历了一些重大的动乱，但是在熊熊烈火、恐怖的地震，以及空袭炸弹的轰炸下，它依旧存活了下来。今天的杜莎夫人蜡像馆是规模最大而且最好的，它有机融合了多彩的历史和21世纪的历史人物。

杜莎夫人蜡像馆最早期的作品现在依旧还在展出，其中包括在法国大革命期间被迫制作的死亡面具，以及砍下苏格兰玛丽女王头颅的断头台。游客们在此还可以看到也许是史上最早的电动模型：绰号为睡美人的路易十五的情妇在睡眠中自然呼吸。展出的其他名人还包括娱乐界、体育界的明星及政治人物，每一具蜡像都惟妙惟肖。

从法国大革命到现在，杜莎夫人蜡像馆为好奇的大众展出了这期间几乎所有的历史人物。而随着时代的变迁，越来越多体现时代特征的新蜡像在不断推出。你只要对那些赫赫有名的大人物心存一丝好奇的话，那么杜莎夫人蜡像馆便是你的必去之地。除了这里，你还能在那里感受这两个世纪以来所有的历史名人以及当红人物。这便是杜莎夫人蜡像馆存在的意义。

上海的休闲娱乐

上海人的骄傲：沪剧

沪剧又叫"申曲"，因为此种剧兴于上海，所以被称为沪剧。在其发展的过程中曾受到苏州滩簧及文明戏的影响，故而曲调优美并极富江南气息。它的优秀剧目多以现代生活为题材。沪剧的英文表达法为Songhu Opera，即淞沪剧；而Shanghai Opera却是指的越剧，而并非上海本地剧种。

1. 沪剧有着怎样的形成历史

沪剧本来叫做花鼓戏，作为农村的田头山歌，早在清朝乾隆年间（公元1736—1795年）便已流行于江、浙一带。

上海沪剧表演

发展到清代道光（公元1821—1850年）末期的时候，已经有了专门的上海滩簧，当地人称之为"本滩"。因为角色少，伴奏也少，所以可以随地演唱，这时亦叫做"对子戏"。

再往后，演变成了"同场戏"：角色人员增多，而且已经有了女演员，并配备了专门的伴奏人员，使整个班社有了十来个人的编制，于是便可以演出情节较为复杂的剧目了。

早期的戏班主要在乡间流动演出，就好像鲁迅先生在社戏中描写的一样；后来则进军上海的街头，甚至茶楼。演出的剧目大都以农村生活为题材，演员的装束也基本都是清代的农村服饰。这些剧目后来被称为清装戏。

本滩其实在辛亥革命前后便进入上海各游艺场演出，初期以坐唱为主，并且没有化装。20世纪20年代，随着戏班的增多，并且受到文明戏的影响，便采用了幕表制，并发展为小型舞台剧——"申曲"。

30年代初，出现了大量取材于时事新闻和电影故事、表现城市生活的剧目。这种剧的出场人物都身着西装、旗袍登场，故而被称为"西装旗袍戏"。随着这类戏的上演，申曲的表演形式逐渐接近于文明戏和话剧；比如采用新颖的布景，以及加强灯光、效果、音乐等。此外还吸收了一些文明戏工作者担任编导。如此这般，申曲歌剧公会也应需求而成立，1934年改组为申曲歌剧研究会。到1938年的时候，申曲团体猛增到30个左右，著名的有文月社、新雅社、施家班等。

随着1941年上海沪剧社的成立，申曲开始被改称为沪剧。这一时期上海的电影和话剧大放异彩，申曲自然受到它们很大的影响，比如上海沪剧社上演的第一个剧目，便是改编自好莱坞的电影《魂断蓝桥》，而他们所演出的《铁汉娇娃》，则改编于《罗密欧与朱丽叶》。

在电影的影响下，沪剧建立起了比较完善的编导制度，表演上也注意刻画人物性格，探寻唱、做、白的有机结合。演唱艺术方面，则以最能表现个人演唱特点的长腔长板为主，并出现了各种流派。当时改编自电影《桃李劫》的《恨海难填》，获得了巨大的成功，同年被改编成戏曲影片。

2006年5月20日，上海的本地剧种——沪剧，终于经国务院批准列入第一批国家级非物质文化遗产名录。

2. 沪剧都有哪些经典剧目

爱情在任何时候都是永恒的话题，而且最好拉上两代人。沪剧经典剧目《罗汉钱》便是在讲一对有情人终成眷属的故事，而且翻拍成了电影：农村姑娘张艾艾与同村青年李小晚之间萌生爱意，并互赠小方戒及罗汉钱作为信物。可是被思想封建的村长等人知道了，关于他俩的流言蜚语便在村里流传开来。艾艾的母亲小飞蛾听到这些闲话后，便打算赶快把女儿嫁出去。可是小飞蛾发现了女儿的罗汉钱，想起自己年轻时也曾和一个青年农民保安相爱，恰巧也是互赠罗汉钱以作信物。但是自己却被父母逼着嫁给了张木匠，所以才被村长指责为"上梁不正下梁歪"。小飞蛾陷入了痛苦的抉择。这时艾艾请自己好友马燕燕去向母亲说情。思想进步、伶牙俐齿的燕燕终于设法说服了小飞蛾，但村长却不给他们开结婚用的介绍信，于是艾艾和小晚去区政府登记的要求也被拒绝了。这下村长更得理了，张木匠也说小飞蛾母女俩给他丢尽了人。正在这时，颁布了"婚姻法"，区长亲自来宣传，并指出了村长的错误。于是乎，小飞蛾积压了20年的精神痛苦，终于在艾艾和小晚这对有情人终成眷属后，得到了解放。

《罗汉钱》演出

虽然那个时期有大量优秀的沪剧上演，但如今时光荏苒，沪剧艺术面临着越来越严重的生存危机：演出市场持续严重萎缩，观众不断减少；加上沪剧从业人员收入普遍偏低，人才的流失和断层现象日益严重，原有的数十个沪剧演出团体，如今仅剩下两三个。抢救沪剧艺术已刻不容缓，有力的保护措施也已经势在必行。

3. "上下手"是沪剧里的什么行当

对子戏时期的沪剧，戏班中的男角称为上手，女角称为下手，并以一生一旦形式的演出居多，不过也有一丑一旦，乃至两个旦角的。而且那个时候受到传统观念的影响，无论生旦，均由男性演员饰演。

不仅如此，角色的动作也较为简单。比如角色跑圆场及穿插行走，称为"串链条""如意头"等；动作则称为"手面""掠发势""拨鞋势"及绣花、摇船、推磨等，小步便代表角色正在上楼，以扇搭肩则是在挑担，而且这个时候武功表演技巧还没有形成。

正如京剧一样，沪剧在不同时期的角色行当也各有不同。

同场戏时期，初期，上手（男角）在不同剧目中演唱各种角色，后来才有了生行和丑行的分别。生行即小生、老生，其中小生又分正场小生、风流小生；扮演丑行的则称为撮角、触角。不仅名字不同，表演上也有区别：生行举止稳重，谈吐文雅；丑角则动作夸张、油腔滑调。旦角总称头笄，又名包头，而且也有正场包头、娘娘包头、花包头、老包头、邋遢包头等区分。虽然角色分工上已经有了细致的划分，但当时本滩班社的演员较少，所以他们演角色时大多串扮。比如演小生的艺人戴上胡子，就成为老生；旦角换个包头，小姐就变成了娘娘（上海话里，娘娘即指父亲的姊妹）。

下手（女角）

同场戏在表演上的动作也极为简单，和对子戏时期基本相同。

沪剧早期由男角扮演，"女口"（下手）时的女性头饰，称为"扎头髻"，也有叫"扎头肩"的。演员在表演的时候，不仅模仿女性的举止体态，而且还要模仿女性的发声，由此沪剧里便有了旦行。原先，"男口"（下手）在不同剧目中扮演各种不同的角色。后来发展出来"先阳"（生行），并有了"触角"（丑行）的分野。这种以生、旦、丑行为雏形的不同性格色彩的表演，当时还未发展为成熟的角色行当。至于后来沪剧虽然向文明戏、话剧的方向发展，但唱、做、念也均未形成行当，演唱时也都用真声而未动假音。

4. 沪剧艺术拥有怎样独特的唱腔

沪剧唱腔音乐的来源，是明清时期流行于浦江两岸的田头山歌，后

来经过长期的艺术实践和广采博取，才逐渐形成了其丰富多彩的曲调和独特的风格。而且沪剧既擅于叙事，也长于抒情。并且在演唱时巧妙地运用速度的放慢或加快，变化表演的节奏、节拍、调式与伴奏过门等，以此适应剧情和人物感情的需要，形成了一整套板式，曲调主要分为板腔体和曲牌体两大类。

板腔体唱腔是包括以长腔长板为主的一些板式变化体唱腔，此外还辅以"迂回""三送""懒画眉"等短曲，以及"夜夜游""寄生草""久闻调""四大景""紫竹调"和"月月红"等江南民间小调。

长腔长板是包括一系列不同速度的板式，并且作为沪剧表演风格的代表，应用广泛，所以一般称之为"基本调"。后来在其形成演变的过程中，将男女角色分腔，并采用同调异腔的方式来演绎。其中女腔为商调式，男腔为羽调式。

另一类板式唱腔，则是在沪剧发展早期，吸收了"苏滩"的太平调、快板、流水等唱腔的音调、节奏，并最终与沪剧曲调结合衍生形成的曲牌体唱腔。

这种唱腔多数是明清俗曲以及民间说唱的曲牌和江浙俚曲，另外也有从其他剧种吸收的曲牌，甚至还包括一些山歌和其他杂曲。所以在传统戏中，多数情况下只应景应时地作为插曲而加以运用，也有的只在翻牌点唱或电台广播中演唱。

5. 沪剧表演乐器如何广纳百家

任何艺术形式，都由简单到复杂，沪剧的伴奏乐器亦不例外。

在对子戏时，乐器的使用不过一把胡琴、一副板和一面小锣而已；进入上海市区后，沪剧团虽然还是以竹筒二胡为主（俗称"申胡"），但是已逐渐增加了琵琶、小三弦，以及笛、箫等具有江南韵味的丝竹类乐器；同时还会采用支声复调的手法演奏。后来因为在沪广东帮的壮大，于是沪剧受到广东音乐的影响，扬琴便替代了小三弦，而笛、箫的使用也更加频繁。在一些唱腔过门儿中，还会使一些江南丝竹乐及广东乐曲的音调融入其中。在随后的发展中，沪剧又相继吸收了秦琴、椰胡、阮等乐器，乐队也遂成规模，表现力也增强了。解放后，沪剧剧目的题材有了新的开拓，所以板胡、月琴也随之进入了乐队。

不过在长期的演出实践中，鼓板、主胡、琵琶、扬琴始终是沪剧演出的主要伴奏乐器，被俗称为"四大件"。

沪剧表演乐队

后来因为演出的需要，沪剧乐队还陆续增加了大小提琴、单双簧管等。20世纪70年代又有中提琴、低音提琴和铜管乐器（大号、圆号、长号）加盟。80年代后，沪剧乐队伴奏的主要部分已经变成西洋乐器中的木管组和弦乐组。而前卫的电声乐器也会偶尔进入沪剧乐队。如今，乐队的编制和乐器的运用达到了相当的规模。

上海人的消遣：评弹

评弹分为评话和弹词，但均是以说表细腻见长。评话所用的吴语糯软而动听，并时常穿插科诨笑料，可谓妙趣横生。弹词亦以吴语轻唱，其音更加抑扬顿挫、轻绵柔缓，再加上弦琶与三弦儿的伴奏，从交错中显出琮铮，听来十分悦耳。所以评弹一直都是为上海、江浙人民所喜爱的表演形式。

1. 老上海人听的是苏州评弹吗

苏州评弹自然应该是苏州最有名的了，不过从清朝末年到20世纪30年代，却是上海滩的老少爷们儿捧红了苏州评弹。当时正是鼎盛时期，书场之多，超过说书的发源地苏州。上海市民听说书也已成为老上海独特的文化景观。跑去听书的，有政府大员、商界名流；也有贩夫走卒、地痞流氓。总之各个阶层、各种年龄的人，都喜欢听书。泡上一壶茶，闲悠悠地坐着听书，慢慢品茶，慢慢休息，慢慢听书，慢慢享受，何乐而不为呢？

当时上海所听的苏州评弹，分为大书和小书两种。说大书的，只说不唱，常见的就是一个人在那儿独说，称为"单档"；小书又称"弹词"，顾名思义，表演的时候需要抱起琵琶，边弹边唱。其实小书最初的时候也只有"单档"，后来才流行的两人搭档，称为"拼双档"。影视剧里便常见一个老头子拉三弦儿（可不是二胡）、女儿抱琵琶卖艺的桥段。

此外，两种形式在所说的内容上也有很大的区别。大书往往以场面大、人物多、情节复杂的国家大事为脚本，比如三国啊水浒啦什么的；而小书则都是家庭琐事，如情场风波等，西厢记或可算在其中。

如今在上海市的电台里，还经常有评弹说书的节目，并广受欢迎。

2. 老上海有哪些知名的说书场

有需求就有供给，更何况在那个电视机还未出现的年代，说书场便成了老上海人消遣、谈天的最佳去处。随之而起的有名说书场，也就不可枚举了。

比如上海四马路的青莲阁，福建北路的玉茗楼，广东路的万云楼，东棋盘街的春江花月楼，十六铺的称心如意楼，西康路的明月楼，牯岭路的湖园等，都是旧时沪上的有名说书场，并广为老听客们所熟知。

清末的青莲阁

此外，创建于1890年的汇泉楼，曾积极地造就过评弹演员，并扩大了评弹的影响,著名的弹词女演员范雪君大获好评的《啼笑因缘》,便是在这里演出的。宁波路493号的南园书场,以红木为原料制作场内台椅,华贵雅典至极。西藏路上的东方书场也是老上海设备最好的书场之一,不仅有600余个座位,而且冬置皮垫、夏铺草席,所聘的艺人也多是响档。浙江路、天津路口的萝春阁则是朱耀祥、赵稼秋首演《啼笑因缘》的书场。山西路的南京书场在1941年春节,因上演《三笑》而轰动上海滩。而且仙乐书场也是因为杨振雄在此演《长生殿》而名声大振。清光绪二年(公元1876年),上海的第一个女书场"也是楼",便是名震一时的著名说书场,经常人满为患。

这些书场都曾给上海观众留下过美好的印象,并培养出一批又一批的评弹观众,大大丰富了上海人的闲暇生活。

3. 旧上海说书有名的只有四大家吗

所谓的说书四大家,其实是20世纪40年代,在上海评弹界评选出的四位大名家。他们是演《描金凤》的夏荷生、演《珍珠塔》的沈俭安、演《落金扇》的蒋如庭以及演《玉蜻蜓》的周玉泉。

不过说书的演员那么多,怎么会只有这四个"角儿"呢?

演《描金凤》的夏荷生

比如凭借一曲"蒋调"而名声鹊起的蒋月泉;将说、噱、弹、唱融为一体并开创"严调"的严雪亭;出演《顾鼎臣》《十美图》的"张调"名家张鉴庭;以委婉凄切唱腔开创"祁调"唱腔的祁莲芳;以及1948年进入上海演《长生殿》、擅唱俞调并自创"杨调"流派的杨振雄等,都是上海滩评弹流派中赫赫有名的演员。所以当时沪上的评弹名家,又何止那"四大家"呢?

4. 如今听评弹的上海人有多少

根据前几年的一些调查,上海日均约有近万人直赴现场去听评弹,这是不包括电台等其他听众的。但是为什么如今的书场数量还不足60年前的一成,并且皆经营惨淡呢?

要知道,在20世纪四五十年代左右,评弹可是上海人仅次于电影的第二大娱乐节目。但60年过后,如今的上海书场却已不到60家,而且时有书场停业。

"听众老龄化"而且"票价便宜"是官方提出的症结所在。

"听众老龄化"的问题要以泰日老年书场为例,这里的听众大致分两类:一是七八十岁及以上的老年人,每天都来这里喝茶、听书,二是菜农等小生意人,从四五十岁到六七十岁的都有。"书场每天十二点半开始说书,到下午两点半结束,这些人正好做完事,或者到城里卖完菜回来,就来书场喝喝茶、听听书,顺便谈天说地。"陈新章说,"农村文娱活动少,而这些中老年人并不喜欢看电视。"

因为受众多是老年人,而他们对价格都极为敏感,所以就直接导致了第二个问题的出现:"票价便宜",甚至"过低"(有2元一张票的)。

还有一个问题便是节目陈旧。经典书目是好,但是唱了多少年了仍然是一唱再唱,等于是自己把年轻观众挡在了门外。其实年轻人并非不爱听评弹书目,只是对过老的剧目不感兴趣。比如新编的《赛金花》,就在市场上受到了年轻人的喜爱。

看来评弹在上海的重新兴旺,还是有可能的。

上海的高等院校

　　大学是一座城市文化的标志。正如北京因北大、清华而增色，伦敦因牛津、剑桥而闻名，上海也因它所拥有的大学而熠熠生辉。那么上海都有哪些知名大学呢？复旦大学、同济大学、上海交通大学、华东师范大学等都是上海知名的大学，而其中复旦大学、上海交通大学以及同济大学，是上海所有大学中最出名的三所，这三所大学承载了上海的传统文化，游览这三所大学，能让你感受到不一样的上海文化。

第一所中国人自主创办的大学——复旦大学

复旦大学，位于上海市杨浦区，1905年建校，初名"复旦公学"，是中国人自主创办的第一所高等学校，创始人为我国近代著名教育家马相伯先生，首任校董为孙中山先生。

复旦校名取自《尚书大传·虞夏传》中"日月光华，旦复旦兮"中的"复旦"二字，有"自主办学，复兴中华"的寓意，寄托了当时国人的时代期望。

复旦大学在民国时期奠定了作为一所优秀大学的基础。新中国成立后，成为教育部与上海市共建的首批全国重点大学，是中国首批"211工程""985工程"大学，首批"珠峰计划""111计划"以及中国顶尖学府"九校联盟"（又名"C9联盟"）成员大学。

复旦大学拥有文学、历史学、医学、哲学、法学、理学、经济学、工学等十大门类学科，有邯郸路、枫林、张江、江湾四大校区。

在2015年中国大学排行榜上，复旦大学位列全国第三。

在2015年世界大学排行榜上，复旦大学位列世界第71名，学术排名世界第52名。

抗战时期的复旦大学

在重庆市区以北约30公里处，嘉陵江畔，缙云山脚，有一座风景秀美的北碚小城。

在北碚，时光以一种柔缓的节奏流淌，稍有耐心，便能在小城僻静的区域遇见三四十年前的景观，两三层的红砖小楼，灰白色的公路，水泥砌的拱桥……

然而，很少有人知道的是，在北碚东阳镇的夏坝，还保留着70多年前复旦大学西迁入渝时的旧址。

抗日战争时期，重庆作为国民政府的战时陪都，是当时中国的政治、文化中心，数十所沦陷区的大学迁校至此，包括当时著名的中央大学、中央政法大学等，来自上海的复旦大学也是其中之一。

1937年8月，中、日两军在上海大战，复旦大学多处校舍被敌军炸毁。

9月，校长吴南轩率领一百多名师生，携带学校的重要档案、文件、图书、贵重仪器等，迁至江西庐山。"大军"从江湾火车站启程，浩浩荡荡地朝庐山方向进发。在江西逗留了两个多月。12月，南京沦陷，江西危在旦夕，复旦师生遂继续西迁。

辗转数日，横跨数省，复旦师生终于抵达重庆。一到重庆千厮门码头，就受到了重庆复旦校友及社会各界的热烈欢迎。

此次长途迁徙，是复旦大学校史上十分光辉的一笔。师生们不惧艰险跋涉千里，展示了国人决不向日寇妥协的伟大民族气节。

在当地社会各界的支持下，复旦以北碚对岸的夏坝为新校址，开始了长达8年的北碚办学历程。

夏坝原叫"下坝"，复旦新闻系教授陈望道取"华夏"之"夏"，将其更名为"夏坝"，以表达师生的爱国之情。

重庆市区夏季酷热、秋冬多雾，但嘉陵江畔的夏坝却是冬暖夏凉、春温秋爽，可谓别有洞天。不过起初夏坝地区还是一片荒芜，迁校之初，复旦师生只能借寺庙、祠堂和民房当做教室与办公住宿之地，并且一边办学一边建设校园。

不久，一个焕然一新的复旦校园就出现在嘉陵江畔。据复旦校史记载，夏坝江边建有沿江大道，道边梧桐成荫。校园之内，以登辉堂为起点，相伯图书馆、寒冰馆、新闻馆等建筑一字排开，皆坐东朝西，面向

嘉陵江。此外4座教学楼、10幢学生宿舍、1座食堂、6幢教师宿舍等，房屋虽不高，但却大气实用，在抗战的艰苦时期，能在短时间内建成这样一座有模有样的私立大学，真可谓奇迹了。

在全民抗战的艰难时期，复旦师生们刻苦治学、充满乐观精神。

复旦校友蔡可读在回忆文章《夏坝岁月》中如此写道："太阳刚刚上升。沿嘉陵江的斜坡上，就已散坐着三两成群的同学在学习了，有的则坐在沿江的茶馆内备课；或争辩着国内外大事。晚饭后，有的同学向相伯图书馆方向奔跑占好座位。当然也有相爱的男女同学，漫步于梧桐树旁情话不断。更有意思的是不少学术报告会是在沿江某个茶馆内举行的、听众可以自由参加。座位上一杯茶，一支蜡烛。有时很静，有时则笑声不断。"

在刻苦治学的同时，全体师生支持抗战，反对侵略，维护民族大义，夏坝因此得到了"民主堡垒"的赞誉。

1938年7月，复旦建立了北碚第一个中共党支部，法学院教授孙寒冰主编的《文摘》杂志，利用当时的出版自由，在国民党统治区第一个发表《毛泽东传》，在蓝色的国土上插上了红色的旗帜……

1940年5月27日，日军疯狂轰炸陪都重庆，包括孙寒冰教授在内的7名复旦师生不幸遇难，长眠在了嘉陵江畔。

夏坝时期的复旦名家荟萃，张志让、陈望道、周谷城、洪深、孙寒冰、章靳以、曹禺等著名教授云集于此。他们和两千多名朝气蓬勃的青年学生，以及全体教师一道，以抗战自励，振奋精神，教学相长，关注时局，参与社会。为这个饱受磨难的国家贡献着自己的力量。这段岁月可谓复旦校史上最为光彩的一页。

令人欣慰的是，这么多年过去了，夏坝校址上仍然保留了一幢当年的建筑，它就是以复旦老校长李登辉的名字命名的"登辉堂"。登辉楼是当年学校的礼堂，由此依稀可以窥见到北碚复旦昔日的风采。

1945年，经过八年的顽强地战斗后，中国人民取得了抗日战争的伟大胜利。当年西迁的内地大学们也纷纷开启了回家的旅程。

1946年,复旦北碚校区时隔八年终于回到了上海,开始了新的历程。

"一·二八淞沪抗战"中的复旦学生

1932年"一·二八淞沪抗战"前夕,为协助国军抗战,上海市学生军联合会创建了学生义勇军总部。

该总部设于复旦大学江湾校区内,并以复旦学生军为"模范队"。

1932年1月28日夜里,日本侵略军突然向驻防在上海天通庵车站的国军第十九路军第六团发起进攻。十九路军将士随即整装,奋起反击。

复旦学生义勇军亦英勇地协助作战,在火车站以北一带严守防务。

抗战时期复旦大学校址

夜里午时左右,十九路军其余各团抵达火车北站,随即要求复旦学生军转守后方较为安全的地带。

军长蔡廷锴将军于戎马匆忙之中,非常简明扼要地对复旦学生军说:"平日养兵,用于此时。但国家造就一个大学生极不简单,决不容轻易牺牲……"

在蔡将军语重心长地劝说下,复旦学生军动容不已,立即服从指示,转至闸北太阳庙,负责交通运输与救护工作,并协助地方维持治安。后又奉令组成抗日宣传队,分头前往昆山、苏州、无锡、常州、扬州等各地,化装演讲,积极宣传抗日,持续了一个多月的时间。

在国军的英勇抗击,以及英美等国的调停下,日军最终停止了进攻,局面恢复到了战前的状态。

五年后,亡我之心不死的日寇全面侵略我国,又过了八年,终于惨败在世界反法西斯同盟正义的枪炮下。

而复旦学生军协助国军抵抗日寇的事迹,也将永远载入在史册。

消失在旧时光里的南洋公学——上海交通大学

上海交通大学，位于上海市杨浦区，校史最早可追溯到公元1896年由清政府创立、盛宣怀督办的南洋公学。

南洋公学是中国高等教育的发祥地之一，历史上多次改名，曾用名有"商部高等实业学堂""邮传部上海高等实业学堂""南洋大学堂""交通部上海工业专门学堂"等。

1921年，南洋公学改组为交通大学。

而后却再遭波折，又曾改名"交通部南洋大学""交通部第一交通大学""国立交通大学（上海本部）"。

1949年，"国立"二字被去掉，遂成新中国初期之"交通大学"。

1959年7月31日，国务院批准交通大学上海部、西安部分别独立，成为两所学校。交通大学上海部正式更名为"上海交通大学"。

2005年7月，上海第二医科大学并入上海交通大学。从此前者消逝，后者壮大。

上海交通大学

上海交通大学是一所以理工为特色，涵盖理、工、医、经、管、文、法等9大学科门类的综合性全国重点大学，是中国首批"211工程""985工程"重点建设院校之一,入选"珠峰计划""111计划""2011计划""卓越医生教育培养计划""卓越法律人才教育培养计划","卓越工程师教育培养计划"等,还是"九校联盟"、Universitas 21、21世纪学术联盟的成员。

在2015年国内大学排行榜中,上海交通大学位列第7。

在2015年世界大学排行榜中,上海交通大学位列第104,在世界学术排行榜中位列第122。

上海交大最牛校友之钱学森

上海交通大学有一位享有世界声誉的著名校友,他就是"中国航天之父"——钱学森。

钱学森于1934年毕业于国立交通大学机械与动力工程学院,于1935年赴美留学。

钱学森

历经十年的不懈奋斗,钱学森成为了当时世界顶尖的火箭专家,并以"时速一万公里的火箭已成为可能"的惊人火箭理论而享誉世界。

这位加州理工学院的教授在第二次世界大战期间,和他的导师冯·卡门一起参与了当时美国绝密的"曼哈顿工程"——核武器的研制开发工作。可见钱学森在美国是屈指可数的杰出人才之一。

1949年,新中国成立的消息传到美国后,钱学森和夫人蒋英按捺不住内心的激动,计划着尽早回到祖国。但由于被疑是共产党员,且拒绝"揭发"友人,钱学森被美国军部突然注销了参加绝密行动的证书。

后来,钱学森向美国相关部门提出回国申请。然而令他万万没有想到的是,他的回国请求竟引发了一场磨难。

美国海军部官员得知钱学森打算回国后,瞪着眼睛说:"他了解所有美国导弹工程的核心机密,一个钱学森抵得上五个美国海军陆战师,我宁愿把这家伙杀了,也不能放他回红色中国去!"

此后,美国政府对钱学森夫妇的迫害开始了。

先是移民局抄了钱学森的家,紧接着将他本人关在海岛上长达14天,钱学森的身心遭受到极大的摧残。最后加州理工学院给了美国政府一万五千美元的巨额赎金后,钱学森才得以离开海岛。

后来,海关又没收了钱学森的私人物品,其中包括800公斤的书和笔记本,指控里面有机密文件。

钱学森在美国的不幸遭遇不久传到国内,人们震惊了。

科学界的人士纷纷以各种途径持续声援钱学森,党中央对钱学森在美国的状况也非常关注,中国政府郑重发表声明,强烈谴责美国政府蔑视人权,在违背个人意愿的情况下监禁钱学森。

1954年4月,在日内瓦出席国际会议的中国国家总理周恩来,想到中国有一批留学生和科学家被扣留在美国的事情,就指示说:"美国人既然请英国外交官找我们疏通关系,我们就应该抓住这个机会开辟新的接触渠道。谈判中首先要解决中国留美科学家钱学森等被扣留的问题。"

为了取得主动权,周恩来指示中国代表团发言人黄华发表讲话,要求美国政府归还扣留在其国内的中国侨民和留学生,并暗示中国愿意就扣押美方人员的问题与美国进行直接谈判。在这种情况下,美国政府只得答应与中国代表谈判。

1955年8月1日,中、美大使级会谈在日内瓦举行,中、美双方终于就两国平民回国问题达成协议。第二天钱学森就接到美国当局的通知,宣布对他的管制令已经撤销,他可以自由出境了。

1955年9月17日,钱学森携妻儿登上了"克利夫兰总统号",踏上了回国的航程。

由于钱学森等一批卓越科学家回国效力,中国的导弹、原子弹研制成功的时间至少提前了20年。

改革开放之后,中美关系进一步正常化,两国之间的科技交流与科学家互访也逐渐增多。在这种局面下，一些美国知名科学家和在美华裔科学家接连向钱学森发出邀请，请他回美国访问。

但钱学森明确表态："当年我离开美国，是被驱逐（deport）出境的，按照美国的法律，我是不能再去美国的。美国政府如果不公开给我平反，我今生今世绝不再踏上美国领土。"

上海交大最牛校友之李叔同

上海交大还有一位著名校友，他就是著名艺术家、高僧——弘一法师李叔同。

弘一法师，俗名李叔同，1880年出生在天津，1942年圆寂于福建泉州。

李叔同多才多艺，既是卓越的音乐家、美术教育家，又是优秀的书法家，还是中国话剧的开拓者之一。他于1901年来到上海，进入上海交通大学的前身南洋公学读书，后赴日留学。留学归国后，先后做过教师、编辑等工作，后剃度为僧，法名演音，号弘一，晚号"晚晴老人"，被后人尊称为"弘一法师"。

李叔同

李叔同一生趣闻颇多，在此摘取三则。

创作《送别》

弘一法师未出家时，"天涯五好友"中有一位名叫许幻园。

冬日里的一天，上海滩天降大雪。鹅毛纷飞中，许幻园匆匆来到李叔同的家门口，把李叔同和叶子小姐叫了出来，说道："叔同兄，我家破产了，咱们后会有期。"

说完，许幻园挥泪告辞，连好友的家门也没踏进。

李叔同望着好友远去的背影，在大雪中整整立了一个小时，叶子小姐多次喊他进屋，他像没听见似的。

不知过了多久，李叔同蓦然回到屋内，把门一关，让叶子小姐弹琴。悠扬的琴声中，李叔同含泪写下："长亭外，古道边，芳草碧连天……问君此去几时来，来时莫徘徊。"

这就是那首经典传世的《送别》。

怜虫摇椅

李叔同去学生丰子恺家，每次坐那把木藤椅时都要摇一摇再坐下。

丰子恺起初不好意思问，但次数多了，就不禁疑惑地问老师："您为何总是摇一摇椅子才坐呢？"

李叔同笑着答道："这个木藤椅上可能会有小虫，坐前摇一摇这些小虫就跑开了，这样坐下去之后，就不会杀生了。"

慈悲的力量

李叔同出家成为弘一法师后，著名画家徐悲鸿先生曾多次上山看望法师。

有一次，徐悲鸿先生突然发现山上一棵枯死多年的树，竟然生出了新的嫩芽。

徐悲鸿不解，便请教弘一法师道："此树发芽，是因为您。一位高僧来到此山中，感动了这棵枯树，它便起死回生。"

弘一法师说："不是的，是我每天为它浇水，它才慢慢活起来的。"

有一次，徐悲鸿先生又去探望弘一法师。这次他看到一只猛兽在法师面前走来走去，并没有伤人的意思。

徐悲鸿觉得很奇怪，便请教道："此兽乃山上野生猛兽，为何在此不伤人？"

弘一法师说："早先它被别人擒住，而我又把它放了，因此它不会伤害我。"

前三任校长都是德国人——同济大学

同济大学，位于上海市杨浦区，由1907年德国医生埃里希·宝隆在上海创办的德文医学堂演变而来。1908年，德文医学堂改名"同济德文医学堂"；民国后，于1912年，与创办不久的同济德文工学堂合并，更名为"同济德文医工学堂"；1923年正式定性为大学；北伐胜利后，于1927年更名为"国立同济大学"，是中国最早的国立大学之一。

"同济"二字从德语"Deutsch（德意志）"的上海话

同济大学

谐音而来，在当时有德国人与中国人同舟共济的寓意。

同济大学的前三任校长均为德国人，分别是埃里希·宝隆、福沙伯、贝伦子。直到1917年，同济才有了第一位中国校长——沈恩孚。可见，是德中人民共同孕育了同济，同济是中德人民友谊的象征。

在风雨中，同济大学穿过历史的曲折与泥泞，一路走到今天。

现在，同济大学是国家"211工程""985工程"重点高校，也是招生标准最为严格的中国大学之一；是"2011计划""珠峰计划""卓越工程师计划""卓越法律人才教育培养计划""卓越医生教育培养计划""111计划"、中美"10+10"计划成员高校；是环境与可持续发展合作联盟、国际设计艺术院校联盟、21世纪学术联盟、卓越大学联盟、中俄工科大学联盟、中欧工程教育平台、同济—伯克利工程联盟成员,为中管副部级院校。

在2015年国内大学排行榜上,同济大学排名第18。

在2015年世界大学排行榜上,同济大学排名第393。

同济大学创始人——德国人埃里希·宝隆

同济大学,在中国可以说声名显赫,路人皆知。但你是否知道,同济大学的创始人,是一位德国人。他就是埃里希·宝隆。

宝隆于1862年出生在德国。父母都是基督教新教徒。基督教后来也成为了宝隆的信仰。

宝隆两岁时,父母相继被肺结核夺去了生命。宝隆从此由亲戚抚养。

1882年9月22日,宝隆在沃尔芬比特尔完成了高中学业,同年10月28日,宝隆被弗里德里希·威廉医学外科研究所录取,开始学医的旅程。而宝隆学医的动机,恐怕和父母的死不无关系。

埃里希·宝隆

1883年4月1日至10月31日,宝隆在军队服役。

1884至1886年,宝隆继续在大学学习医学,并成为德国军队中的一名军医。

1887年8月27日,在完成有关脊柱损伤的学位论文后,宝隆获得了医学博士学位。

1888年1月24日,宝隆升任为德国海军助理医生,至1893年5月22日,先后在皇家海军狼号、伊尔梯斯号炮舰上担任上尉军医。

伊尔梯斯号长期活动在东亚海域,其间宝隆随军到过上海。

在上海，宝隆震惊于当地医疗条件之差，于是决定退伍在上海行医。

但在行医过程中，宝隆感觉到自己曾经接受的军医教育非常片面，不足以使他成为一名合格的医生，于是他决定回到德国继续深造两年。

在上海，宝隆还结识了一位在当地开诊所的德国医生——卡尔·策德里乌斯，在交流中，宝隆萌生了在上海建立一所给中国人治病的医院的想法。

回到德国，宝隆一边在医院工作积累经验，一边在大学进修，一边还为在上海办医院筹备资金。

1893年，宝隆重返上海，起初在好友策德里乌斯的诊所里担任助手。

后来，策德里乌斯去世，宝隆于是在上海德国教堂附近开办了自己的诊所，逐渐成为上海地区有名的外科医生。

此后，宝隆送策德里乌斯的妻女回国。在柏林期间，宝隆见到了他的好友、德海军军医总监舒尔岑，后者同意为宝隆的中国计划争取德国政府的支持。

在上海，宝隆还和德国医生奥斯卡·福沙伯组成了上海德医公会。

1899年，宝隆与福沙伯以德医公会的名义开始筹办一所诊治中国病人的医院，筹办工作获得了德国驻沪总领事克纳佩，上海实业界人士虞洽卿、叶澄衷等人的支持。

后来医院建成，取名"同济医院"，寓意德国人与中国人同舟共济、共渡难关。"同济"也是"Deutsch（德意志）"在上海话中的谐音。

不久，克纳佩向德国官方建议，在同济医院的基础上创办一所培养中国医生的德国医学院。此建议获得了以宝隆为首的上海德医公会的大力支持。

德国政府同意了。德国外交部于是委派德医公会具体负责在上海建校事宜。

1907年，上海德文医学堂建成。第二年，学校改名"同济德文医学堂"。这就是同济大学的前身。

宝隆成为学堂的首任总监，并被德方授予教授头衔。但后来他拒绝了德方授予他"贵族荣誉称号"的提议。

1900年，宝隆和已逝好友策德里乌斯的大女儿在德国结婚。后来他们在上海共育有5个子女。

由于家庭成员较多，宝隆决定把邻居的房子买下来。1909年2月，宝隆在查看邻居房子时不幸染上伤寒，此后高烧不退，3月5日因并发肾出血辞世。享年47岁。

百年后，宝隆创办的"同济德文医学堂"已成为中国乃至世界上的知名学府，它就是同济大学。

一位伟大的德国医生，一位中国人民的老朋友，把一生最重要的事业奉献给了中国人民。

但正所谓"医不治己"，宝隆用他高超的医术挽救了无数中国人的健康，却无法医好自己的病，最终在他奋斗了半生的国土上溘然长逝。终未看到中国男人剪掉辫子的那一天。

但不管怎么说，宝隆为中国、为世界留下了同济大学，这是他的遗产，也是他最珍贵的礼物。

上海的特色民俗

世界各民族都有自己的民俗，比如中国的元宵节阖家团圆、吃元宵，欧美的圣诞节家人团聚、吃火鸡，等等。上海也有本地特色的民俗。

比如，你知道上海人怎么过大年吗？你知道上海人怎么"闹元宵"吗？你知道老上海的女人是可以"休夫"的吗？你知道老上海时期流行"姐弟恋"吗？你知道上海人清明节为什么吃青团吗？你知道上海人为什么"捣糨糊"吗？你知道上海姑娘出阁为什么"哭嫁"吗？你知道上海人治丧为什么吃"豆腐饭"吗？

上海的节日习俗

首先,我们来介绍上海的各种节日习俗。如果你能说上几个本地的节日习俗,便可以拉近和上海本地人的距离!

上海人怎么过大年

全国各地都有不同的过年习俗,那么享尽繁华都市的上海人又是怎么过大年的呢?

1. 上海人二十三怎么"送灶王"

农历腊月二十三日是农历年节的开始,所以要送灶神回天庭,而且在送灶神时要先祭拜一番,因为传说中灶君这个神仙很喜欢打小报告。所以对他的祭品也与一般祭神用的三牲四果不同,而是用汤圆、麦芽糖等甜的东西祭拜,有的甚至将烧化的麦芽糖或者是蜂蜜直接涂在灶君像的嘴上,这样做的目的无非就是希望灶神可以在玉皇大帝面前多说些好话,少打小报告。

送走了灶神,就要全面准备以迎接新年

灶王爷神像

了。不过灶神会在正月初四那天回来，所以还要再请一次灶，以便灶神可以回到家中，继续保佑。

2. 上海人二十五怎么"接玉皇"

腊月二十三送走灶君后，听过汇报的玉皇大帝便会在腊月二十五日亲自下界，体察人间善恶，依此制定来年的祸福，所以家家都要在腊月二十四那天打扫庭院，并在二十五这天多设供品，以"接玉皇"，并祈福来年。

玉皇大帝神像

而且这天，老上海人也开始张罗过年所需的各种物品。民以食为天，首先要备足新年所需的各样食物，尤其是汤圆和年糕。汤圆有"团团圆圆"之意，而年糕也是吃了可"高高兴兴""年年高"的吉祥食品。其次温饱是必须的，所以为了迎新年，就一定要买新衣、新帽和新鞋。再次是准备春联、年画之类，以便可以贴在门首，红红火火地，以示来年之运。

3. 上海人的"合家欢"是指什么

在澳门，有一种游戏最受赌民喜欢，叫做百家乐。而在上海，广受市民喜爱的却叫做"合家欢"，而且这是一个不同于赌博游戏的传统节目，还有益身心，增进家族之间的感情——这便是一年才有一次的除夕夜之饭，即一家人围坐在灯火之下，边说边笑地一起吃团圆饭，和乐融融，天伦尽享，所以叫做合家欢。而这场除夕饭也叫做合家饭。

其实中国的大江南北也好，年龄或长或幼也好，身处海角天涯也好，都会在除夕这天回到家里吃这顿除夕饭，上海人也不例外。而且吃了饭后，大家也不会像往常一样早早睡觉，而是一大家人共守新岁，以期来年幸福健康。

不过与北方人不同的是，老上海人过年不吃饺子，而是吃年糕和汤圆，而且把汤圆叫做"圆子"。

4. 上海人年初一为何"烧头香"

上海人喜欢在年初一竞相赶到庙里上自己新年的第一炷香，即烧头香，认为这样做可以带来好运。

其实烧头香这个习俗也是随着烧香习俗的盛行，而逐渐发展起来的。最早关于烧头香的记载见于宋代，但早在宋朝之前，烧头炉香的习俗就已经比较流行了。而且在宋代时，烧头香其实是在道教的道场中进行的，后来才逐渐渗透到佛教寺院，这和佛教的中国化是分不开的。

大年初一烧头香

近年来，烧头香已经成为除夕之夜跨年的一场盛事，这天晚上会有很多善男信女守夜，为的便是抢烧新年的头一炷香。而且全国各地的佛寺也相继把寺内第一炷香的进香权拿出来拍卖，价高者得，可谓盛况空前。

在上海，也有不少人相信在大年初一第一个将香插在庙里的香炉，可以为自己带来整年的好运；而且这已经成了很多上海善男信女迎新年的头等大事。上海的三大寺，诸如静安寺、玉佛寺、龙华寺等，都是上海人过年时常去的烧头香场所。

5. 上海人是在初五"祭财神"吗

祭财神可以说是上海人极为重视的过年活动，商家尤其重视，这天放的烟火鞭炮要比除夕之时更多、更响、更久。

上海人在正月初五祭财神，多供三个财神，即关圣大帝、玄坛赵元帅和增福财神。其中玄坛赵元帅为五路财神之首，即东、西、南、北、中五路，大约是受五行的影响。但祭五路的意思，大约是要五路皆可得财的意思吧。而且供品多为鲤鱼和羊头，因为与"利""洋头"谐音。另也有将火燃于酒杯中供神，取"火酒活鱼"之意。而且送神时，把松柏枝架在芝麻秸上加黄钱阡张元宝当院焚烧，以期噼啪作响声中开市获利。

另传，正月初五日是财神，即"路头神"的诞辰，而且路头神也有五个，称为五祀，即祭户神、灶神、土神、门神、行神，就是所谓的"路头"。接路头神也须供羊头与鲤鱼，这里供羊头是"吉祥"的意思，供鲤鱼则是希望有余。虽然供品的寓意不同，但都是人们希望得到财神的护佑，并以此发财致富而已。

上海自开埠以来便是东南繁华的大商邑，各种买卖商肆随处可见，可以说无民不商；所以上海初五的财神祭，其热闹程度可想而知。这天还会有虔诚的信徒去寺庙里烧香请愿，希望得到财神的青睐。

上海的竹枝词有"爆竹相连不住声，财神忙煞共争迎。只求生意今年好，接送何妨到五更"的句子，其重视程度可见一斑。

6. 上海人"闹元宵"有什么活动

正月十五过元宵节，全中国人都要吃元宵，不过在上海人口中，元宵叫"汤圆"或"圆子""团子"。不同于其他地方，上海的某些区、县农村中，有一种叫做"荠菜圆子"的元宵。就如上海松江县元宵节做的糯米团子，更有汤煮和蒸制两种。两种制法最大的不同是内馅儿的选料，比如汤煮的大都是鲜肉馅或糖馅；而蒸制的则多为素馅，除了荠菜以外还有萝卜丝、百果、芝麻等馅料，确实别有风味。

上海豫园元宵节灯会

在老上海，元宵节之夜吃的圆子有南瓜圆子、高粱圆子，而且以黄、绿、红三色以兆丰年。或是做12只大圆子，然后用手指在圆子顶端弄个小凹坑，蒸熟后看凹坑中积水多寡，以此来问卜当年的雨水。所以上海乡民的元宵节吃圆子，是祈望丰年的意思。

除了特色的圆子，旧上海在商铺前满挂五彩花灯，也是元宵节的一大特色。当时以租界内最为热闹繁华。比如豫园内的四美轩、得月楼等茶楼、扇庄、各色店铺等，还在彩灯下悬挂灯谜，供赏灯人消遣。而大街上更有舞龙灯、戏狮子等表演，龙灯飞舞，彩狮喧哗，最是热闹。而且观者如云，随之不散。

此外，老上海人在元宵节还会去城隍庙、玉佛寺、静安寺上香请愿，还有甩田财，请坑三娘娘、元节姑娘等名目繁多的活动。

上海人的四大节日

上海人习惯把除了春节过年和元宵节之外的清明、端午、中秋、重阳称为"四大节"，那么他们在四大节都有哪些传统呢？

1. 清明节里为什么要吃青团

清明节和寒食节临近，所以后来便合并了。清明之日不动烟火，只吃凉食。

在上海，清明节是要吃青团的。这是一种用草头汁做成的绿色糕团，多用泥胡菜、艾蒿和鼠曲草。不过泥胡菜在以前确实常用，现在已不多见。具体的做法是先将嫩艾、小棘姆草等放入大锅，然后加石灰蒸烂，漂

青团

去石灰水后，再揉入糯米粉中，这样就做成碧青哇绿的团子了。

至于为什么要吃这种青哇哇的团子，其实有个传说。当年太平天国运动时，大将李秀成被清兵追捕，幸而遇到一位农民大哥帮忙，化装成耕地的农民，才侥幸逃过。可是清兵不肯就此罢休，于是在附近添兵设岗，而且严密盘查往来村民，主要是为了防止他们给李秀成带吃的东西。

那位仗义的农民把李秀成藏在村外，可是没有吃的，如何挨过明天。其时正值清明，艾草春发，尚嫩且幼。那位农民灵机一动，便开始采掘艾草，还带回家洗净煮烂，将挤出的绿汁揉进糯米粉内，做成一只只的米团。然后再把这些青溜溜的团子放在青草里，如此果然混过了村口的哨兵。青团不仅成功过了清兵的关，还因为又香又糯不粘牙而俘获了李秀成的胃。如此几天之后，李秀成终于安全返回大本营，并下令太平军做青团以御敌自保。

清明节吃青团的习俗就此流传开来。

2. 端午节是为了祭屈原吗

现在国人公认端午节是为了纪念战国时期的楚国诗人屈原；不过在江南，也有人认为是为了纪念吴国大将伍子胥。撇开这些不说，如今有四个端午节习俗仍在沪流传。

香囊

其一，相传古人因舍不得贤臣屈原投江死去，所以有许多人划船去追赶拯救；久而久之便演变成了一项节日项目，大家在端午节这天赛龙舟以纪念之。之后还传入了日本、越南等国。而在1980年，赛龙舟还被列入我国国家体育比赛项目。至于上海的龙舟赛，则大多在苏州河举办。并且在旧上海时期，城东北角有一个著名的览胜之地，即丹凤楼。丹凤楼又名万军台，是当年端午节观看龙舟竞渡黄浦江的大好所在。

其二，粽子早在春秋时期就有了，但那个时候被叫做"角黍"，而且是用茭白叶包黍米而成的牛角状食物。此后到晋代才被正式定为端午节食品，并在宋朝开始把果品包入粽子，元、明时期，才始用芦苇叶包裹粽子，而附加料也已出现豆沙、猪肉、松子仁、枣子、胡桃等。每逢端午节，老上海的菜场都会有包粽子的芦叶零售，地道的老上海人还是喜欢自己包粽子来吃。

其三，自古就有"清明插柳，端午插艾"的民谚。艾，又名艾蒿。因为它的茎、叶里含有挥发性芳香油，由此产生的奇特芳香可用来驱除蚊蝇虫蚁，而端午过后便是盛夏，净化空气便显得尤为重要；所以每逢端午节，上海的中心城区和郊区乡镇，便会有许多居民将艾草插在门边。而且艾、菖蒲和蒜被称为"端午三友"，是老上海人驱鬼的"法器"。

其四，在端午节，许多老上海的家庭都要为小孩佩香囊，而香囊内有朱砂、雄黄等香药，所以清香四溢。但它主要的功能却是为了让百鬼畏惧而不敢接近小孩，并保小朋友长生快乐。不过实际上，无非是襟头点缀的节日装饰而已。

此外，因为雄黄的主要成分是有毒的硫化砷，所以端午喝雄黄酒已不再流行。

3. 上海中秋夜都有哪些习俗

中秋节的主要活动都是在晚上进行的，这晚上海人会祭月、走月亮并烧香斗、吃桂花。

关于祭月，就是当中秋月亮升起时，露天设案，并设月饼、瓜果、毛豆、芋艿和藕等供品，除了这些吃的，再供玉兔月宫符画一张。旧时认为月属阴，所以祭月时均由妇女先拜，男子后拜；不过也有说男人是不拜月的。祭月之后，一家子便会围坐而吃团圆酒，并吃赏月饭，月饼自然是少不了的。完毕之后，妇女便要暂回娘家小住，因为毕竟是团圆节嘛。

桂花糕

祭月之外，上海人还要在中

秋夜出游赏月,叫做"走月亮"。尤其是妇女们会结伴同游,更雅称为"踏月"。而有"沪城八景"之一美称的"石梁月夜",便是这些上海人所特别钟爱的夜景。其中"石梁"指的是小东门外的陆家石桥;而"月夜"则不仅指天上之月,更指桥下水中倒映之月,二月皎皎,相映成辉,正是游人争相观赏的原因所在。

不过月夜美景,除了踏月之外,上海民间还有烧香斗的风俗。所谓香斗,也叫斗香。既然能烧,所以由纸扎而成,形状多四方,且上大下小,外绘月宫楼台。此外也有用线香编绕而成的香斗,内中还插有纸扎的龙门魁星以及彩色旗旌等装饰,颇为高级。旧上海的南园,是中秋节烧香斗最热闹的地方。而城里城外许多大桥的桥堍处,都会有特制的大型香斗燃烧,以供观看。

中秋节的上海人喜欢吃桂花,所以中秋前后,桂花酒和桂花糕的生意就会比平常好很多。而且上海人喜欢将桂花作为添香的佐料加入食品中,比如在做糕点时,就会特意将桂花和入米面之中;或者用糖或食盐浸渍桂花,以便长期保香于密封容器中;又或者在烧食汤山芋、糖芋艿时撒上一撮,色香俱美;当然也会用桂花熏茶,或在泡茶时加些进去,称为桂花茶;此外桂花酒亦是上海人很喜欢的佳酿。

4. 上海人重阳节为什么登高

上海人在重阳节时,外出游玩活动以登高为主,兼之以赏菊、插荷,此外还要吃重阳糕并饮菊花酒。当然也有人什么都不做。

重阳节时属金秋,是天高气爽之节,所以在这个时候登高望远,最能清神松筋,从而达到健身祛病、心神舒畅的目的。

重阳糕是上海重阳节美食,它又称为花糕、菊糕、五色糕,虽然制无定法,甚至较为随意,却是必不可少。讲究的重阳糕更像一座九层宝塔,而且上面还得有两只小羊,以符合重阳(羊)之义。有的还要在重阳糕上多插一只小红旗,并点一只小小的蜡烛灯,其用意大约是取"点灯"和"吃糕"中的个别字,以代替"登高",并以插小红旗来代替插茱萸。在农历九月九日天明之时，要用片糕搭在儿女的头额上，祝以吉祥话，愿子女百事俱高，这便是古人九月做糕的本意。如今的重阳糕仍无固定品种，但大家吃得快乐，已然足矣。

此外重阳之日赏菊花，是自古而有的风俗，所以重阳节又称菊花节。农历九月也俗称为菊月，在正节之日，上海豫园还会举办菊花大会，游人多会欣然赴会，并赏菊、对弈、饮菊花酒。而自三国两晋以来，重阳聚会饮酒、赏菊赋诗已成时尚，今人又何肯居于古人之后？

重阳节又叫做老人节，而且以之为荣的菊花，亦称为长寿之花，意在向老人们祝愿长寿之意。

上海的生活习俗

比节日习俗更常见的,是上海的生活习俗!因为,人们每天都在生活,而不是过节!

上海的方言俚语

上海话属于江浙吴语,虽不同于广东白话,日常用语中却也多文雅词句,然而个中俚语却并不是初到的外人所能理解的。

1. 上海话是吴语地区的通用语吗

上海话形成于南宋时期;普及于明清;在清末和民国又出现了一次大融合时期,上海当时作为一个国际大都市、金融中心,以及庞大的移民城市,它吸收了众多的舶来语;而如今,许多上海的青少年已经无法全部使用上海话与人沟通,甚至也有全然不会讲的了。

上海话通常也叫做"上海闲话",但由于上海的城市地位,更因为上海的历史特点,上海闲话成为了现代吴语地区最有影响力的方言之一。我们平时

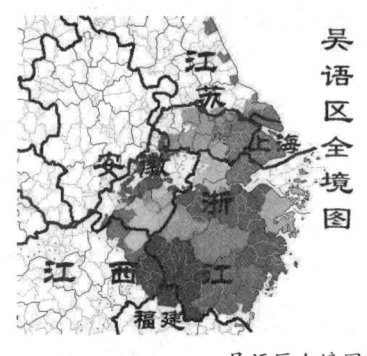

吴语区全境图

指的上海闲话，其实是特指"上海市区话"，但广义上，上海闲话可以大致分为八种：上海市区话、浦东话、青浦话、松江话、嘉定话、崇明话、金山话以及吴江话。

上海在元朝时属于松江府，在嘉兴的辖下，故以当时的"官方语言"——嘉兴话为主。松江府成立后，明、清两朝皆以此为制，于是松江地区的方言便在嘉兴话的基础上独立发展，形成了松江话。不过根据《松江府志》的记载，明朝时府城视上海为轻，视嘉兴为重，所以上海话那时候便受到嘉兴话的影响；而到清朝，又视苏州为重，而且苏州话具有吴语小说、传奇、弹词和民歌等丰富的文学形式载体，所以对上海话产生了重要影响，使上海话语音简化并成为各地吴语"最大公约数"和代表音之一。

这样长期发展过来，上海话的语音、词汇和语法结构等都变得十分易于其他吴语使用者理解，所以上海话也逐渐成为北吴语地区的通用语，并且在20世纪80年代前，成为了长三角地区的通用语。目前则是由于推广普通话，上海话在吴语区的影响力有所降低，而普通话则取代了方言而成为主要的沟通语言。

2. 上海方言的特点是有调无声吗

上海话属于吴语，而吴语相对保留了更多古汉语的因素。所以上海话有以下几个特点便也不足为奇：一是老派上海话有入声、有浊音。拥有"四声八调"，即"阴平、阴上、阴去、阴入、阳平、阳上、阳去、阳入"。平上去入，清浊对立而分阴阳，是为"平仄"。如今的普通话则不讲平仄了。二是上海话拥有强迫性的连续变调。三是老派上海话尖团分化，保留尖团音。四是上海话的词汇和语法等是历史积累和文明延续的必然结果。

区别于老派上海话，如今上海话的声调也在向重音化发展。上海话的声调从8个合并成5个，实际上只剩下阴平和平升调，已经十分简单。这就使上海人读声调时变得相对自由，所读出的音调虽有变化，却也不会影响理解。而语音随着词汇、语法词、双音节连调成为主流以后，上海话的后字都失去了独立的声调而弱化粘着，更向屈折语变化，即进化到了"延伸式"连调，是吴语系中最快的。这很像日语的读法，因为前者只保留了声调音位的作用。

目前，上海话语流中的声母和前字声调是相对稳定的音位，而以这两类为首的音位正对上海话的语音起着重要的稳定作用。因为人口融合加快，上海话也在快速地蜕变，慢慢地失去了在吴语方言中的重要地位。

如今的上海话已成为一种"有调无声"、有音高和重音的独特汉语方言。

3. 上海话中的"捣糨糊"是什么意思

老上海的俚语原先多是江湖帮派间的隐语，后来江湖变得无处不在，这些"黑话"也就顺势进入市井之中，成为民间的俚语，并代表了上海方言中最有活力的一部分。

比较有名的俚语，如："门槛精"，主要是说一个人很精明，懂得过日子；"小开"，本来是骗子的意思，后来引申为对有钱人的泛称；"混枪势"的意思就是浑水摸鱼、混日子。"嘎三壶"就是闲谈、聊天；"唐伯虎"则是新上海话中对欠他人财物而不肯归还者的戏称。此外还有很多俚语，也都非常有趣，就像"捣糨糊"这个词。

捣糨糊在"大锅饭时代"叫做"混腔水"，不过近十年来，"捣糨糊"已将其取而代之，并成为上海最流行的口头语之一，它是"混腔水"的"升级版"。为什么这么说呢？因为"混腔水"是被动地稀里糊涂地"混"，而"捣糨糊"则是主动地随机应变地"混"；"混腔水"是没有办法，"捣糨糊"则是最简便的办法。其实一句话，"捣糨糊"是精明的上海人所必需的。

据说，"捣糨糊"本是麻将桌上的一句术语，就好像"和了"这个词一样。不过如果牌张未成，却又摊牌诈和，则会被上海牌友婉转地称为"捣佯壶"。这个词之后慢慢地又变成了"捣糨糊",被用来形容那些耍滑头而想蒙混过关的小计谋。

上海人捣糨糊需要小聪明,更需要脸皮够厚够佯装,是绝不同于那些"阿木林"的——阿木林是上海人用来形容某人不谙世道、做事不灵活、为人迟钝或易轻信人。

上海的婚丧嫁娶

自五口开埠到全国开放,上海滩总是中国时髦、最"潮"、最前卫的繁华地,那么时髦的上海人是怎么谈婚论嫁,怎么治丧礼殡的呢?

1. 旧上海时便流行"姐弟恋"吗

上海人在解放前就很流行"姐弟恋",而且不只是谈恋爱,还有正儿八经结婚的。

旧上海的浦东人结婚,习惯上新娘都要比新郎大几岁,并被当地人通称为"大娘子婚姻"。但是它又不同于"二十岁大姐十岁郎,夜夜困觉抱上床"的童养媳制度,而是指男子到婚龄时,娶的女子年岁稍微比自己大点而已,至今仍有"女大三,抱金砖"的说法。但是上海当时却流行"女大三,屋脊坍","女大四,头触制","女大七,哭泣泣"等习俗。

虽然历代皆有文献记载的婚姻年龄规定,都是男大于女,但浦东人却认为,自己这样做绝对是有道理的。因为以前男女成婚都早,而女的大男的几岁,必然就懂事体些。就是俗话所说的"长嫂为母,

旧时婚嫁照

长妻为姐"。这么一说便明白了,当时上海人的姐弟婚姻,其目的,无非也就是让女方多操持些家务罢了。

这在上海县的七宝镇尤为突出,可谓极具代表性。那里的人家,多是妇女来做当家人,而绝少男子。更有甚者,在旧上海的部分地区,又刚好是有女无子的人家,老人们便会招入赘女婿,以此来养老送终,延续香火。不过这种婚姻习俗也不稀奇,别的地方也多有所见,好比驸马就是这样的一种。但奇怪的是,女婿入赘后,必须改以妻姓,而生育的子女自然也就"顺理成章"地沿袭母亲的姓氏,更成为女姓家族的成员。这样一来,男方便失去了很多权利和尊严,地位身份甚至不如其他地方出嫁的女子——因为后者还能保其本姓。但当时旧上海的习俗,便是这样了罢。

2. 姑娘出阁为何要唱"哭嫁"歌

旧时的上海,尤其是乡下,有这样一种风俗,即在女子出嫁时,即将出阁的姑娘可以在礼俗上尽情地以歌唱的形势诉说心肠。如此在感情毫无阻拦的情况下尽情地发泄,一般感情会比较奔放激越,所以歌词也会反复而多设喻,并且层层排比,回还往复,辞以达意即为快,情到尽时方是止。

"哭嫁歌"演出

其歌词之所以会如此顺畅,是因为它的内容一般都是平常生活的感慨和早已有之的感受等。比如父母的养育之恩,兄妹的关怀之情;无忧无虑的少女生活,前途未知的迷茫不安,甚至对媒人的不满,婚姻的厌恶等。所以可以一舒尽畅,鲜有停滞。

这种哭歌形势必定来自当地群众的口头语言,这样不仅生动活泼,通常还具有很高的文学价值。其实早在20世纪80年代,上海就设有搜集

哭嫁歌的专门小组。据查，南汇的哭歌传统已流传数百年之久，成为研究当地民俗的珍贵资料，并已申报列入南汇区非物质文化遗产名录。

像张文仙这样目不识丁的南汇老人家，却能即兴唱出近百句对仗、押韵的哭嫁歌，不仅成为南汇的"哭嫁奇人"，而且还将此申报为"大世界吉尼斯纪录"的口头文学项目，成为上海一绝。

3. 老上海的女人是可以休夫的吗

早在清末之时，旧上海的女子便有了休夫的权利。在封建社会的中国，婚前男女可以相互见面，甚至女方处于主动地位，除了上海，在别地是难以做到的。

旧时，上海的男女经媒人介绍定亲后，女方会在媒人的陪同下，携带礼物，到男方家里拜见未来的公婆、长辈以及丈夫，以此来了解对方的人品和家境。而且从此以后，姑娘虽然不可在婆家过夜，却可以随时前往串门。这种习俗被叫做"通脚"。

这种婚俗最早仅限于浦西，而且只有女方才拥有这权利，叫做"女通脚"，或称为"过门妇女"。发展到后来，浦西还出现了相对"女通脚"而言的"男通脚"，而且这种风俗也随之传到了浦东。

其实这种"通脚"风俗给了妇女一点婚前选择的余地。如果她们在串门时感到对方的家庭环境或者未来丈夫的相貌品性有不满意的地方，便会委托媒人赖婚，或者退媒。这不仅使人权得到一定的保障，也在一定程度上有利于当时社会的稳定。

4. 上海人治丧为何吃"豆腐饭"

典型的上海丧葬仪式，先要有哭丧，此项结束后，便开始当天的晚宴。

丧宴如果是给七十岁以上的老人而做，便可称为喜丧，老上海俗称为"吃豆腐"。

"吃豆腐"的由来，流传最广的，便是战国乐毅之事。乐毅自小孝顺。因为父母年老之后喜软食，所以乐毅便把黄豆制成软软的豆腐，以供父母食用。如今调查发现，豆腐有很高的营养价值，而乐毅的父母每天都吃，所以都得高寿。但人总会死，父母故后，乐毅便请参加送葬的邻居们吃豆腐宴，并以此祝愿大家健康长寿。

另一个广为流传的说法是，西汉淮南王刘安崇尚道家神术，并按一位老道之嘱，天天吃豆子，以此而期长生。刘安的父亲不幸病死后，因三日内须停厨熄火的习俗，故而只吃冷豆腐。三日小殓后举办素席，为了答谢各方宾客，刘安在席间特备一道冷

老上海旧时葬礼

豆腐，并说破真情。邻居们方知他吃的白白滑滑之物并非骨髓之类。而且从此之后，孝子居丧的时候便多以豆腐为冷食，而在成殓后还会用豆腐答谢吊唁的宾客。

不管豆腐饭从何而起，都足见豆腐延年益寿的功效。

不过如今上海的丧宴"吃豆腐"，已非真正意义上的"吃豆腐"了。因为生活水平的提升，丧宴的菜点早已推陈出新、丰富多样，而豆腐已然鲜见于斯了。

5. 上海人究竟是怎么"作七"的

作七亦称"斋七""理七""烧七""做一日""七七"等，是旧时汉族的丧葬风俗，并流行于全国各地。那么上海人是怎么作七的呢？

上海人习惯在出殡后，于"头七"起即设立灵座，以供逝者，并且每日哭拜，早晚各有供祭，并每隔七日做一次佛事，设斋祭奠，依次至"七七"四十九日除灵为止。

这个习俗在汉代还没有什么记载，不过在佛教传入中国后的南北朝时，却已广为流传，直至后世而不改。在佛教的《瑜伽论》里，讲作

七这件事，是说一个人死后，为寻求生缘，以七日为一期，如七日终而不得生缘，则更续七日，直到第七个七日终，必有一处生缘，所以才有"七七"这种说法，以及逢七追荐的习俗。

不过在道教的说法里，则是讲人初生以七月为腊，一腊而一魄成，七七四十九之后则七魄具；所以死的时候就以七日为忌，一忌而一魄散，七七四十九日后便七魄俱泯。这便是道家的魂魄聚散之说。

老上海的作七习俗则多以佛家为准，而且民间称第七个七日为"断七""尽七""满七"，而且比较重视头七、五七和尽七。

老上海的人家作七，多以家属齐聚，并念佛诵经为原则，少数也有请法师带动念佛及开示的。

上海的美食雕刻

俗话说"民以食为天",所以有人的地方就有饮食文化。世界各民族都有自己独特的美食,比如中餐、西餐、阿拉伯餐、非洲餐等。而在中国,又有鲁菜、淮扬菜、粤菜、川菜、浙菜、闽菜、湘菜、徽菜等八大菜系。

上海菜虽然不属于著名的"八大菜系",但它自成一体,也颇具影响力,名曰"本帮菜"。比如,"银鱼""梨膏糖""上海锅巴"以及"抠门饼",等等。

除了饮食文化,上海还有自己的雕刻艺术文化,同样璀璨夺目。比如"上海砚刻""曹素功墨""上海面塑"以及"上海玉雕",等等。

总之,上海的美食雕刻精彩纷呈,来了你就知道啦!

上海的风物美食

地理上,身为水乡的上海拥有众多美味的水产,当然也不乏其他食物或水果;然而随着1843年上海开埠,大量各地的中国人涌入上海,而跟着他们一并来到上海的,则是京、广、苏、扬、锡、甬、杭、闽、川、徽、潮、湘等各种菜品,极大丰富了上海的美食构成;而且各种富有创造力的菜品在上海快速融合诸家之长、取长补短地蓬勃发展起来,形成了上海特有的风物美食。

上海的土产佳味

1. 四鳃鲈是江南第一名鱼吗

最早的松江四鳃鲈鱼据说是八仙之一的吕洞宾点化的。得道后的吕洞宾有一次来到松江,在一家小店里点了一盘塘鳢鱼,但是吃起来却腥味过重,且肉质太粗,无可回味。他便要求店主可否见见活鱼,店主就从后厨用盘子托了6条活鱼来。吕洞宾看了一眼,觉得这种鱼实在太丑,于是问店家要了一支毛笔和一碟朱砂,在鱼的两颊上描起了条纹,并在两腮的鳃孔前又各画了两个红腮。之后他便将鱼买下,并走到秀野桥下放生。随后人们便把这些经纯阳先生"点化"并放生的六条塘鳢鱼当作四鳃鲈的最早祖先了。

虽这么说，可是早在《晋书·张翰传》里便有一则关于鲈鱼的史料，并且贴实而广为人知：洛阳这里有个地方官，名叫张翰，这年秋风萧瑟，月圆皎皎，使他怀念起故乡的雉尾莼和四腮鲈的美味来，于是便弃官回乡。临走之时还写了一首《秋风歌》，其诗曰："秋风起兮佳景时，淞江水兮鲈鱼肥。三千里兮家来归，恨难得兮仰天悲。"于是在张翰之后，历代的诗坛曲苑中，便用"莼鲈"来寄寓思乡之情或隐归之意。

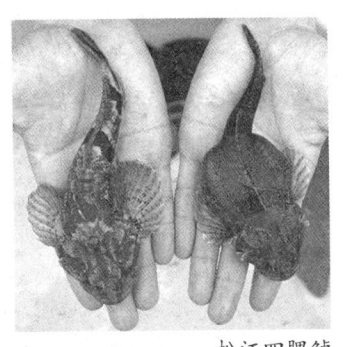

松江四腮鲈

另外一个故事则发生在清朝末年的一次官场宴会期间，当时松江知府为了炫耀，便出了一个上联："鲈鱼四腮，独占松江一府"，时任两江总督的张之洞听了，甚为不悦，觉得一个小小的松江知府，竟敢在自己面前狂妄自大；于是以螃蟹为题，对了一个绝妙的下联："螃蟹八足，横行天下九州。"

其实关于四腮鲈的故事数不胜数，此处仅聊表几篇，以供读者把玩罢了。

四腮鲈虽然美味，而且位列"中国四大淡水名鱼"之首，但是现如今却成了国家二级保护动物，这是怎么回事呢？四腮鲈自古便有着"江南第一名鱼"的美称，本来是并不少见的，在20世纪50年代的时候，每逢秋季汛期，平均捕获量可达万斤，所以松江上点年纪的人可能都尝过四腮鲈。但这种鱼拥有洄游习性，它们的幼鱼在每年春天都要从长江口游到内河生长育肥；到了秋季，性成熟后，则会再游到长江口海水与淡水交界处产卵，繁殖后代，并如此周而复始。后来因为国民生活的需要，大闸水坝在鲈鱼生活的河域里不断被建造起来，这便必然破坏了鲈鱼的洄游线路；加上不断增加的水源污染，也严重影响了鲈鱼的生存环境，所以松江鲈鱼的产量越来越少，到70年代就基本上捕不到什么鲈鱼了。当然，其中也有对鲈鱼进行过度滥捕的可能。

2. 银鱼号称亚洲第一帅鱼吗

银鱼是一种淡水鱼,它便是号称亚洲第一的帅鱼,此外还是世界上长得最水灵的鱼。这种鱼常见于东亚咸水和淡水中,在中国则被誉为美味的代名词。

它身体细长,貌似如鲑,无鳞或具细鳞,体型较小,最长的也不过15公分;口大,牙大而尖利,是一种肉食性鱼。银鱼因为体长略圆,细嫩透明,色泽如银而得名。而且这种产于长江口的鱼有众多别称,比如面丈鱼、炮仗鱼、帅鱼、面条鱼、冰鱼、玻璃鱼等。不过这并不影响它早在明代时,便与松江鲈鱼、黄河鲤鱼,以及长江鲥鱼并称为中国四大名鱼。当然这个排名只是讲其美味的程度。

银鱼

银鱼中的蛋白质含量高达72.1%,每百克银鱼可提供407千卡热量,几乎是普通食用鱼的6倍;而其含钙量也高达761毫克,更为群鱼之冠,所以营养价值极高。而且作为上等的滋养补品,它具有补肾增阳、祛虚活血、益脾润肺等众多功效;同时它这种养生益寿的功能也广为国际营养学界所认可。此外银鱼是整体性食物应用,也就是说,它的内脏、头、翅都可以不用去掉,即整体食用;而且银鱼基本没有大鱼刺,适宜小孩子食用。

银鱼虽然非常适宜体质虚弱、营养不足、消化不良,以及患有高血脂、脾胃虚弱、肺虚咳嗽等症者,但是如果加上甘草一起食用的话,则是对身体非常不利的,这点众吃货们需要注意。

3. "九斤黄"便是浦东鸡吗

或许有的读者并不清楚,其实上海浦东鸡就是大名鼎鼎的"九斤黄",因为其成年的公鸡可长到9斤以上,所以便有了"九斤黄"的称谓,而且它们也是上海本地唯一的土鸡品种。成年公鸡体重约4千克,母鸡则3千克左右。上海浦东鸡既是优良的肉鸡,因为其肉质肥嫩;又是高产的土蛋鸡,因为它们年产蛋约一百二十个。

浦东鸡多产于上海市南汇、奉贤、川沙等县沿海,并以南汇县的泥城、彭镇、书院、万象、老港等地乡镇饲养的鸡种为最佳。之所以多产于沿海之地,是因为浦东沿海的滩涂宽广,虽然位处长江下游以南,却是玉米、大豆等杂粮的生产区,加上附近有丰富的鱼、虾、蚬等动物性蛋白饲料,而且农户居住分散,所以很利于放养家禽,这样经过长年累月的选择,便形成了浦东鸡这种体大质优的品种。

浦东鸡

其实浦东鸡的传统养殖相当讲究:小鸡在出壳后必由老母鸡带领,而小鸡在离开老母鸡后便主要采取放牧的方式。鸡子从小到大一直都要在宽旷的田野里散放,任其觅食各种青绿饲料和动物性饲料,并且绝对有充足的运动机会。而且小鸡在出壳后的第二天开始进食;在木盆里养育3到4天后才能让小鸡落地,饲料则以井水浸过的碎米为主;十天后便可喂混合的禾谷类副产品食料;小鸡长到一定日龄,会由老母鸡带到地里放牧散养,直到小鸡能够独立进食。小鸡会独立觅食后,一般早晨出棚,傍晚归窝。

4. 水蜜桃都来源于上海吗

水蜜桃,大家或许都吃过,但是不清楚的人或许会以为哪里都有;然而历史上,水蜜桃仅仅是上海才有的特产。

上海水蜜桃可谓皮薄色艳,汁多味甜,不仅香气浓郁,甚至入口即溶。曾有人说,如果把熟透的桃子拨破一小片外皮儿,然后只用嘴吮吸,就能把果实中的浆质吸尽,足可证明其为桃中难得的佳品。如今南汇水蜜桃已经成为上海第一种获得国家重点保护的农产品。

其实上海水蜜桃,早年间在上海只叫水蜜桃而已,后来则是因为各地从上海引种，市面上水蜜桃的品种越来越多，遂称为上海水蜜桃。关于上海水蜜桃的最早文献记载，是王象晋的《群芳谱》（公元1621年），内记"水蜜桃独上海有之，而顾尚宝西园所出尤佳"。此外，仍有许多其他古籍，以及《上海县志》，都称水蜜桃出自露香园。据考证，露香园即顾尚宝之西园。顾尚宝其实是上海著名的"顾绣"创始者顾名世的弟弟；而露香园则得名于顾名世扩建万竹山居之后。"顾氏归

水蜜桃

筑露香园，觅异种水蜜桃，种之成林"，估计是明朝嘉靖年间的事情。不过原上海城北的露香园在清康熙初年便已荒废，至乾隆后期，水蜜桃盛产区已转移到了城西南的黄泥墙。但是黄泥墙一带的水蜜桃只兴盛了一百年左右。到了清同治年间，水蜜桃盛产区又转移至龙华一带。直到20世纪初，龙华一带所产的水蜜桃仍然闻名遐迩。另一说，上海最早栽培水蜜桃的人是大科学家徐光启的儿子徐龙兴，然而并无确实的史料可以证明。

按现有资料查考，现在广为称道的宁波和无锡以及奉化水蜜桃都来源于上海。浙江奉化的玉露桃是1883年从上海黄泥墙引入的品种，而江苏无锡的白花桃则是20世纪二三十年代从奉化引入的。不但国内如此，历史上，上海水蜜桃还远播海外：美国划时代的桃子品种"爱保太"和"红港"，便是1850年从上海引进的；日本著名的"岗山白""大久保"和"白凤"等桃子品种，也是1875年引入上海水蜜桃后而选育的。所以说上海水蜜桃可以被称为水蜜桃的鼻祖了，而且具有很高的经济价值。

不仅如此，上海水蜜桃还具有很高的药用价值：它的桃仁有破血祛淤、润肠、镇咳功能，主治淤血停滞、经闭腹痛、跌伤肿痛、便秘等症；而桃花则有利尿之用，可导泻逐水。干幼果称"瘪桃干"，亦可入药，可治疗阴虚盗汗、咯血等。

5. 枫泾丁蹄的"丁"指什么

上海枫泾丁蹄是一种猪蹄，不仅冷吃"香"，而且蒸吃"糯"，具有独特的香脆味道；与镇江"肴肉"和无锡的"无锡肉骨头"同样享有盛名。至于它名字的来源，却要分开来讲。

枫泾丁蹄

"枫泾"其实是上海金山区的一个小镇，原名"白牛村"。不过相传到宋代的时候，这里来了一位姓陈的进士，他曾任山阴县令，只是后被罢官，于是便隐居于此，自号"白中居士"。然而这个人一生清风亮节，死后人们便将白牛村改名为"清风泾"，继而又称之为"枫泾"。

"枫泾丁蹄"还与该镇的"丁义兴酒店"有关，这是一间于清咸丰二年（公元1852年）由姓丁的两兄弟在镇里张家桥开设的酒店。酒店开张后生意一般，这怎么能满足两兄弟做大生意、赚大钱的欲望呢？为了进一步打开局面，扩大营业，丁氏兄弟就把主意打在本地有名的枫泾猪身上了。

枫泾猪是著名的太湖良种，不仅皮细肉白，肥瘦适中，而且骨小肉嫩，一煮即熟。丁氏兄弟就取其后蹄，并用嘉善姚福顺三套特晒酱油、绍兴老窖花雕、苏州桂圆斋冰糖，以及适量的丁香、桂皮和生姜等原料烹制，经柴火三文三旺后，以温火焖煮而成。这样料理后的猪蹄，不仅外形完整，色泽暗红光亮，而且热吃酥而不烂，冷吃喷香可口，可谓肉质细嫩；而且它的汤质浓而不腻，香甜可口，久吃不厌，所以很受顾客的喜爱，久而久之，人们便称之为"丁蹄"。丁蹄者，即"丁义兴"熟食店特制的"红烧猪蹄"是也；而且店主姓丁，所以叫做"丁蹄"更是实至名归。

1993年，枫泾丁蹄荣获中华人民共和国"中华老字号"称号。

上海的特色糕点

1. 高桥松饼的原料产地固定吗

高桥松饼产自我国上海高桥。作为与松糕、薄脆和一捏酥并称的高桥四大名点，高桥松饼是用精白粉、熟猪油、绵白糖、赤豆、桂花为原料，并采用传统工艺精细加工所成；不仅滋味甜肥，更重要的是松酥爽口。松饼其实是因其入口酥松而得名，不过因为它的酥皮层次分明，而且层层薄而如纸，所以又称为"千层饼"。

高桥松饼起源于清朝光绪年间，至今已有超过100年的历史了。松饼的馅是甜甜的，因为甜的容易腻，所以自古都要选取上等的原料，不仅不能在瘸子里选将军，甚至还要在将军里选元帅。像松饼中的赤豆沙，就一定得选崇明的赤豆，而至于枣泥馅的，选用的大枣便非得是山东来的。另外包括糕饼起酥时用到的猪油，和面用到的井水，无一不是做到了精挑细选、精益求精。

高桥松饼

在历经了百余年的发展后，松饼的某些工序，依然保留了全手工的制作要求。如此制作的成品，形如满月，观感饱满，而且饼心色泽金黄，四周则呈乳白色；底部却也不焦结或者发硬，酥皮更是层次分明，加上根本不可能有杂质的馅心，这样皮薄馅足的糕饼，吃上去实在是酥松香甜，不愧松饼之名。

新中国成立后，高桥糕点获得了政府的积极扶持，几经改造后，高桥松饼又焕发了青春。自1983年以来，高桥松饼屡次获得政府颁发的优质产品称号，行销国内外，令中外人士大饱口福。

2. 叶榭软糕是"叶榭"发明的吗

"叶榭"其实是一个位于松江东南的古镇,自古以来便是鱼米之乡,而并非一个人的名字,更非此糕的制造者。叶榭软糕其实是由施隆茂首创于明万历年间的一款小吃,时至今日,仍然深受上海人的喜爱。

叶榭镇因为紧靠黄浦江,水运发达,所以不仅商贸繁荣,而且早在清乾隆年间,就已经作为船民的集结之地。由于地处水运要道,船民众多,而且大多又是短暂停留,所以吃饭、吃点心就成了大问题,

叶榭软糕制作中

曾给船民们带来诸多不便。于是当地一位叶姓的农民便土制了一种糯米糕,这种糕点色泽洁白,形状外方内圆,并加入豆沙等配料,吃起来香糯软滑,久置不坏。这种好吃又易带的食品马上受到船民们的欢迎,并因所处地名的关系,大家便称之为叶榭软糕。从此,叶榭软糕的大名便广传于世,成为松江传统的地方特产。

发展到后来,叶榭软糕有了方糕、素糕和桂花白糖糕三个品种。方糕以猪油、豆沙、枣仁、红绿瓜丝、绵白糖为馅心,外观呈正方形,色泽鲜艳,特点为肥、香、甜;素糕则是混入了上等的绵白糖,外观呈大块长方形,雪白细腻,线条清晰,特点是松、软、甜、凉,糯而不粘,盛夏时节,甚至一周之内都不会馊变;桂花白糖糕则以全糯米加桂花、白糖、猪油、豆沙制成,外观呈圆盘形,具有松、软、甜、香、肥五大特点,吃起来松软香甜而不腻,加上薄荷,便更是夏日饮食中的佳品。

叶榭软糕原为手工生产,现在经过技术改造,已经实现了半机械化,虽然包装出售,但还是保持着其传统的特色。

3. 哪里才有地道的油氽排骨年糕

油氽排骨年糕是传统的上海小吃。排骨要肥嫩香鲜,这样氽出来才

味香浓厚；而年糕则需要小而薄，经过烧煮后才鲜润不腻，这两种东西合在一起经油氽制熟后，真是别具风味。

这种小吃在上海有两种著名的制法，分别以曙光饭店（原名小常州，号称排骨大王）和鲜得来点心店为代表。它们是20世纪30年代上海最有名的两家排骨年糕店，不过它们的制作方法却大不相同，做出来的排骨年糕口味迥异，各有特色。

油氽排骨年糕

"小常州"的排骨是选用的常州、无锡等地的猪脊骨肉，先用酱油腌渍，再放到加了各种辅料佐品的油锅中氽烫，氽至色呈紫红、肉味浓香后取出。在料理肉的同时，还要将松江大米煮熟，并放在石臼里用榔头反复捶打，待无整粒米后取出，按量切条，每条里裹上一小块氽过的排骨。这样"包装"后再入酱汁油锅中煮氽。要吃的时候则洒上五香粉，便既有排骨的浓香，又有年糕的酥糯，十分可口。

"鲜得来"的排骨年糕则是将面粉、菱粉、五香粉、鸡蛋放在一起搅拌成汁，然后再浸裹在排骨的表面上，这才入油锅氽制。这样弄出来的排骨，色泽金黄，外酥内嫩。而它的年糕则是将松江大米与红酱油、排骨一起加上甜面酱，浇上辣椒酱即可。吃起来嘴里糯中发香，还略带甜辣，鲜嫩适口。

常说"文无第一，武无第二"，说到食品的制作，其实二者都各有千秋。不过鲜得来排骨年糕总店制作的油氽排骨年糕，则在1997年被认定为"中华名小吃"。

4. 上海梨膏糖和魏征有什么关系

魏征的形象一直都是直言敢谏，但同时他又是一个十分孝顺的儿子。他的母亲患有多年的哮喘，为了给母亲治病，他遍求名医而始终没有找到一种有效的药。后来唐太宗李世民知道这件事后，就派御医给老夫人看病。御医望闻问切之后，便为老夫人只开了一味药，说是可以药到病除。但是这种药极其苦涩，可以说难以下咽。魏征为了降低药的苦味就将梨榨成梨汁，和入药中，这样母亲喝起来就不会那么苦了。大家应该知道梨这种水果，是有消痰降炎的药效的，再加以御医的方子，老太太果然数日后便觉好多了。

相对于这个感人的孝子故事，还有另一种勤俭节约的说法。清末民初时有一对贫困夫妻，他们专门在各家水果店的门外捡那种没有完全坏掉的梨，回家后便"取其精华、去其糟粕"，把还没有坏掉的部分加糖熬制，便成了上海梨膏糖。

上海梨膏糖是中华老字号产品，由纯白砂糖（即不含任何饴糖、香精和色素），与杏仁、川贝、半夏、茯苓等十四种国产良药材（皆为碾粉状）加热熬制而成。成品不仅有止咳化痰的显著疗效，而且因为包装精美，深受广大顾客的喜欢。其实上海梨膏糖历史悠久，起源甚至可以追溯到唐朝，而在清朝最为盛行，目前则在国内外都享有盛名。

梨膏糖

虽然上海梨膏糖还有本帮（即上海本地）、苏帮、杭帮和杨帮之分，不过老城隍庙的梨膏糖则均为本帮，而且善于创造。在上海开埠后为了迎合上流社会的需求，老店"朱品斋"便在梨膏糖的制作中又添入了人参、鹿茸、刺五茄、玉桂、五味子等贵重补品，使得梨膏糖成为了一档高级食品系列。

其实梨膏糖还分为品尝型梨膏糖和药物型梨膏糖。药物型梨膏糖具有止咳化痰、润喉清肺的功效，对治疗咳嗽、气管炎、哮喘等疾病有独到之处。最可贵的是，因为选用的中草药药性皆温和而少无副作用，所以它适合各种咳嗽人群。即使没病没痛，吃来也无妨。

5. 枣泥酥饼为什么叫"抠门饼"

上海的许多名吃都与苏州有关，或是直接从苏州传来，或是首现于来上海滩打拼的苏州人之手。经过大上海的融合，最终都留在了上海，成为了当地有名的美食。枣泥酥饼便是属于前者，而且伴随着一段有趣的故事。虽然并非发生在上海，却可使我们更加了解现在上海枣泥酥饼的来历。

相传清末苏州的一处市镇里，有一位做甜饼生意的小气人，每次做的甜饼，不是饼面斤两不够，就是缺少糖料，久而久之，他的生意惨淡经营，眼看就要倒闭了。

他的一位朋友实在看不下去了，就建议他做一种双面都带有芝麻，并且用枣泥做馅的酥饼。反正也没别的主意，小气鬼便根据朋友的建议做起这种饼来。因为又是芝麻又是猪油又是枣泥的，所以在烘制的时候，整个镇子都闻到了小气鬼家的

枣泥酥饼

香气。大家闻香进门，为小气鬼招揽了不少客人，于是他的生意又慢慢兴旺起来。可是好了伤疤忘了疼，小气鬼又犯起小气的老毛病来：每次饼师傅在制饼的时候，他都故意把糖藏起来，好让师傅做饼的时候只用手边的那些糖。但他还是放心不下，就假托自己的儿子跟着做饼的师傅学习如何做饼，实际上却是暗中监督。人家是监督不要克扣，他这儿倒好，是监督不要太多。

虽然如此，小气鬼的酥饼生意还是慢慢好了起来。没过几年，就在苏州城里开了一家"乾生元"饼店。但不知什么原因，几个月后店面便因一场大火而毁于一旦，小气鬼也葬身火海。可幸的是小气鬼的儿子躲过这劫。诚所谓大难不死，必有后福，加上这个儿子不是小气鬼，于是掌握了制饼技术的他，又做起枣泥酥饼来，并在苏州城获得成功，后来还将饼店开到了上海滩。虽然这家饼店已经不再抠门克扣，但有认得的

人还是开玩笑地称之为"抠门饼",此时已无非玩笑罢了。

上海的风味小吃

1. 不吃五香豆就不算到过上海吗

读者们是否听说过这么一句话:"不尝老城隍庙五香豆,不算到过大上海"。足可见城隍庙五香豆的好吃与闻名。其实顾名思义,城隍庙五香豆便是开在上海城隍庙附近的一个专营五香豆的商店,他们材料的选取讲究,火候的控制也适当,所以做出来的五香豆皮薄肉松,盐霜均匀,咬嚼柔糯;吃到嘴里香喷喷、甜滋滋,极具风味的口感令凡来上海吃过的人都记忆深刻。

根据老上海的讲法,当初城隍庙建成后,香火鼎盛。所以庙市上游人如织,往来不息。针对于此,商贩们便纷纷来此设摊做生意。其中有一位名叫张阿成的外乡人,搞了一只煤球炉和一口铁锅,就这样在热闹的庙市上做起了五香豆生意。他的五香豆豆味虽一般,但制作的时候却香气四溢,所以还是吸引了众多的顾客。然而美中不足的是,豆皮虽香,但豆肉夹生。所以张阿成免不了常和顾客发生争吵。

在张阿成邻近经营五香牛肉和豆腐干生意的商贩郭瀛洲眼见如此,认为五香豆生意本微利厚,而张阿成又似乎经营不善,于是就改行试烧五香豆。他决心"取其所长,攻其所短",与张阿成一比高低。凭着烧五香牛肉时"选料好、加工精"的经验,郭瀛洲选用了嘉定产的"三白"蚕豆,而且还在配料上动脑筋,加入了进口的香精和糖精,并注重调试火候。如此烧出来的五香豆既不夹生,又香甜可口。不过在不

上海特产五香豆

断烧制的过程中,他逐渐发现用铁锅烧出的豆子表皮发暗,色泽不美,于是便精益求精,订制了一口一次能烧四十斤蚕豆的紫铜大锅。如此这般,他终于做出了色、香、味俱佳,口感软中带硬、咸中带甜的极品蚕豆,自然深受顾客赞誉,生意也越做越兴旺。

生意越来越好的郭瀛洲正盘算以后发展的时候,可巧商场里"雷云轩烟嘴店"的老板,因故歇业返乡,并委托郭代为看守店房。郭便抓住这个机会,开始收摊开店,取名"郭记兴隆号";还在牛皮纸制作的包装袋上印刷了郭瀛洲的头像和双龙商标。扩大经营后,郭记兴隆号甚至从零售发展到了兼营批发。慢慢地,不仅沪上车站、码头、茶楼、酒馆、影剧院门口等人潮之地出现了设摊和提篮叫卖五香豆的商贩,甚至海外也有了对他们店五香豆的需求。

1956年,"郭记兴隆号"改名为"城隍庙五香豆"。

2. 上海的龙虾片就相当于薯片吗

现在的小朋友都喜欢吃薯片,在老上海也有一种类似的东西,叫做"龙虾片"。

从前上海过年的时候,在晚饭还没有开始前,龙虾片其实是专门用来给小孩子垫肚子用的。这种白白脆脆,带着一股鱼虾鲜味的小吃,最讨小孩子喜欢。而且龙虾片含有丰富的碳水化合物,以及脂肪、蛋白质、钙、钾、镁、铁等元素,基本上等同于虾的营养功能,可以补充丰富的矿物质。不但如此,以前的龙虾片还有诸如小螃蟹等小动物的造型,油炸起来,更显可爱。像这种传统的小吃,可要比如今薯片什么的好吃好玩多了。

上海龙虾片是用新鲜虾肉和上等的淀粉作为原料的。它们经水调和后,便会成为透明而无混浊的状态,再经油氽成熟后,基本上会膨胀到原来的3到4倍,极具天然虾香,而且入口酥脆、松化、无硬渣,实在是滋鲜味美的上品小吃。

不过它的制作过程则要求精细,从投料、打浆开始,便要注意浆层均匀,浓稀适度;拌粉和面则务求匀透而无块粒;挤压、搓条的时候也必须粗细一致,达到表面光滑,底板平整,不出气孔的状态;蒸煮的时候更是要严格掌握时间、火候,既要熟透,又不能过熟;切片则要干净利索,要求表面光洁,厚薄均匀,既无刀纹又无连刀;烘片的时候要注意控制热量,使虾片受热均匀,这样才可以逐步散发水分,以达到虾片平直、不开裂或粘连的要求。

如今正宗的龙虾片只有"鸽牌",是上海晨光虾片食品有限公司生产的,以前则叫做上海虾片食品厂。

3. 鸽蛋圆子的原料中有鸽子蛋吗

"鸽蛋圆子"这个名字的由来,并非是因为制作过程中用到了鸽子蛋,而是因为它制出的成品酷似鸽子蛋而已。所以鸽蛋圆子的形状也不是圆子在传统印象中的圆形,而是椭圆形。

鸽蛋圆子

鸽蛋圆子中的糯米含有丰富的蛋白质、糖类、钙、磷、铁、维生素B族等营养物质,使其有了补中益气,健脾养胃的功效;同时它内馅儿里的白芝麻也含有大量的维生素A和E,故而鸽蛋圆子亦具备补血明目、养肝生发的特效;综合以上,并且作为南方的一种四季食品,鸽蛋圆子终成上海一道有名的菜品。

这么好的一道甜品,其实是一位叫王友发的人于民国年间所创。王友发祖籍苏州,善制甜食,而且靠此贩卖为生。不过他本来在上海是摆摊卖些花生糖、枣子糖、糖山楂之类的东西,怎么后来卖起圆子了呢?

原来甜品这种东西,秋、冬、春之季,品相俱佳,弄的什么样就是什么样。可是到了夏天,尤其是酷夏可不得了,很多有糖分的甜品便会融化,卖相难看,于是销路自然也就不佳了。可是生意人总不能不做生意啊,怎么办呢?为此王友发还真想到了一个办法,那就是用清凉的食材为原料，制成一种消暑的零食。在炎热的夏日上海，谁会舍得拒绝一份清凉祛暑的小零食呢？

说做就做，而且这样的甜品在王友发眼里并不算难事，主要是控制好"熬糖"这一关即可。因为要裹进糯米皮子的糖需熬得不老不嫩，这样咬上去才会有一包糖卤。东西做好了，去哪里卖呢？这也难不倒常年练摊儿的王友发。他专到城隍庙一带的茶楼、书场贩卖，因为那里多是闲而有钱的人，看到鸽蛋圆子这种既有噱头，又清凉甜糯的零嘴儿，自然大加捧场。而这些场所的老板也乐得像王友发这样的商贩来"走穴"，因为客人在店里吃饱了就又能多呆一会儿，所以何乐而不为呢。

4. 擂沙圆是雷老太太擂出来的吗

擂沙圆是上海从清末传下来的名小吃，但是有人管擂沙圆叫雷沙圆，这是怎么回事？是误传还是另有原因？

其实擂沙圆是清末一位开汤团店的雷老太太所创，她的店开在上海城内三牌楼附近，时常有人要求她把圆子打包。但是圆子没了汤的浸润，便容易糊掉，非常影响口感；然而连汤一起打包的话，携带又不方便。于是好心的雷老太太便替常来打包的食客寻找解决的办法。后来她终于找到了窍门：圆子不是煮熟了吗，捞起来放进炒熟的赤豆粉里，搅啊拌啊，把圆子的外层都沾满赤豆沙粉。这样一来，圆子既不用带汤，也携带方便，还漂亮好看，热吃冷食，更随君尊意。

擂沙圆

因为这个圆子是雷老太太所创，而且外遭布满红豆沙，于是人们都称其为"雷沙圆"。

后来上海乔家食府创设，为了量产这种雷沙圆，便不得不在原先的工艺上改进：赤豆粉炒成干沙，再用十七眼筛筛过，这样赤豆粉便更加细腻；熟了的圆子则要沥干水分后再投入粉盘擂滚。如此成品，色泽紫红，口感香糯，大受好评。于是店家便把"雷沙圆"改名为"擂沙圆"了。

5. 上海名吃为何叫做小绍兴鸡粥

从名字来看，小绍兴鸡粥，"想当然耳"的话，应该是绍兴的产物才对，怎么成了地道的上海风味小吃呢？这需要从它产生的历史讲起。

"小绍兴"粥店的前身本是个小小的粥摊，摊主叫章润牛，绍兴人，16岁便与亲妹章如花随父逃荒到上海。当时还是日伪时期，他们迫于生计，便批些鸡头、鸭脚、小翅膀，料理了之后沿街叫卖。兄妹俩体现了绍兴人节省和精于计算的传统，慢慢地积攒了点钱，便在抗战胜利后办起了小吃摊，虽然还是卖些馄饨之类的小吃，但毕竟稍微安定了些。可是他们选择的西新桥附近正是小吃摊云集的地方，卖馄饨的到处都是。于是兄妹俩商量后，便改开鸡粥摊，但生意依然不如人意。

所以老章家哥哥润牛和妹妹如花便时常谈论出路，这天聊到小时候的事情，忽然想起家乡老人们讲过绍兴产的越鸡，那可曾是给清代仁宗皇帝的贡品。这些越鸡因为在山间放养，所以肉质极好。章润牛便决定用老家的这种鸡作为鸡粥的原料。果然不负贡品鸡的名头，鸡粥这么一改，其鲜味非同一般，生意开始大好起来。而跟着这股鸡粥热，继章氏之后开设的那些鸡粥店固然不知其中的奥秘，所以生意也就自然与章氏兄妹的鸡粥店不可同日而语。名气传出去后，甚至一些艺界的知名演员如周信芳、王少楼、盖叫天、赵丹、王丹凤等，都会在半夜演出结束后，来章氏兄妹鸡粥摊上吃个夜宵。长此以往，便成了熟客。大家听着兄妹俩都是绍兴口音，加上哥哥个子稍矮，于是熟客们便把这个没有招牌的鸡粥店叫做"小绍兴"，久而久之，便成了正式的店名。

兄妹俩为了保证鸡粥味道的鲜美，坚持当天早晨杀鸡、下午烧鸡、晚上卖鸡，如此再加上讲究的烹调技术，"活杀鸡"的"小绍兴"鸡粥便从此出了名。

6. 烘山芋的香甜是靠文火慢工的吗

上海人口中的山芋，其实在各地还有其他的叫法，比如红薯、白薯或地瓜等。

现在烘山芋多作为一种点心零食，但在明朝时，却是缓解百姓饥荒，救了无数条人命的主要粮食。徐光启甚至提议朝廷向全国推广种植。

但那都是旧话了，这里只和读者们讨论一下为什么街边的烘山芋就是比家里或煮或蒸的山芋要香甜呢？想来，精明的上海人都不会"买豆腐花掉肉价钿"吧，但是如果像街边炉那样烤山芋的话，就在所难免了。因为人家街边炉的山芋是大清早便入了炉膛，上班族下班的时候才被推出来卖的——这文火的功夫，可不是寻常百姓消受得起的。

为什么烘个山芋要这么长时间呢？原来山芋本身并不含糖，而全是淀粉，所以山芋的甜不过是淀粉被淀粉酶在合适的温度条件下转化成了糖。空气加热，缓慢而持续，让淀粉酶有充分的时间把山芋变甜。而蒸、煮所产生的高温水流和蒸汽，却会在瞬间杀死酶的活性，所以山芋虽然熟了，却肯定是不甜的。

烘山芋

烘山芋之所以香，也是同样的道理，不过这次靠的是蛋白酶。

于是我们就知道了，文火、慢工，是烘山芋的真谛。所以即使我们非要在家里自己做，也需要遵循这些原则，才能做出香甜可口的山芋。

7. 豆花为什么被称为长生不老药

《本草纲目》中有记："豆腐之法，始于汉淮南王刘安"。传说刘安当年为求长生不老之药，一次在炼丹的时候用黄豆浆培育丹苗，豆汁与石膏相遇，豆腐便这样偶尔得之了。刘安还用此为卧居病榻的母亲备餐，确有健体延寿的效果。

现代科技认为，上海豆花是利用大豆蛋白而制成的高养分食品，人体对它的吸收率可高达92%~98%。豆腐脑除含蛋白质外，还可为人体生理活动提供多类维生素和矿物能量，特别是可以满足人体对钙的需要，可以对软骨病及牙齿发育不良等起到一定的预防作用。

上海豆花又称为豆腐脑，这是因为它最大的特点便是豆腐的细嫩，故称豆腐中的脑。它的制作要求也非常讲究，熬浆要用微火，特别注意的是不能溢锅等。

不仅制作过程不得马虎，盛豆腐脑时也有讲究：需要用平勺盛放至碗中，而最后盛好的豆腐脑要像小馒头一样稍凸出于碗沿儿。这之后才浇卤，卤会从"馒头"上流向碗的四周。浇完卤后，加蒜泥、辣椒油，或者葱、香菜等，这便是凭个人喜好了。

不过甜的则是一般加入了糖浆或砂糖、红糖，如今也有人加入巧克力糖浆、满天星等，制成新颖别致的现代上海豆花，上海人对吃的创造力，真是层出不穷啊。

8. 上海锅巴曾被称为天下第一菜吗

上海锅巴通常由大米、黄豆、小米等制成，营养美味，是上海人见人爱的小食品。

锅巴其实不仅是一种零食，还可以拿来做出正儿八经的菜品。传说，清朝乾隆皇帝曾多次下江南，有次在松江府的一家小饭店用膳，就吃到了一盘极品锅巴菜：店家用虾仁、鸡丝、鸡汤熬成的卤汁，当场浇在刚经油炸的锅巴上，顿时炸声大作，浓香扑鼻。而且乾隆品尝之后，觉得

上海锅巴

香脆可口，且颇有食趣。询问之下，才从店主处得知这叫做"平地一阵雷"。乾隆夸其菜可称天下第一菜。从此，这道"天下第一菜"便成为上海地方的传统名菜。如今，深挖文化的饮食业已广泛采用锅巴做菜，

诸如口蘑锅巴、鱿鱼锅巴、海参锅巴、干贝锅巴等，其烧料便是大同小异，不一而足。

不过在老上海的时候，尤其解放后的很长一段时间，是没有这么多讲究的。大多上海人小时候吃的锅巴，几乎是没有咸辣诸味的，更别说奶油了。柴火烧的大锅饭，在锅底势必会留下厚厚的锅巴，底层焦黑，中间发黄，虽无调品，却透着那么一股醇厚的米香。

不过烧糊了的锅巴却是不宜多吃的，因为那里会有一种叫做"苯并芘"的致癌物。如果长期食用这种世界公认最强的致癌性毒物，是会致癌的。

上海的雕刻艺品

上海地处江南，自古便系水乡，多出文人雅士，更爱文字丹青。所以当地对于文房用具是很有讲究的，不仅用着要好，眼睛看着也要美观得体。于是便催生了很多相关的文房雕刻艺品，并且体系也越来越完整。

上海在20世纪曾迎来一次文化的大融合，不仅全国各地的艺人及艺品汇聚沪上，外国的众多奇技淫巧也扎推申城，使得上海在艺品的制作方面突飞猛进，形成了可与中国其他地方千百年才能成形的各种流派，包含了木雕、竹刻、面塑等传统技艺，更不乏牙雕、玉雕等贵重材料的雕刻。

上海的文房雕刻艺品

1. 上海砚刻是什么时候形成的

其实砚刻艺术起源于2000多年前的秦汉时期，可以说它是和中国书画同时发展起来的。砚刻不仅是实用品，还因为自身的美感而成为人们欣赏的艺术品。如今多有身价百万的砚刻精品，其中便不乏上海砚刻。

上海砚刻

上海砚刻成为一个固定词语而被使用,始于明代。它的雕刻技法来源于砖刻石雕,后来在此基础上又吸收了金石雕刻的精华,所以成品一般造型雅朴,刀法刚健。而且因为采用深、浅雕相结合的方法,使得其作品极富立体感。上海砚刻的代表人物是已故的张景安老先生,他的作品多取材于蔬菜、瓜果等静物,或有少数鱼虫等图案,非常有地方特色,极具韵味。

另外一位佼佼者,便是上海近代砚刻技艺高手陈端友。他采用传统的对比艺术手法,使作品极富舒展安闲之气氛。比如他雕就的《九龟荷叶端砚》,展现的是九只小龟戏游于荷塘莲叶之中,或藏叶底,或游水中的情景,其意给晚秋荷叶带来了无穷的生机;而且还配以用堆漆刻出的一个龟形砚盒,凝练的造型,使得整个作品庄重而素朴。他的另一方代表作便是《竹节端砚》,甚至可以琢出竹身被锯截以后的糙面和锯刀滞留的痕迹,这样的设计便相对地显示出节隔砚面的柔滑润泽;砚底则是表现被击龟裂的节隔,破碎的形象自然而逼真。以上两件珍品,如今收藏于上海博物馆。

2. 曹素功墨得到过康熙的赏识吗

据说当年清康熙皇帝巡江宁的时候,曹素功曾六次前往以进其墨。康熙在试用之后,大加赞赏,并特赐曹氏"紫玉光"三字。

于是曹氏便用该名制成"漱金紫玉光墨"。该墨一式10锭,长方条形。其中收藏于安徽博物馆的一套墨,每锭面上镌刻白岳一景,共计10景。分别是天柱峰、五老峰、罗汉峰、香炉峰、万寿山、紫玉屏、玉屏峰、剑峰、狮子峰和沉香洞。墨背面则用阳刻楷书"紫玉光"钤印和落款。文有"古歙曹素功珍藏""艺斋主人仿古清墨""天都曹素功制""新安曹素功鉴定"等字样。而且这些墨其色

曹素功墨

似漆，其质似石，虽然只是小小一方，却雕刻得峰峦叠嶂，盎然而有古意。无怪乎康熙帝这么喜欢了。

此外，曹素功墨还香味浓郁。据传清朝嘉庆年间，朝廷召曹氏进京，专门制作皇家御用之墨。曹氏为了使御墨不同于坊间寻常之墨，便在制作过程中投放了麝香、冰片等料，所以会随着不断捶打而芬芳扑鼻。于是在试墨那天，整个大殿很快便被馥郁的香气笼罩，并且久久不散。这成为了宫廷中的一件新鲜事，引得众大臣宦官都竞相前来围观。这便是后来曹素功墨的另一款墨——"金殿余香"名字的由来。

曹素功墨的墨迹不腐不蛀，实用性极强。这是因为他们在墨锭之中加了几种名贵的中药材，那些馨香之气起到了防腐避虫的作用。不仅如此，曹素功墨用于作书绘画时不粘滞，书写后不皱纸，墨迹着水而不化，作品久存而不褪色。

正因为曹素功墨防腐性强，使用时芳香沁人，有提神助兴等功效，所以广为中外书画家所欢迎，也难怪会有"天下之墨推歙州，歙州之墨推曹氏"之说了。

清朝顺治三年，曹素功墨便由歙州（安徽一地名）迁至了上海，自开业到1956年公私合营，曹氏已历经十三代，共计300余年。

3. 上海集云阁篆刻都有什么讲究

篆刻艺术由来已久，早在先秦及汉魏时期，篆刻艺术的成就已经很高，当时这个工作由专门的印工镌刻。自隋唐以来，篆刻艺术不断发展，并各有其朝代的特点和风格。相传，当元代画家王冕开始用花乳石作印材而进行篆刻后，因镌刻方便，所以流行更广。到了明、清两代，虽然传统篆刻艺术已渐行消亡，但随着越来越多古印章的出土，为当时的人们提供了大量参考资料，所以文人士大夫们开始研究起篆刻艺术，并

集云阁篆刻

越来越考究起来，于是就出现了很多篆刻家和流派，这种艺术也随着再次发扬。至今仍为人所称道的上海集云阁篆刻，便属其中。

集云阁篆刻所用的印材大有讲究，并常备有篆刻印章的各种材料，诸如玉、石、铜、牙、角五大类，可以在需要的时候随时添补。所用的玉章有老虎石、独山玉、新山石等，这些材料晶莹明澈，光彩夺目。石章则是寿山石、青田石、昌化石等，它们质地油润，色彩瑰丽，甚至还有举世稀少的田黄石和鸡血石，这些珍贵的印材本身，便是极具艺术欣赏价值的宝贝，更不用说所制成的工艺品了。至于集云阁的铜章，则是造型古朴，匠工独具。此外还有雪白的象牙章、漆黑的牛角章以及造型典雅、雕工精细的各类印钮等。

1983年，上海集云阁篆刻社成立，他们对浙江地区明清时代各家的篆刻艺术都颇有研究，具有很深的造诣，而且治印以工隽朴茂取胜，尤以小篆入印而名传全国。他们采用各种书体入印的作品，以纤细、飘逸、隽秀、美观见长，不仅实用，而且赏心悦目。

4. 潜泉印泥中蕴含了怎样的情谊

潜泉印泥创办人是一个叫做吴名隐的，他字石潜，别号潜泉，浙江绍兴人。作为一名工书画、善刻印、精于碑版的专家，他尤其爱好收集古印，并先后汇编了一百多册古印集，还编定了《古今楹联汇刻》。不仅吴自己喜爱这门艺术，他的夫人孙织云，也是一位刻印名手。于是慢慢地，这对精于制作印泥并志同道合的夫妇便渐渐聚集起名气来。

1904年，吴石潜在学术交往中认识了吴昌硕，而且这两个人相互仰慕对方的品德、才华，由此而结下了深厚的友谊。

对于吴石潜夫妇自己制作的精美印泥，吴昌硕非常欣赏，于是便积极鼓励他们专门创办一个印泥企业。于是在吴昌硕等人的鼓励下，夫妇二人很快便决定到上海开设一家公司，专门自产自销潜泉印泥，并收集和出版印谱。他的好友吴昌硕亲笔为其撰写招牌，并指导改进配方，选定色泽。对生产的第一个品种，他还亲自定名为"美丽朱砂印泥"。

不仅如此，吴昌硕还把自己的各体书法、绘画、篆刻等作品，拿来这里以示信任。由此可见，吴石潜夫妇充分总结了前人经验，而后再自我开发，是潜泉印泥问世的关键。当然其中也不乏吴昌硕的一番心血，"美丽朱砂印泥"，更是吴昌硕和吴石潜友谊的见证。

吴石潜夫妇的潜泉印泥制作精细，配方严格，故而质地细腻、浓厚，色泽沉着、鲜明，更可敬的是时间愈久，光色愈鲜，冬而不凝，夏而不透，印在纸上极富立体感。所以一经面世，便誉满全国，很快就流传到日本及东南亚。

上海的其他雕刻艺品

1. 上海木雕为什么能分成三大类

上海本地既不出产名贵的木料，也并非最有名的传统木制品加工地，但为什么却可以有如此庞大的木雕产业，甚至可以分门别类呢？

原来在清末之时，由于上海成为对外开放的口岸，而且邻近江浙等传统的木雕产地，所以在上海便出现了从事专门收购和加工订制木雕的外商。他们把这种极具东方色彩，并含有较高艺术价值的木雕，转销西方，以牟暴利。于是，上海逐渐成为中国木雕品出口的最大集散地之一，而且按所用材料还分为白木、红木和黄杨木雕三大类。

白木雕刻工艺源于浙江东阳、金华一带，明清期间传入上海。产品多以神佛像、庙宇和民宅建筑装饰为主，所用的木材中以香樟木最为名贵，其余也有银杏木、黄杨木等。

红木雕刻多用于制作家具，即人们常说的红木家具，硬实而有质感，很受顾客喜欢。在长期的技艺发展中，出现了浮雕、深浮雕、镂空透雕和阴刻镶嵌等技法；而木料的连接也多采用传统的榫卯结构；至于家具的涂饰，则是采用天然生漆之类的传统工艺；此后还要经过多达15

道工序的反复糅磨,最后才可以让红木家具的表面色泽一致和光亮可鉴。红木雕刻所使用的木材,如紫檀木、瘿木、酸枝木、花梨木(又称老红木)和香红木等,都是非常名贵的材种。其中以小叶紫檀最为精贵,这种树5年才成一轮,800年方成可用之材。

不同于以上两种木雕,黄杨木雕是起源于上海的本地木雕,并且已有近300年的历史。它是清朝康熙年间嘉定的竹刻高手吴之璠,以竹刻技法移用于黄杨木而雕出人物、山水和花鸟的一种雕刻艺术。黄杨木雕的原料除黄杨木以外,丹塔木和银杏木也可使用。虽然木料并非名贵之材,但是因为上海黄杨木雕是嘉定竹刻艺人的偶尔之作,产量极少,多是自赏或赠亲友之物,而非量卖之品,所以那时候的黄杨木雕极其珍贵。不过到了清末的时候,黄杨木雕已开始批量出口。

2. 上海的嘉定竹刻是以刀代笔吗

竹,中空而外坚,不仅身干挺拔,而且体色优雅,有"梅兰竹菊"四君子和"梅松竹"岁寒三友等美称。这使得在凌霜傲雪之中的它,自古便被文人墨客所喜爱,并被拟人而赋予了高尚的德性。

于是嘉定之地在明朝隆庆、万历年间(公元1567—1619年)便产生了竹刻,即将这种文人墨客都喜欢的植物加以雕饰的艺术,所以至今已有400

嘉定竹刻

多年的历史了。而且随着时代的发展,随后的江南,尤其是人才汇聚的大上海,便形成了各具特色的两大派竹刻工艺:其一是"金陵派",其二便是"嘉定派",而且"嘉定派"更为繁荣。到清代的时候,嘉定县城已成为竹刻工艺的中心。

嘉定派之所以如此成功,是因为其创始人朱松邻是一位善于诗文书画之人,他在制作中能以笔法运刀法,并且勇于创新,最终才使得其他竹刻艺人无从望其项背。而且他的儿子朱小松、孙子朱三松等都继承了祖业,使得朱氏竹刻得以流传并继续扩大。他们所刻制的人物、山水、草虫、禽鸟，刀法精湛，个个精妙绝伦，颇有新鲜灵动之感，造成很大影响。所以嘉定竹刻才有后来的名家辈出，如明代的秦一爵、沈大生、侯崤曾，清代的封颖谷、时大经、张学海等。

"以刀代笔，以书法刻竹"，便成为嘉定竹刻的主要特点和传统技艺，并使嘉定竹刻盛极一时。据《嘉定县志》所载，嘉定竹刻的刀法独树一帜，与当时全国各地的技法均不相同。

不过清道光之后，嘉定竹刻渐趋衰落，名家稀少；到民国以后，嘉定竹刻甚至渐趋滞销，产品只以贴黄为主，雅作珍品几无可见。

3. 上海面塑为什么可以不腐不烂

上海面塑在发展的过程中经过了百余年，铅华洗尽，而在众多的面塑艺人中，最负盛名的便是被称为"面人赵"的上海著名面塑艺术家赵阔明。

赵阔明其实是一个晚清出生于北京的人，出身贫苦，从小就靠卖苦力过活。在19岁开始捏面人之前，他做过堂倌、小贩、轿夫、车夫等；平时则喜好打拳、唱戏。然而进入"面塑界"后，他25岁便与北京东城著名的"面人汤"（汤子博）齐名了。到了32岁，在天津，他已被人誉为"面人大王"。随后不久，即20世纪30年代，他来到上海，结识了上海民间面塑艺人潘树华，并吸收潘在面塑艺术中的长处，使自己的技艺更上了一层楼，终成为全国著名的面塑艺术家。

上海面塑

赵阔明的创作题材广泛，内容多以传统戏剧和神话传说为主。比如他的代表作："福禄寿三星""观音""长眉罗汉""五子戏弥勒""钟馗嫁妹""关公看春秋""林冲""捉迷藏"等都是这类；当然也有表现现代题材的作品，诸如："白求恩""鲁迅"等。他的作品人物形象生动，面部刻画细腻，衣纹简练俊逸，神态活泼，色彩饱满，被称为"立体的画，无声的戏"，在国内外享有很高声誉。并且，在长期的面塑创作中，他摸索并掌握了一套使面人长期保存的办法，使得他制作的面人，不霉、不烂、不裂、不变形，也不易褪色，这便有利于玩家们长期收藏；而且面塑体积小，携带方便，故而成为旅游者赠送亲友或留作纪念的佳品。

赵阔明的女儿和徒弟们继承了他的技艺，在国外现场表演中曾被誉为"东方的明珠""中华国粹"。

4. 上海牙雕是景中有景的雕刻吗

上海牙雕早在乾隆年间便已成为与苏州、北京、广东齐名的中国四大著名牙雕之一，更以其空灵剔透、工艺细巧，尤其是物中有情、景中套景的艺术美感，博得了国内外的广泛美誉。

上海牙雕其实源于苏州牙雕，不过历代艺术家在发展上海牙雕技艺的时候，还汲取了北京牙雕、广州牙雕等地域流派的精华；同时还通过自己的发明创造，才最终完成了独具特色的海派牙雕。至此，上海牙雕在造诣上便稍胜于苏州牙雕，甚至相较于其他地域流派也似乎更胜一筹。

上海牙雕分为镂雕细花、皮雕和圆雕人物三类。其中以镂雕细花最具特色，是与北京的圆雕、浮雕人物，广州的多层牙球、通雕花舫齐名的高超牙雕艺术类型。镂雕细花以制作船、灯、花卉、瓜果、山景、蚌景、鱼景、蟹景等景物为主；而且其中以鱼景最为奇特：用鱼、鸟或藕节等为外形，以镂空手法透雕出各种鸟兽、人物花草和风景，看上去花中套花，景中有景，内景与外景融为一体，毫无违和，确实非常别致有趣。

这种镂雕细花特色，形成于20世纪初，因为所表现的题材丰富，而艺师们又构图丰满，加上刀功干净，工艺精巧，使得作品都极富画意；特别是镂空雕，层次中外景与内景的辉映融和，充满了江南地方特色。

5. 上海玉雕可以影响全国玉雕吗？

上海玉雕，其实便是海派玉雕，是一种以上海为中心的玉石雕刻艺术风格派系。海派玉雕的贡献在于"海纳"和"精作"。诸如绘画、雕塑、书法、石刻、民间皮影和剪纸、当代抽象艺术等，只要是美的，只要是好的，便可以收为素材，之后再自己取精去粗，才最终使得海派玉雕发展起来，甚至至今对全国的玉雕艺术还产生着很强的影响。

海派玉雕形成于19世纪末，当时上海已经成为中国乃至世界贸易的重要港口，所以周围的苏州、扬州及附近地区的玉器制品都要通过上

玉雕

海口岸向外输出，这种形势使得上海玉器雕刻行业有了广阔的发展空间。之后又伴随大批苏州、扬州等地区的雕刻艺人涌入，这个东方大都市里的玉雕行业渐渐繁荣直至昌盛起来。当时像著名的古董风格玉雕大师王金洵、万源斋、傅长华、尤洪祥，人物、动物雕刻大家杨恒玉、胡鸿生、顾咸池等，都在上海这块沃土上吸收了新的文化营养，并在各自的事业上大显身手，这样便形成了一种新的玉雕风格，即海派玉雕。

海派玉雕的造型有着北派的大气、雄浑，又融合了南派的细致玲珑，还因为特殊的历史地理位置，而兼具西方文化元素，所以形成了拥有超强个性的海派，它与有"天下玉，扬州工"美誉的扬派，与不惜料但求传神的南派，与最受皇家文化影响的北派并称为中国四大玉雕流派。

随着开埠时间越来越久，上海玉雕自身也慢慢分为"洋装""本帮"和"古董"三派。

"古董派"并不是说这帮人为人古董，而是说他们专做青铜器造型的玉器，以及仿制秦汉以来的古玉。此外扬州帮艺人所生产的摆设玉

器，因为主要适应洋人的需求，故而他们便属于"洋装派"；而苏州艺人则专攻玉首饰、玉花饰等把玩件，而这些玉器多是中国人在消费，于是他们就被称为"本装派"。

到了抗日战争之前，上海"洋装派"的玉雕摆件类作品已具有很高的艺术水平，多有在国际博览会上获奖或长久收藏的。而"本装派"的手玩件产品也主要分为四大类：炉瓶、人物、飞禽和走兽。其中以炉瓶最为著名，这或许要感谢"古董派"。因为上海玉雕中的炉瓶造型稳重典雅，纹饰古朴精美，极富战国青铜器之趣味，在玉雕行业中可谓独树一帜。

随着玉雕艺术的不断发展，三派间互相吸取精华，所存在的差别也越来越小了。

附　录

商业中心 TOP 10:

南京东路

  南京东路位于上海闹市中心,其中河南中路以西便是著名的南京路步行街,素有"十里南京路,一个步行街"之称。路边遍布着各种上海老店,也不乏如今的国际时尚名店,可谓百业兴盛,无论节日或平时,每天都吸引着数以百万的顾客,是上海国际大都市的标志。南京东路的历史要稍早于南京西路,因为150年前外国人在此兴建跑马场而成为"马路"一词的起源。蒋介石和宋美龄的婚宴,便是在此间的长江饭店举行的。它的历史,加上如今所充满的生机,使之成为上海的"黄金地段",亦是商家的必争之地,旅客的必到之所。

南京西路

  南京西路原名静安寺路,其名源于古寺静安,是当年为了方便军队抵达太平军前线而对南京西路(原花园弄)的延伸。虽然横跨黄浦、静安两区,但是或许是因为静安寺的缘故,所以南京西路最繁华的部分都在静安区,而且几乎汇集了全区的商业精华。这里拥有恒隆广场、中信泰富、梅龙镇所形成的"金三角",并和会德丰广场、越洋广场、嘉里二期等组成的"金五星"相辉映;大店林立,名牌聚集。这里所聚集的知名品牌高达1200多个,国际品牌便占有750多个,而且90%以上的国际顶尖品牌都在这里开有旗舰店或专卖店，南京西路也因此被人们称为静安区的"黄金线"，亦是当今沪上最高档的购物场所。

淮海路

淮海路是上海市中心的一条商业街区，与"中华第一街"的南京路齐名，同样繁华似锦。如果说南京路是商业的繁华，那么淮海路就是商业的品味——它是全上海公认的最美丽、最摩登、最有"腔调"和情调的一条街。这里时尚名品荟萃，紧随世界潮流；罗列着不同档次的宾馆群，可谓吃、住、行、游、购、娱设施齐备。百年淮海路，是那么的高雅浪漫，是那么雍容华贵。淮海路本叫霞飞路，是一条堪与巴黎的香榭丽舍、纽约的第五大道、东京的银座、新加坡的乌节路媲美的大街，也是海纳百川的上海所独有的一条商业街。

四川北路

四川北路如今是仅次于南京路和淮海路的一条商业街，而且标榜面向工薪阶层。其实早在20世纪30年代，它便已成为上海第三繁华街道，只是当时排在南京路和福州路之后；而那时出版的《上海风土杂记》中亦有记载："北四川路跳舞场，中下等影戏院、粤菜馆、粤茶楼、粤妓院、日本菜馆、浴室、妓院、欧人妓院、美容院、按摩院甚多，星罗棋布……日夕车辆、行人拥挤。" 四川北路拥有得天独厚的地理环境和生态优势，这是其他市级商业中心所无可企及的，它"身上"刻着厚重的历史印记，是上海滩陈老年代的见证者。

徐家汇商圈

徐家汇位于上海中心城区的西南部，是上海市十大著名的商业中心之一，而且被称为"上海市中心面积最大，也是最后一块黄金地块"。徐家汇商圈集购物、娱乐、办公、商贸、休闲、住宿、餐饮、培训教育为一体，并且以办公写字楼为主。徐家汇以其"高、中、低、特色"并举的独特魅力，吸引着愈来愈多的客流。徐家汇商城的商品档次是多样化的，有世界名品汇集的港汇广场、东方商厦等大型Shopping Mall，和以

年轻人所喜爱的流行时尚为主的太平洋百货、汇金百货等购物中心，还有以中年老年顾客喜爱的六百实业公司等中档购物百货，以及汇联商厦和地铁购物街等廉价、特色商业设施，另外还有第二食品商店以及吉买盛卖场等居民生活类商业设施，更有百脑汇、太平洋电脑城等以数码科技为主的高科技大型卖场。总之，在徐家汇，可以满足来自不同阶层、不同地域的顾客。

五角场商圈

五角场全称"江湾五角场"，是上海四大城市副中心之一，因邯郸路、四平路、黄兴路、翔殷路、淞沪路五条发散型大道交汇于此而得名。五角场的南部为环岛商业商务区，中部为知识创新区，北部为知识商务区，是上海东北部的旗舰高端商务中心，可以为前来上海的朋友提供现代化的高端商业服务。如今五角场商圈的社会消费品零售总额每年都保持在两位数的增幅，2012年的增幅达到13%，2013年的增幅则为10.23%。

豫园商城

豫园商城位于上海市中心商业区，她的四邻都是具有浓郁人文气息的老建筑，比如豫园、老城隍庙、沉香阁等名胜古迹，所以虽然是商业中心的豫园商城，却仍具有非常丰厚的文化底蕴、浓郁的民俗风情以及鲜明的经营特色。从元、明、清到民国初年的700多年里，这里一直都是上海的政治、经济、文化中心，被称为"上海的根"。凝聚了百年经典的豫园商城如今已发展成为集黄金珠宝、餐饮、医药、百货、食品、房地产、进出口贸易、金融投资等产业为一体，多元发展的国内一流综合性商业集团，全年客流超过3700万人次。

中山公园商圈

上海中山公园原来是旧上海英国大房地产商霍格的私家花园，在1914年改建为租界公园，到了如今，已发展为以大树、草坪、山林、水面等自然风光为特色的、中西园林文化相融合的、具有深厚历史文化底蕴的城市园林，并拥有"上海市四星级公园"的美誉。而且随着上海的不断繁荣，这所上海迄今保持有最完整景观风格的老公园周围，形成了"一环三街"的商业型、休闲式、数字化的"太阳商圈"，极大扩大了本来只是在公园周边的商业圈外延。中山公园每天的途经人流量达到30多万人次，商业项目有服饰、百货、餐饮、娱乐、书籍、影视、金融、美容美发等。

新上海商业城

新上海商业城位于浦东新区的陆家嘴金融贸易区内，是上海比较新的市级商贸中心。新上海商业城内，第一八佰伴（新世纪商厦）、三鑫世界商厦、华诚商厦、福兴大厦、福使达大厦、银峰商厦、新亚汤臣大酒店、鑫联广场、银河大厦、胜康斯米克大厦、胜康廖氏大厦、乐凯大厦、良友大厦、内外联大厦、远东商厦、联合广场、华申大厦、新大陆广场18幢单体楼宇环形布置，中央则设有四层建筑环形步行街和中心花园，步行街与各商厦天桥相接。如今已成为上海浦东最具代表性的中心商业区之一，亦是人们新的"购物天堂"。

新客站不夜城

"新客站不夜城"位于上海市中心北部，闸北区西南隅。本区以上海佳世客商场、不夜城商厦、名品商厦、心族百货商厦、环龙百货商场五大商场为商业主体，配以周遭的新亚广场大酒店、新亚长城大酒店、龙门宾馆、华东大酒店、远东不夜城大酒店、中亚饭店等星级宾馆，以及庐峰大楼、铁路公寓、长安大厦3号楼、宫霄大酒店、上海站大酒店等，从而跻身为上海四大商城、上海十大商业中心。如此众多的饮食、服务商铺，使不夜城地区商业、服务业形成全方位、多档次、多样化格局，满足不同层次消费，并日益兴旺起来。

地标建筑 TOP 10:

东方明珠电视塔

东方明珠广播电视塔位于上海浦东新区陆家嘴,毗邻黄浦江,与外滩隔江相望,是上海国际新闻中心的所在地。上海东方明珠电视塔高468米,现在是亚洲第四、世界第六高塔,是上海的地标之一。上海东方明珠塔的空中餐厅有1500平方米,可容纳350位来宾用餐,并同时提供多款豪华套餐和中西结合自助餐,百余种美味佳肴不间断供应,让游客既能尝到美食,又能看到美景,成为上海十大新景观之一。

金茂大厦

金茂大厦位于上海浦东新区黄浦江畔的陆家嘴金融贸易区,楼高420.5米,是上海第三高的摩天大楼(截至2013年)、中国大陆第三高楼、世界第八高楼。大厦于1999年建成,地上88层,地下3层,有多达130部电梯方便人们上下进出(其中有两部速度为9.1米/秒的高速电梯),是一座集现代化办公楼、五星级酒店、会展中心、娱乐、商场等设施于一体,并融汇中国塔形风格与西方建筑技术的多功能型摩天大楼。如今金茂大厦的外形之所以设计成这样,是因为设计师考量到中国人喜欢塔的缘故。

上海环球金融中心

上海环球金融中心是以日本的"森大厦株式会社"为中心，联合日本、美国等40多家企业投资兴建的项目，紧邻金茂大厦。环球金融中心的原设计高460米，但是在1997年年初开工后，受到亚洲金融危机的影响，所以工程曾一度停工。至2003年2月时工程才复工。可是当时中国台北和香港也都已在建480米高的摩天大厦，这均超过了环球金融中心的原设计高度。不过日本方面兴建世界第一高楼的初衷依然不变，于是他们对原设计方案进行了修改。修改后的环球金融中心比原来增加7层，即达到地上101层，地下3层，成为现在中国大陆第一高楼、世界第三高楼。它的94至100楼为观光、观景设施，是来访上海的游客们所必经的地方。此外大厦内的租户多为世界500强公司。

上海中心大厦

上海中心大厦，是上海市的一座超高层地标式摩天大楼，其设计高度超过附近的上海环球金融中心，建成后将取代后者成为中国第一高楼。由美国Gensler建筑设计事务所设计。

上海中心大厦项目面积433954平方米，建筑主体为118层，总高为632米，结构高度为580米，机动车停车位布置在地下，可停放2000辆。2016年3月12日，上海中心大厦建筑总体完工。

2014年2月12日，名叫Vadim Makhorov和Vitaliy Raskalov的两名外国攀高爱好者，翻过上海中心大厦的工地围墙，并在没有任何安全保护的情况下，爬到了这座施工中的上海最高楼的顶部吊机上，高度近650米。

不久两人再次挑战禁区，不但躲过保安翻墙进入大厦在建工地，还不达最高不罢休，在未系安全绳的情况下爬上楼顶塔吊，并在高空中拍下云雾中的上海。

百乐门

百乐门是上海著名的综合性娱乐场所，全称"百乐门大饭店舞厅"。1929年，随着戈登路（今江宁路）的兼营舞厅"大华饭店"歇业,被誉为"贵族区"的上海西城,便没有了与"贵族区"相适应的娱乐场。于是在1932年,中国商人顾联承投资七十万两白银,购静安寺地营建Paramount Hall,并以英文谐音取名"百乐门"。在1933年开张典礼上,时任国民政府上海市长的吴铁城亲自出席并发表祝词。当时前来百乐门的常客里不乏张学良、徐志摩之类的名流,而陈香梅与"飞虎将军"陈纳德的订婚仪式也是在这里举行的,国际著名表演大师卓别林及其夫人在访问上海时也曾慕名而来。

上海大世界游乐中心

大世界游乐中心至今已有90余年的历史,它始建于1917年,创办人是黄楚九。"大世界"曾经是旧上海最吸引市民的娱乐场所,里面设有许多小型戏台,轮番表演各种戏曲、曲艺、歌舞和游艺杂耍等,中间有露天的空中环游飞船,还设有电影院、商场、小吃摊和中西餐馆等,游客在游乐场可玩上一整天。

后来,大世界被旧上海的帮会头目黄金荣仗势吞没,搞得乌烟瘴气,成为赌场和妓女的营业场,败坏了娱乐业的名声。"大世界"的建筑颇具特色,而且如今的大世界游乐中心由"游乐世界""博览世界""竞技世界""美食世界"四部分组成,推出八大系列的游乐项目,特别是20世纪90年代推出的"竞技世界"中的"大世界擂台"及"吉尼斯纪录擂台"赛,更是吸引了全国各地的绝技高手,创造了世界和国内众多"唯一"和"第一"的纪录。它那强烈的海派文化色彩,以及追求时代气息的娱乐设施,吸引着成千上万的海内外宾客。大世界是中国唯一一座展示创造吉尼斯纪录作品的场所。

杨浦大桥

杨浦大桥是上海一座跨越黄浦江的中国自行设计、建造的双塔双索面迭合梁斜拉桥。杨浦大桥于1991年4月29日动工,1993年9月15日建成,历时仅2年5个月,并于同年10月23日通车。总长为7654米,主桥长1172米、宽30.35米,共设6车道,两旁设有2米宽人行道,并有上下电梯供观光游览。602米长的主桥犹如一道横跨浦江的彩虹,在世界同类型斜拉桥中雄居第一。邓小平同志曾亲自为大桥题写了桥名,当时他已88岁高龄,并在登上杨浦大桥后不无感慨地说:"喜看今日路,胜读万年书。"

上海外滩

外滩位于上海市中心黄浦区的黄浦江畔,它是上海十里洋场的风景,周围还有位于黄浦江对岸浦东的东方明珠、金茂大厦、上海中心、上海环球金融中心等地标景观,是去上海观光游客的必到之地。外滩自1943年起又名为中山东一路,全长约1.5公里。它南起延安东路,北至苏州河上的外白渡桥,东临黄浦江,西面是由哥特式、罗马式、巴洛克式、中西合璧式等52幢风格迥异的古典复兴大楼所组成的旧上海时期的金融中心和外贸机构的集中带,被誉为"万国建筑博览群"。

上海外滩天幕的后方已被新建的许多摩天大楼改变了不少。滨江作为一种城市资源优势,因上海市中心的滨江在可供开发土地资源稀缺和供需矛盾加剧的双重趋势下而更显稀贵。南外滩的风华绝代、北外滩的后起之秀、东外滩的处女地开发与外滩源将逐渐融为一体,彰显"浦江第一湾"的磅礴气势,承载大上海浦西滨江复兴的伟大历史使命。

上海世博园

2010年上海世博会场地位于南浦大桥和卢浦大桥之间,沿着上海城区黄浦江两岸布局。世博园区规划用地范围为5.28平方公里,园内分为5大场馆群,分别是独立馆群、联合馆群、企业馆群、主题馆群和中国馆群。

举世瞩目的2010世博会在上海召开,这次世博会吸引了近200个国家和国际组织参展。世博会起源于中世纪商人的集会,而今天的世博会除了商业的交流,更是科技、文化、民族的交流与沟通,是一个展示自己、了解世界的舞台,是对当时社会文明和智慧的一种记录,以及对未来的预测。

和平饭店

　　上海南京东路口的两幢大楼便是著名的和平饭店。其中和平饭店的北楼建于1929年，原名华懋饭店，是芝加哥学派的哥特式建筑，楼高77米，共十二层。饭店位于上海的南京东路和外滩的交叉口。1929年，犹太商人Victor Sassoon构思并创建了名为"华懋饭店（Cathay Hotel）"的酒店，这便成为了后来的和平饭店。

　　它的最大特色是绿色铜护套屋顶，其内部诸如意大利大理石地板和古铜镂花吊灯的装饰，尽显其典雅奢华，在当时赢得了"远东第一楼"的美誉。和平饭店的南楼原为汇中饭店，1908建成，比北楼低矮许多，但是其具有文艺复兴时期的建筑风格，仍然获得了顾客们的喜爱。